시 읽어주는 아저씨 | 9

시의 비밀

박대우 글 · 오용길 그림

〈시의 비밀〉 4
1. 복령사 7
2. 꽃길 49
3. 한설 77
4. 대궐문 99
5. 완월 145
6. 삼짇날 183
7. 영호루 221
8. 서림원 261
9. 청량산 297
10. 매화 341
〈시의 목록〉 392

시인이라면, 흥이 오고 정이 가면 시를 쓰지 않고 견디기 힘들다고 한다.

18세에 급제한 천재 시인 이행李荇은 거제도 고절령으로 유배되어 염소와 양을 치는 삶에서도 119편의 시를 썼다.

마음 달래는 덴 시가 좋다 말하지 말라　　莫言遣興吟詩可
시 한 번 읊으면 온갖 감회 이는 것을　　詩一吟來百感生

석주石洲 권필權韠은 〈宮柳〉詩에서 광해군의 처남 유희분柳希奮의 전횡을 풍자하였다가 광해군의 친국親鞫을 받고 사망하였다.

궁궐의 버들은 푸르고 꽃잎은 어지러이 흩날리는데 宮柳靑靑花亂飛
그 누가 선비의 입에서 바른말이 나오게 했나　誰遣危言出布衣

시의 현실비판은 오래된 시적 전통이었으며, 흥에 의탁하여 시를 짓는 탁흥규풍托興規風이 있었다. 시인은 권력에서 자유로워야 한다.

李子는 정자 중의 시에 화답하여, 흥이 나면 안 지을 수 없으나,
시를 너무 많이 쓰는 것은 함닉陷溺(빠짐)하는 것이므로 오히려 사람이 스스로 그르친다고 했다.

시가 사람을 그르치는 것이 아니라　　詩不誤人
사람이 스스로 그르친다.　　　　　　人自誤

그렇다면 왜 시를 쓰는가? 시를 쓰는 과정에서 더럽고 탁함이 소제되어 훈혈소시薰血消時, 기질이 순화되기 때문이란다. 不是吾纖耿耿心

홍이 나면 시를 쓴다고 하지만, 제대로 된 시를 쓰기란 쉽지 않다. 시를 쓸만한 경지를 만나면 영감이 떠오르고, 시상詩想이 떠오르면 홍이 일어나 천기天氣를 움직여서 물이 흐르듯 시가 쓰여진다고 한다. 홍이 일어나면 물 흐르듯 시가 쉽게 쓰여질까?

조지훈의 시 〈승무〉는 쉽게 쓰여지지 않았다고 한다.
"열아홉 살 적에 수원 용주사에서 큰 재齋가 들어 승무와 불교전래의 고전음악이 베풀어진다는 소식을 듣고, 그 자리에서 수원으로 내려가지 않을 수 없었다. 그 밤에 승무의 불가사의한 선율을 안고 서울에 돌아온 나는 이듬해 늦은 봄까지 붓을 들지 못했다.
스무 살 되던 해의 첫 여름, 미술전람회에 갔다가 김은호金殷鎬의 승무도僧舞圖 앞에 두 시간을 서있은 보람으로 나는 비로소 무려 78매의 스케치를 가질 수 있었다.
그러나 용주사의 춤과 김은호의 그림을 연결시키고도 시를 형성하지 못했다. 그해 10월 구왕궁舊王宮 아악부雅樂部에서 영산회상靈山會上 한 가락을 듣고 아악부를 나서면서 나는 몇 개의 플랜을 세우게 되었으니 이것이 곧 이 詩를 이루는 골자가 되는 것이다."

얇은 사紗 하이얀 고깔은 고이 접어서 나빌레라.
파르라니 깎은 머리 박사薄紗 고깔에 감추오고
두 볼에 흐르는 빛이 정작으로 고와서 서러워라.

〈시의 비밀〉 5

시를 쓰기 어려운 점은 시의 언어가 풍부한 함의와 여운을 간직하고 있어야 하기 때문이다. 시어詩語는 압축의 원리에 의한 암시성을 그 본질로 한다.

상촌象村 신흠申欽은 "시에서는 말은 끝났어도 뜻은 다하지 않는 것을 귀하게 여긴다. 詩貴言盡而意不盡" 하였다.

말은 짧으나 뜻은 멀다. 시어는 화려하지만 나약하지 않고, 바로 말하지만 뒤집은 것 같고, 앞뒤를 어긋나게 말해도 일관된 듯하여, 바른 자리를 범하지 않고, 말의 통발에 떨어지지 않았다.

其言短而旨遠 其辭藻而不靡 正言若反 卮言若率 不犯正位 不落言筌

떠오르는 영감이나 대상을 자신의 의지, 상상력을 투영하여 함축적이고 운율이 있는 언어로 압축하여 형상화形象化하되, 당면한 외부 자극이나 정서를 충동적으로 표출하지 않고 갈등을 조화롭게 순화해서 마치 누에가 실을 토해내어 고치를 만들어 그 안에 스스로 자신을 가두는 과정이라 할 수 있다.

인간의 언어로써 직관적 감흥을 온전히 표현할 수 있을까?

노자老子의《도덕경道德經》에서, '말로 도를 논하면 이미 도가 아니다 道可道 非常道'라고 한다.

조지훈은 〈승무〉가 처음 의도에 비해서 너무나 모자란다면서, 이름 모를 승려의 춤과 김은호의 승무도와 같으면서도 다른 또 하나의 승무가 되었다고 한다.

'시의 비밀'을 알고 나면, 시가 내 안으로 다가오게 된다.

1. 복령사
福靈寺

세상만사 한번 웃을 거리도 되지 못한데,　　萬事不堪供一笑
청산에도 세상살이 먼지만 떠다닌다.　　　　青山閱世自浮埃

세조에 의한 계유정난은 사육신과 생육신뿐 아니라 온 백성이 생육신이 되었다. 나라 안의 온 백성이 생육신이었듯이, 퇴계 이황李滉의 할아버지 이계양李繼陽도 생육신의 한 사람이었다.

이계양은 영양 金씨 부사직 유용의 따님과 혼인하여 안동 와룡 두루[周村] 경류정에서 분가分家하여 예안현 부라촌[浮浦]에서 살았다.

부라촌은 낙천·태곡천·토계·구계가 한데 모이는 강마을이어서, 여름이면 강물이 갑자기 불어나 역류하여 촌락과 농토가 물에 잠기어 가축과 농작물까지 수해를 입었다. 또한, 역驛과 원院이 있는 부라원浮羅院이어서 선비가 살 곳이 못 되었다.

단종이 세조에게 강제로 양위讓位 당하고 영월로 갔다는 소식을 듣고, 이계양李繼陽은 과거를 포기하고 은둔할 곳을 찾아 나섰다. 그는 봉화현 교도가 되어 근무하러 가던 중 온혜를 지나가게 되었다. 산기슭에 민가 한 집이 있었고, 묵정밭에는 돌, 메마른 흙, 죽은 나무와 칡들이 뒤엉켜 있었다.

'아까운 땅이 버려져 있구나.'

와룡 경류정慶流亭에서 분가하여 예안 부포로 옮겨 와 살면서 낙동강에 둑을 쌓아서 의인 땅을 개간하였던 그는 황무지荒蕪地를 그냥 지나칠 수 없었다. 그는 봉화로 가던 걸음을 멈추고 그 원인을 찾아 나섰다. 들판의 서쪽 귀퉁이 영지산 기슭에 조그만 웅덩이가 있었다. 겨울철인데도 그 웅덩이에서 유황 냄새가 나고, 수면에 김이 서려 있었다. 그 웅덩이에 손을 넣었더니 물이 뜨거웠다. 땅속에서 온천수가 계속 솟아나서 들판으로 흘러들면서 나무나 풀씨가 싹을 틔울 수 없었던 것이다.

'웅덩이 물을 다른 곳으로 흘러가게 한다면……..'

둑을 쌓아서 수로를 만들어 온천수를 하계下溪로 흐르게 하고 용수사 골짜기의 맑은 물을 황무지로 끌어들였더니, 몇 년 후 벼농사를 지을 수 있는 옥토로 변했다.

그러나 그가 개간한 예안현 온계리는 한양에서 5백 50리, 안동부安東府까지 70리 떨어진 낙동강 상류의 산촌이어서, 향교는 물론 서당도 없었다. 그는 맏아들 기지器之와 둘째 아들 명중明仲 형제에게 경서와 역사서를 가르쳤으며, 용수사에 하과를 보내기도 하고, 청량산 암자에 보내어 글을 읽게 하였다.

형제는 글짓기를 좋아하여 기지器之가 훈壎으로 선창하면 명중明仲이 치篪로 화답하였다. 《시경詩經》의 〈백씨취훈伯氏吹壎〉 편에서 백씨伯氏는 피리인 '훈壎'을 불고, 중씨仲氏는 '치篪'를 분다.

이우李堣는 청량산 안중사에서 홍언충과 황맹헌과 함께 글을 읽고 서로 토론하였으며, 19세 때 월성 李씨와 혼인하였는데, 형수가 별세하게 되자 처형의 딸 춘천 朴씨를 형수로 맺어주었다. 춘천 朴씨는 4형제를 낳아 길렀는데, 막내아들이 퇴계 이황李滉이다.

정사년(1497) 세모歲暮의 이른 새벽, 어머니 영양 金씨와 집안 식구들이 나와서 봄에 있을 과거를 보러 가는 이우를 배웅하였다. 운곡 골짜기로 돌아들 때 뒤돌아보니, 아내 월성 李씨가 어린 딸을 업고 삽작거리에 서서 손을 흔들었다.

온 산천이 눈으로 하얗게 얼어붙은 길을 가리니, 말구종[馬驅從]이 고삐를 잡았지만 잠시라도 마음을 놓을 수 없었다. 낙마落馬는 곧 낙방落榜이기 때문이다.

말구종은 토끼털 귀마개와 장갑을 끼고 두툼한 누비솜옷에 솜버선을 신었지만, 말은 새벽의 찬 기운에 이미 입 언저리에 고드름이 달리기 시작했다. 사하촌寺下村 운곡마을 지나서 하얀 눈길을 밟으며 절골로 오르니, 용수사 일주문 앞에서 이현보가 눈에 익은 스님들과 서있었다. 이현보의 자字는 비중棐仲으로 20세 때 홍귀달洪貴達의 문하에 수학하였으며, 이우李堣와는 용두산 자장암에서 함께 글을 읽었으며 사마司馬 동년同年이다.

이현보의 집은 온혜 마을 앞 영지산 송티재 너머 낙동강변의 부내[汾川] 마을이다. 그는 어제 용수사에 와서 하룻밤 머물면서 이우李堣를 기다리고 있었다.

이우李堣는 용수사 앞을 지나면서, 이 절에서 형님과 글 읽던 생각이 나서 시를 읊었다.

계절이 빨리 흘러 한 해가 저물어가니,   節序駸駸歲暮天
설산이 깊이 절 문 앞을 두르고 있네.   雪山深擁寺門前

용두산은 태백산에서 소백산과 두 갈래로 갈라져서 소백산맥과 다른 방향인 봉화의 문수산·풍락산·만리산을 지나 청량산을 마주보며 온혜로 뻗어서 다시 학가산으로 이어지는 내성천의 정맥으로,

대낮에도 범이나 늑대가 어슬렁거리는 위험한 지역이다. 당시에는 숲이 우거져 여우·멧돼지·고라니·너구리·살쾡이가 있지만, 사람을 만나면 숨어버린다.

한양까지의 길은 숲속을 걷고 고개를 넘어서 강을 건너고 수많은 고갯길을 올라야 한다. 당시 한양과 조선 8도가 연결된 관도官道라도 마차가 다닐 수 없을 뿐 아니라, 말을 타고 질주할 수도 없었다. 마을 길은 주로 밭둑이나 도랑둑길이요, 먼 동네로 가는 길은 겨우 한 사람이 다닐 수 있는 토끼길같이 꼬불꼬불한 산 고갯길이었다.

원천에서 매정고개를 넘어서 구천을 지나 두월리에서 내성천을 건너면 영주 땅이다. 풍기 창락역에서 하룻밤을 묵어서 이튿날 새벽에 죽령을 올랐다. 이우와 이현보는 사마시에 합격하고 이듬해 성균관에 유학하였으니 한양 길이 초행은 아니지만 죽령은 워낙 험하고 대낮에도 도둑이 출몰하는 지역이어서, 주막에서부터 행인들끼리 무리 지어 넘는다. 그러면 앞사람을 따라서 두런두런 얘기하면서 힘든 줄 모르고 걷게 된다.

김천에서 추풍령을 넘는 길은 영남우로, 문경에서 충주로 가는 새재는 영남중로, 죽령에서 한양길은 영남좌로이다. 추풍령은 추풍낙엽이라서 과거 보러 가는 선비가 피하는 길이요 새재는 예안에서 둘러 가는 길이니, 몇십 리 빠른 죽령 길을 택할 수밖에 없다.

죽령에서 한양까지의 영남좌로는 제천, 박달재, 장호원, 이천, 곤지암, 광주를 거쳐서 한양까지 길은 500리. 하루 종일 길을 가서 해가 서산을 넘어간 뒤에야 주막에 들었다.

다시 또 하루를, 또 하루를……. 도중에 병이 나거나 유고有故가 없어야 열흘에서 보름 정도 걸리면 갈 수 있는 길이었다.

한양에 도착하더라도 갑작스러운 시험 일정 변경으로 낭패를 보는 경우도 있어서, 이를 대비하여 여유롭게 일찍 출발하거나 노자路資를 여유 있게 챙겨야 하였다. 하인과 두 사람이 한양까지 여행하는 노자路資는 대개 소 팔고 밭도 팔아야 마련할 수 있는 처지이니, 가난한 선비는 실력이 높아도 과거는 엄두도 낼 수 없었다.

식년시의 대大科는 甲과 3명, 乙과 7명, 丙과 23명 모두 33명을 선발하였으며, 무과武科는 무관武官 23명, 잡과雜科인 역과譯科 19명, 의과醫科 1명, 음양과陰陽科 9명, 율과律科 9명 모두 38명을 선발하였다. 식년시의 결과는 한양 사람이 거의 반에 가까운 45.9%를 차지하고, 경상도 13.2%, 충청도 10.4% 등 시골 선비 10명 중 1명만이 등룡登龍할 수 있었다.

연산군이 즉위하던 해 별시別試로 증광시增廣試가 있었지만, 38세의 성종이 갑자기 서거하였으니 별시 소식을 몰랐으며, 설사 알아도 한양까지 먼 길을 그 날짜 안에 갈 수 없었다.

3년마다 있는 정기 과거는 12지 가운데 자子·묘卯·오午·유酉가 드는 해에 열리는데, 이 해를 식년式年이라고 하며, 3년에 한 번씩 돌아오는 식년마다 정기적으로 과거시험을 치렀다.

연산군 즉위 해(1495)는 을묘乙卯년으로 식년시가 있는 해이지만, 식년 과거式年科擧를 명년 봄으로 물리고 별시別試를 치르되, 초시는 식년 과거의 예에 의하고 회시會試에는 책문策問편을 선택했다.

연산이 19세에 즉위하자 이를 축하하는 을묘년(1495) 별시別試 증광시增廣試에 정희량鄭希良과 홍언충洪彦忠 그리고 18세의 이행李荇(字 택지擇之)이 합격하였으며, 17세의 박은朴誾이 그해에 진사시에 합격하고 이듬해로 물려진 식년시에서 18세로 급제하였으니, 이행과 박은은 연산군과 같은 연배年輩이다.

박은이 식년시에 급제하던 해에 박은朴誾을 비롯하여 김전金銓·신용개申用漑·이주李胄·김일손金馹孫·강혼姜渾·이목李穆·이과李顆·김감金勘·남곤南袞·성중엄成重淹·최숙생崔淑生·정희량鄭希良·홍언충洪彦忠 등 14인이 사가독서賜暇讀書에 선출되어 마포 한강변 언덕의 남호독서당南湖讀書堂에서 독서하였다.

박은은 이행과 한양의 남산골 동리同里에 살았는데, 이행이 종남산終南山 밑의 청학동에 살아서 자호를 청학도인이라 하였고, 박은은 호를 읍취헌挹翠軒이라 하였으니, 읍취는 '산의 창취蒼翠(푸르름)를 가읍可挹(끌어오다)한다'는 뜻이다.

이행은 하성절질정관賀聖節質正官으로 명나라에 다녀온 뒤 홍문관 수찬을 거쳐 홍문관 교리까지 올랐으며, 박은은 천추사千秋使를 따라서 명나라에 갔었는데 명의 노유석학老儒碩學에게 한자의 훈訓을 결의하였더니 그의 연소한 것을 보고 응답도 잘 하지 않더니, 그와 詩로써 수창酬唱한 후 감탄하였다.

박은朴誾은 귀국하여 홍문관 정자正字·수찬修撰 등 청관淸官을 역임하는 5년 동안에 잘못된 것을 보면 기탄함이 없이 극간極諫하니, 폭군 연산도 그를 두려워하였다.

무오년(1498) 정월에 한양에 당도한 이우李堣와 이현보李賢輔는 마지막 과거 채비를 한 후 과장에 들었는데, 그해 3월 26일 이우李堣와 이현보李賢輔는 동반 급제하였다.

이우李堣는 남곤南袞, 박은朴誾과 함께 홍문관에 배수되었다.

박은朴誾은 자는 중열仲說, 호는 읍취헌挹翠軒이며, 남곤南袞의 자는 사화士華, 호는 지정止亭, 이행李荇의 자는 택지擇之, 호는 용재容齋이다. 이들은 김종직의 문하생인 최부崔溥에게서 수학했는데, 직접 김종직을 찾아가서 사사하기도 했다.

이우李堣는 진성眞城 李씨 가문에서 처음으로 대과에 급제하였으며 사승관계가 없는 혈혈단신이었으나, 정신이 맑고 기골이 빼어나며 성품이 온화한데다 문장이 청담하고 전아하며 詩 짓기에 막힘이 없었으니, 오직 자신의 도량으로 소통하고 협력하여 신의를 쌓아갔다.

이때 조정은 훈척들이 김종직과 김일손 등 사림을 몰아낸 무오사화의 소용돌이 속으로 빠져들었다. 유자광은 부윤府尹 유규柳規의 서자[孼子]로 날래고 힘이 세었으며, 높은 나무를 원숭이처럼 잘 탔다. 어려서 무뢰자無賴子가 되어 장기와 바둑을 두고 재물을 다투기도 했으며 새벽이나 밤에 떠돌아다니며 길가에서 여자를 만나면 마구 끌어다가 음간淫姦하므로, 아비 유규는 여러 번 매질을 하였을 뿐 아니라 자식으로 여기지도 아니하였다.

유자광은 처음에 갑사甲士에 소속되어 건춘문建春門에서 파수를 보다가 상소하여 자천自薦하니, 세조가 그 사람됨을 장하게 여겨 발탁하여 썼다. 무자戊子년에 고변告變한 공로로 훈봉勳封을 받아 1품品

의 품계로 건너뛰었다.

　이극돈이 전라감사로 있었을 때, 세조의 왕비 정희왕후가 별세한 국상인 줄도 모르고 장흥에 있는 관기를 불러 여흥을 즐긴 일을 김일손이 사초에 기록했다. 이극돈은 그것을 삭제해 달라는 자신의 부탁을 김일손이 들어주지 않자, 당대의 모사꾼인 유자광을 찾아갔다. 유자광은 남이장군을 모함하여 죽게 한 모사꾼이었다.

　북방에 침범하여 노략질하는 여진족을 평정하고 돌아오는 길에 남이는 자신의 웅지를 시로 읊었다.

> 백두산 돌은 칼을 갈아 없애고
> 두만강 물은 말을 먹여 없앨지니,
> 대장부 20세에 나라를 평정치 못하면,
> 후세에 누가 장부라 부르겠나.
>
> 　　　　　白頭山石磨刀盡　頭滿江水飮馬無
> 　　　　　男兒二十未平國　後世誰稱大丈夫

　이 시가 세조의 귀에까지 들어가자, 세조는 크게 기뻐하여,
　"우리 왕족의 외손으로서 장하구나. 이시애 난을 평정하고 북방을 괴롭히는 여진족까지 물리치다니, 그대에게 병권을 맡기겠다."
　세조는 당시 26세인 남이를 병조판서에 임명하였다.
　세조가 죽은 뒤 왕위에 오른 예종은 남이의 파격적인 인사에 대하여 못마땅하게 여기고 있었다. 이를 눈치챈 유자광은 예종에게 남이를 모함하였다.

"남이는 역모를 꾀할 것입니다. 남아이십미득국男兒二十未得國이라고 시를 지었습니다."

남이는 '미평국未平國'으로 시를 읊었는데, 유자광은 이를 '미득국未得國'으로 고쳐서 꾸민 것이다. 서얼 출신으로 차별 대우를 받은 유자광은 이렇게 하여 남이를 모함하는 한편 김종직에게 붙으려고 했으나, 김종직은 유자광을 멀리했다.

'유자광은 한낱 소인배 놈이다.'

유자광이 남이를 돕지는 못할망정 그를 모함한 것을 알았기 때문이다. 유자광은 이극돈에게 사초史草를 보자고 하였다.

"사초 가운데 틀림없이 주상께서 싫어하실 부분이 있을 것이오."

유자광의 꾀에 넘어간 이극돈은 임금도 볼 수 없는 사초를 그에게 보여주었다. 유자광은 사초에서 김종직이 쓴 〈조의제문〉을 발견하였다. 이 글은 굴원의 초사체를 본뜬 운문체로, 초나라의 회왕 의제義帝가 항우의 손에 피살된 것을 조상한 것이었다.

"이는 틀림없이 세조와 단종에 비유한 것이오."

유자광은 궁중에서 자신과 연계하고 있던 노사신·윤필상 등 훈구파 대신들을 움직여, 김일손 등이 사초에 궁금비사宮禁秘史를 써서 조정을 비난했다는 내용을 연산군의 귀에 들어가게 했다. 유자광은 이렇게 하여 연산군에게 고하였을 뿐 아니라, 〈조의제문弔義帝文〉에 주석을 달았다.

"'조룡祖龍이 아각牙角을 농롱弄했다.'에서 조룡은 진시황秦始皇인데, 종직이 진시황을 세조에게 비한 것이요, 그 '왕위를 얻되 백성의 소망을 따랐다.'라고 한 왕은 초나라 회왕懷王의 손자 심心인데, 처음에 항량項梁이 진秦을 치고 심을 찾아서 의제義帝를 삼았으니, 종직은 의제를 노산魯山에게 비한 것입니다. 그 '양흔낭탐羊狠狼貪하여 관군冠軍을 함부로 무찔렀다.'라고 한 것은, 양흔낭탐으로 세조를 가리키고, 관군을 함부로 무찌른 것으로 세조가 김종서金宗瑞를 베인 데 비한 것이요. 그 '어찌 잡다가 제부齊斧에 기름칠 아니 했느냐.'라고 한 것은, 노산이 왜 세조를 잡아버리지 못했는가 하는 것입니다. 그 '반서反噬를 입어 해석醢腊이 되었다.'라는 것은, 노산이 세조를 잡아버리지 못하고 도리어 세조에게 죽었느냐 하는 것이요. 그 '자양紫陽은 노필老筆을 따름이여, 생각이 진돈하여 흠흠하다.'라고 한 것은, 종직이 주자朱子를 자처하여 그 마음에 부賦를 짓는 것을, 《강목綱目》의 필筆에 비의한 것입니다. 그런데 일손이 그 문文에 찬贊을 붙이기를 '이로써 충분忠憤을 부쳤다.' 하였습니다."

연산은 자신의 조부인 세조를 비판한 데 분을 참지 못하고, 3품 이상과 대간·홍문관들로 하여금 형을 의논하여 아뢰도록 하고, 무장한 나장들을 앞세워 대신들을 겁박하였다.

연산군은 사초 사건에 연루된 김일손을 비롯하여 권오복·권경유 등을 능지처참하고, 표연말·정여창·최부·김굉필 등 김종직의 제자들을 유배시켰다. 그리고 김종직의 무덤을 파헤쳐 부관참시剖棺斬屍도 하였다.

이날 대낮이 캄캄하여 비가 물 쏟듯이 내리고, 큰바람이 동남방에서 일어나 나무가 뽑히며 기와가 날리니, 성중 백성들이 놀라 넘어지고 떨지 않는 자가 없었는데, 자광은 의기가 만족하여 양양하게 제 집으로 돌아갔다.

이로부터 자광의 위엄이 중외에 행해져서 조정이 독사毒蛇처럼 보고 감히 그 뜻을 거스르는 자가 없었다.

자광은 바야흐로 제 세상인 양 돌아보고 꺼리는 것이 없으니, 이욕만 즐기는 염치없는 무리들이 따라붙어 노상 문에 가득했으며 유림儒林들은 기가 죽어서 들어앉아 탄식만 하고 있으므로, 학사學舍는 쓸쓸하여 몇 달 동안 글을 읽고 외우는 소리가 없었다.

부형들은 그 자제를 경계하기를, "공부는 과거科擧에 응할 만하여 그만두어야 한다. 많이 해서 무엇 하느냐." 하니, 식자들이 탄식하기를, "무술戊戌의 옥獄은 정류正類가 사당邪黨을 다스린 것이요, 무오戊午의 옥은 사당이 정류를 모함한 것이다." 하였다.

이우李堣가 홍문관 정자로 있을 때, 홍문관원이 연명으로 유자광의 잘못을 아뢰었다.

"유자광柳子光이 함경도에 나갔을 적에, 관서를 침독侵瀆하여 생전복과 굴 조개를 채취하게 하고, 이를 역마에 싣고 와서 바치도록 하였습니다. 유자광의 소위所爲는 정실情實이 있을 터이니, 국문鞫問하시기를 청하옵니다." 그러나 연산은 유자광의 편을 들었다.

"유자광이 어찌 다른 정이 있겠는가. 좋은 물건을 보고 진상하고 싶었을 뿐이리라."

경연에서 《강목綱目》의 〈헌제기漢獻帝紀〉에, "우羽가 황충黃忠의 지위가 자기와 같다는 말을 듣고 노하여 이르기를, '대장부가 마침내

노병老兵으로 더불어 같은 줄에 참여할 수 없다.' 하여 받으려 하지 않았다."라는 대목에 이르러 연산이 물었다.

"무례한 말이란 어떠한 일을 가리켜서 하는 말인가?"

전경典經 박은朴誾이 아뢰기를,

"조조는 간웅奸雄이지만 그 재질이 남보다 지남이 있습니다. 처음에는 비록 두습의 말을 거절하였으나, 마침내 두습의 계략을 들어 허유가 귀복歸伏되었으니, 이는 자기 잘못을 알고 고치기를 아끼지 않은 것입니다. 대저 인군은 마땅히 납오장질納汚藏疾할 수 있는 포용력이 있어야 하고, 비록 허물이 있을지라도 개과하기를 인색하지 않아야 합니다."

왕의 잘못을 에둘러 지적한 것이니, 왕이 심드렁하여 이르기를,

"허유의 무례한 말을 버려두어야 옳은가?"

박은이 아뢰기를,

"여후呂后 때, 흉노匈奴가 무례한 말이 있으므로 번쾌樊噲가 말하기를, '신이 5만의 병력으로써 흉노를 정복하겠습니다.' 하였으나, 뭇 신하들이 간하여 정지하여 마침내 흉노를 정벌하지 않았으니, 그들의 무례한 말은 들어 말할 것이 못됩니다. 이때를 당하여 바야흐로 대사를 도모하는데 하잘것없는 허유를 어찌 마음에 두겠습니까. 이것이 두습의 간한 까닭이옵니다." 하였다.

성준成俊이 아뢰기를,

"홍문관이 대간臺諫을 공박하는 상소를 할 때에 한 사람이 소疏를 지어서 가지고 왔는데, 은誾이 자기 뜻에 맞지 않다고 말하고는 곧

찢어버리고 자기가 지었다 합니다."

평소 직언을 싫어하는 연산은 홍문관의 상소를 '사사부실詐似不實'이라는 죄목으로 박은朴誾을 파직시켰다.

파직으로 인해 경제적·정신적으로도 불안정하게 된 박은朴誾은 이때부터 밤낮으로 술을 마시고 시를 지으며 세월을 보냈다. 어려운 가정을 힘겹게 꾸려나간 아내 신씨가 25세로 세상을 떠났다. 그는 〈망실고령신씨高靈申氏 행장〉을 지었다.

「은誾은 아룁니다. 망실亡室 의인宜人은 성은 신씨申氏이고 휘 숙주叔舟란 분이 휘 용개用漑를 낳고 지난해 겨울, 승정원 도승지로 있다가 충청도 수군절도사로 나갔다. 군君은 바로 이분의 장녀이다.

군은 처음 세상에 태어나서 외가에서 자랐는데, 어릴 때 영특하고 단정하였으며 놀고 장난하는 것이 여인의 범절에 맞았다. 찬성공贊成公이 어질다고 여겨 친자식처럼 사랑하였다.

군의 나이 15세에 나에게 시집왔는데, 잠영簪纓의 집안에서 자랐으면서도 교만한 모습이 없었고, 시부모의 집에 들어와서는 예경禮敬의 행실을 다하였다. 나의 누이들과 더불어 어버이를 모신 자리에서 기쁜 기색으로 담소하며 매우 화락하니, 시부모가 매우 좋아하였다.

내가 과거에 급제하였고 정사년에 분가分家하여 살았다. 길쌈에서부터 담장이며 집의 건물에 이르기까지 안팎의 일들을 모두 군이 도맡았는데, 일 처리가 매우 찬찬하고 꼼꼼하였다.

비복婢僕을 부릴 때에는 조금이라도 예의에 어긋난 행동을 하면 엄히 꾸짖어 상하가 분명하고 집안이 숙연하였다. (…)

나는 행검行檢이 없어 남들과 시주詩酒를 즐기기만 좋아하고 집안의 형편은 아랑곳하지 않았는데, 군이 힘을 다해 비용을 마련하여 나의 마음을 즐겁게 해주려고 애썼으며, 내가 남에게 베풀 일이 있으면 역시 즐거운 마음으로 내 뜻을 따라주었다. 집안이 가난했으나, 나는 그런 줄 알지 못하게 하였다.

평소에 내가 군과 약속하기를, "어떻게 하면 군과 함께 녹거鹿車를 끌고 향촌鄕村에 돌아가 작은 집을 짓고 살며, 위로는 부모를 받들고 아래로는 자손을 기름으로써 평생의 즐거움을 이룰 수 있을꼬." 하면, 군은 문득 기뻐하며 "이것이 나의 뜻입니다. 산수山水의 비용은 내가 마련하겠습니다." 하였다. 그러므로 내가 벼슬을 얻으면 군은 기뻐하지 않았고 벼슬을 잃으면 군은 슬퍼하지 않았으니, 정의情義가 참으로 나와 맞았다. 대저 사람은 누군들 내조內助를 받지 않는 이가 있으랴만, 어리석은 나는 실로 남들보다 더하였다.

올해 2월에 내가 남행南行하여 보령保寧의 수영水營에서 외삼촌을 뵙고 3월 10일쯤에 군이 병들었다는 소식을 듣고 서둘러 말을 달려 집에 돌아오니, 군의 병이 이미 깊었다. 군은 나를 보고도 말하지 못하였으며, 나 역시 눈물만 흘리고 있었다. 군은 나의 눈물을 닦아주려 했으나 마음대로 몸을 움직일 수 없었고 한참 만에 말하기를,

"오시는 게 어이 이리 더뎠소. 하마터면 얼굴을 보고 영결永訣하지 못할 뻔했구려. 하루아침에 세상을 떠나게 될 줄 생각이나 했겠소."

군은 손수 글을 써서 나의 누이들에게 주어 아이들을 부탁했으며 말하기를, "살아서 시부모에게 효도하지 못했으나 불효한 사람이 되

지 않고 싶었소. 그러나 지금 병이 낫지 않으니, 어이하겠소. 내가 죽은 뒤에는 이 글을 보기를 나를 보듯이 하구려."

군은 글을 다 쓰고는 나를 시켜 읽게 하고 들었다. 듣기를 마친 뒤 군은 길게 탄식하였으며, 임종에 나를 돌아보고 말하기를, "잘 계시오, 잘 계시오. 나는 이제 가오." 하였으니, 정신이 흐리지 않음이 이와 같았다.

군은 6남을 낳았다. 그래서 군이 병중에 탄식하기를, "우리 아이가 매우 아름다워 장성하는 것을 보려고 했는데, 마침내 보지 못하게 되는구나." 하였다.

배필의 의리는 크니, 살아서는 함께 늙고 죽어서는 함께 가더라도 유감이 없을 수 없다. 계축년부터 지금에 이르기까지 세성歲星이 아직 일주一週하지도 않았는데, 백 년을 함께 살려던 계획이 여기에서 그치고 만단 말인가.

비록 함께 늙지 못하고 함께 가지는 못해도, 1, 2십 년만 더 살아서 아들이 장가들고 딸이 시집가는 것만 보면 그래도 괜찮을 것이다. 아직 어린애들이 모두 강보에 있는데 군만 홀로 버리고 떠나 나의 부모에게 근심을 끼치니, 이는 모두 내가 불초하여 생긴 일이다. 군이야 운명인 것을 어이하리오.

우리네 사람이 세상에 사는 즐거움은 이처럼 덧없이 짧은 것이 슬프다. 평소의 행적마저 가려져 드러나지 않는다면, 떠난 사람이야 무슨 한이 있으랴만 산 사람의 입장에서야 차마 그렇게 할 수 있겠는가. 고인古人이 이르기를, "장사葬事에 한군韓君의 명銘을 얻지 못하면

장사 지내지 않은 것과 같다." 하였으니, 내가 아내를 장사 지냄에 도리어 우리 사화土華의 한마디 말이 없을 수 있겠는가. 삼가 행장을 받들어 보내어 부탁을 드립니다.」

> ※ 한군韓君: 당나라 한유韓愈에 비유하였다. 당나라 장계우의 아들 장도張塗가 한유에게 묘지명 작성을 부탁하여 만들어진 것으로, 그의 생애와 죽음, 그리고 매장 등 일대기가 담겨 있다.

박은朴誾은 그 이듬해에 다시 지제교知製教로 임명되었으나 관직에 나아가지 않았다. 관직에서 물러난 그는 개성의 천마산에 가려고 이행·남곤과 함께 길을 나섰다. 고려 태조가 왕사, 자운사, 왕륜사, 내제석원, 사나사, 보제사, 신흥사, 문수사, 원통사 등 10개 사찰을 조성한 이래, 대흥사 광명사 일월사 외제석원 홍국사 안화사 등 무수한 사찰들이 건립됐다.

《대동야승大東野乘》에 개성에 300여 곳 이상의 사찰이 있었다고 했다. 대부분 폐사됐지만, 산성리 대흥산성의 관음사觀音寺, 용흥리 보봉산 기슭의 화장사華藏寺, 자하동의 안화사安和寺 등이 현존한다. 현화사비와 현화사 7층탑, 불일사지, 영통사 대각국사비, 미륵사 석불입상, 개풍복령동 석불입상, 관음사 대리석관음보살상, 홍국사 석탑, 판문홍왕리 3층석탑, 불일사 5층석탑, 관음사 7층석탑이 남아있다.

아침에 만월대를 지나노라니 간밤에 구름이 비를 빚었기에 답청할 약속에 가지 못한 채 앉아서 좋은 만남을 그르치도다. 십 년 동안 꿈속에서 생각했건만 가려다가 속무에 쫓겨 못 갔었지. 그런데 지척거리에 또 길 막히니 나도 그 까닭을 알지 못하겠구나. 이내 생애 몹시도 박복한가 봐, 세상과 어긋나는 일 절로 많으니. 천공은 본래 장난을 좋아하니 혹여 신령이 질투하는 것일지 사람의 액운에다 하늘의 곤궁까지 겹치니, 이 일은 더 이상 말하지 말자.

복령사는 신라 때 지은 절이요, 천 개의 불상佛像은 모두 인도에서 왔다. 황제도 길을 잃을 정도로 복령사를 찾아가는 길이 험하고, 유신과 완조가 천태산에서 선계仙界의 여인들과 좋은 경치를 즐겼듯 복령사는 그와 버금가는 별천지別天地이다.

복령사에 올라 주변을 바라보니, 봄기운이 청명淸明한 것이 아니라 스산하여 비가 올 것 같은지 새도 울어 대는데, 오래된 나무는 무정하여 부는 바람이 절로 슬프다. 인간 만사란 한바탕 웃음거리도 되지 못하는데, 세상은 진애塵埃로 가득 차있었다.

복령사福靈寺에는 신라의 의상義湘이 월지국月支國에서 가져왔다는 십육나한상이 모셔져 있었다. 승僧 혜침의 말에 따르면,

"김부식金富軾이 과거에 급제하기 전 이곳에 제단을 차리고 정성을 다하였더니 나한상이 웃었다."

〈복령사福靈寺〉는 박은朴誾이 연산군의 폭정에 시달리고 있을 때 사랑하는 아내를 여의게 되자 상실의 늪에서 헤어나지 못하고 덧없이 세상을 배회하던 1502년의 작품이다.

〈복령사 福靈寺〉

절은 바로 신라 때의 것처럼 예스럽고,	伽藍却是新羅舊
천 개 불상은 모두 서축西쪽에서 왔단다.	千佛皆從西竺來
옛적 하늘에서 내려온 신인도 헤매던 곳,	終故神人迷大隗
지금의 복된 터 그 천태산 같구나.	至今福地似天台
비 올 듯한 봄날 새들은 지저귀고,	春陰欲雨鳥相語
늙은 나무는 무정한데 바람만 슬프구나.	老樹無情風自哀
세상만사 한번 웃을 거리도 되지 못한데,	萬事不堪供一笑
청산에도 세상살이 먼지만 떠다닌다.	青山閱世自浮埃

※ 《장자莊子》〈서무귀徐无鬼〉에, 황제黃帝가 대외大隗를 만나러 구자산具茨山으로 가는 길을 잃어, 말을 먹이는 동자를 만나 물으니 길을 알려주었다. 복령사를 찾기 어려움을 뜻한다.

천태산天台山: 한나라 유신이 완조와 함께 천태산에서 약초를 캐다가 선계仙界의 여인들을 만나 반년을 머물다가 집으로 돌아오니, 이미 수백 년 세월이 흘러 7대손代孫이 살고 있어 다시 천태산으로 갔다 한다.

복령사는 신라시대의 절이라 고목에서는 뱀과 좀이 나오네.
바람 우레가 때로 한바탕 뒤흔들면
골짜기에 위세등등 노기를 돕는 듯,
불상은 월지국에서 왔다고 하니 향화를 피운 지 얼마나 오래일까.
복지라 여기는 가장 명승이니 산령이 잘 보호할 줄 알리라.
밝은 달빛은 희뿌옇게 빛나고 교룡이 치달리듯 울창한 모습.
지팡이 꽂아놓고 그늘에 쉬노니 두건과 소매가 찬 이슬에 젖네.
야로인들 이 절의 연대를 기억하랴,
세월을 지나온 것 새가 나는 듯해서
시를 남겨두어 주승에게 사례하니,
그 뛰어난 구절 귀신이 토한 것인가.
조금 술 마시니 취기가 일기에 해 질 무렵 산보를 나가본다.
높은 곳에 기대 푸른 바다를 보니,
눈길 다한 곳에 날리는 안개 어둑해라.

詩는 시인의 주관적인 정서가 이룬 융화의 인식이라고 한다. 시인이 당면한 외부 자극이나 스트레스, 즉 분노, 죄책, 불안, 상실감, 질투, 혐오 등의 부정적인 정서를 충동적으로 표출하지 않고 갈등을 조화롭게 순화해서 마치 누에가 입에서 실을 토해내어 순백색의 타원형의 둥지(고치)를 만들어 그 안에 스스로 자신을 가두는 과정이라 할 수 있다. 윤동주도 절망 상태에서도 하늘을 우러러 한 점 부끄럼이 없기를 잎새에 이는 바람에도 괴로워했다. 감정이 감동 상태의 일방적인 특성을 지님에 비해, 시인의 정서는 그것을 통제하고 질서를 부여하는 지적 작용을 지닌다.

〈복령사福靈寺〉시에서 부정적인 정서 '음산한 날씨', '정 없는 늙은 나무'에 '새들은 지저귀고', '바람만 슬프구나'의 긍정적인 정서로 순화시켜 낸 것은 자신의 울분을 울먹이며 안으로 삼키는 모습을 상상할 수 있을 것이다.

박은朴誾의 시詩에 대한 평가는 그의 타고난 높은 재주를 칭도하는 것으로 일관되고 있다.

"비올 듯싶은 봄의 음산한 날씨에 새들은 지저귀고, 늙은 나무는 정이 없는데 바람만 슬프구나.(春陰欲雨鳥相語, 老樹無情風自哀.)"에 대해서 김창협金昌協은 《농암잡지農巖雜識》에서 "비장노건悲壯老健하고 청신경절淸新警絶하여 《이규보집李奎報集》에서 한마디라도 이와 같은 것을 얻을 수 있겠는가?(悲壯老健, 淸新警絶, 如李奎報集中, 那得有一語似此.)"라 반문하였다.

허균許筠도 《성수시화惺叟詩話》에서 이 구句에 대해서는 신조神助가 있었을 것이라고 했다. 이 구句는 인간이 천기天機를 누설한 것이므로 그가 단명短命했다고도 하며, 그래서 후대 사람들은 이를 가리켜 단명구短命句라고도 했다. 허균許筠은 박은朴誾의 시를 정성正聲이 아니라고 하였지만, 이는 그의 당시唐詩 정통론이 논시論詩의 표준이 되었기 때문일 것이라고 한다.

　　박은朴誾의 생애는 26년에서 그쳤지만, 그의 '청신淸新'에 못지않게 세련의 극치를 보인 '노숙老熟'은 분명 나이를 초월한다. "청산도 오래도록 세상을 지내노라니 뿌옇게 세상 먼지 위에 떠있다."라고 한 미련尾聯 하구下句의 표현은 경련頸聯의 신경新警과 좋은 대조를 보이기 때문이다. 함련頷聯에서 '종고終古', '지금至今'과 같은 허자虛字로 대우를 맞추고 있는 기법은 강서시파江西詩派의 높은 수준이라고 하였다.

　　용재 이행李荇이 차운하였다. 〈복령사福靈寺 차중열운次仲說韻〉

한가한 구름은 왕왕 고운 자태 지어내고,	閑雲往往生妍態
늙은 나무는 보고 보매 곧은 가지 적도다.	老木看看少直枝
나라 망한 뒤이니 만사를 말할 것 없어,	萬事莫論亡國後
좋은 놀이는 그래도 답청 때에 미쳤구나.	勝遊猶及踏靑時
젊은 시절 기심을 지금 깨끗이 씻었나니,	少日機心今淨盡
야승이 자리 다투거니 어찌 날 의심하랴.	野僧爭席肯相疑

※ 야승쟁석野僧爭席: 산사의 승려도 용재 자신을 격의 없이 대하여 아무런 허물이 없다는 것이다. 양자거陽子居란 사람이 노자의 가르침을 받고 오만하던 마음을 고치게 되자, 그를 피하던 사람들이 그가 돌아올 때는 그와 자리를 서로 차지하려고 다투었다 한다.

용재 이행李荇의 시에 박은, 승 혜침이 연구시를 읊었다.

〈도중에 연구聯句하다 道中聯句〉

滿山松檜暮鐘聲 산 가득한 솔숲에 저녁 종소리 들려,
時遇樵童問寺名 초동을 만나 절 이름을 묻노라.   - 승려 혜침
急雨不妨乘一快 소낙비에 한바탕 흥을 탄들 어떠리,   - 이행
高吟最是屬微醒 술 조금 깼을 때 시 읊기 제일 좋아라.   - 박은

공명功名은 그저 한순간일 뿐이니, 너희 시류배들에게 맡겨 두노라. 오직 산수에 노닐고픈 마음 있어, 그 고질병은 치료할 약이 없어라. 밤이 오니 잠을 이루지 못하여 등잔불 아래서 새 시구에 차운한다. 이 유람에서 박은은 파직당한 처지를 한탄하지 않았다.

〈6월 18일 밤에 택지·선지와 함께 흥천사에서 잤다. 택지는 밤이 늦어서야 찾아왔는데, 관청의 일 때문에 한강에서 왔다.(六月十八夜, 與擇之善之宿興天寺. 擇之入夜乃赴, 蓋以官事自漢江來也.)〉라는 제목으로 지은 3수의 연작이다.

반송 우거진 사리각에	盤松舍利閣
구름 낀 달밤 청량한데,	雲月夜淸凉
스님 찾아 옛 절에 들러서	尋僧過古寺
달 기다리며 솔 그늘에 기대니,	待月倚松陰
싸늘한 밤기운 스며들고	夜氣來相襲
맑은 바람 옷깃을 날리네.	淸風爲散襟
밤중에 다급하게 문 두드리며	敲門夜靜急
손님이 총총 찾아왔는데,	有客來忽忽
한강의 비를 흠뻑 맞은 채로	却帶漢江雨
소매엔 남산 바람 가득하네.	滿袖南山風

첫째 연에서는 소나무 그늘이 우거진 사리각, 비 그치고 달이 구름 사이로 나온 사찰의 청량한 여름밤을 묘사하였다.

둘째 연에서는 스님 찾아 옛 절에 들러서 달 기다리며 솔 그늘에 기대니, 싸늘한 밤기운 스며들고 맑은 바람 옷깃을 날리는 모습을 묘사했고,

미련尾聯에서, 이행은 관가의 일을 마치고 밤이 늦어서야 약속 장소로 왔음을 드러냈다.

이듬해(1504) 봄에, 박은은 지제교知製敎에 임명되었으나 이를 탐탁해하지 않았다. 유자광을 비롯한 간신들의 횡포가 더욱 극심하였으며, 연산군의 비행도 극에 달하였다.

연산이 이미 을묘년(1495, 연산군 1)에 성종成宗의 묘지문을 보았다.

"판봉상시사判奉常寺事 윤기견尹起畎이란 이는 어떤 사람이냐? 혹시 영돈녕領敦寧 윤호尹壕를 기무起畝라 잘못 쓴 것이 아니냐?"

"폐비廢妃 윤씨尹氏의 아버지인데, 윤씨가 왕비로 책봉되기 전에 죽었습니다."

연산이 이때 생모 윤씨가 죄로 폐위廢位되어 죽은 줄을 알고, 수라水刺를 들지 않았다고 한다. 자신의 어머니 폐비 윤씨를 성종이 언문전교諺文傳敎로써 사약賜藥을 내려 죽게 하였다는 것을 알고, 언문으로 쓴 모든 책을 불태우라는 명령과 함께 언문 사용 금지령을 내렸다.

언문(한글)을 사용하는 사람은 기훼제서율棄毀制書律(임금이 발행한 문서를 훼손한 죄), 그런 사실을 알면서도 신고하지 않은 사람은 제서유위율制書有違律로 벌을 줄 것이다. 책을 불태우고 학자를 파묻는 연산판 분서갱유焚書坑儒가 벌어졌다. 《용비어천가龍飛御天歌》, 월인천강지곡과 석보상절을 합해 엮은《월인석보》, 두보의 시를 언문으로 번역한《두시언해杜詩諺解》등이 이때 분서되었으며,《훈민정음 해례본》도 이때 사라졌다.

연산은 이성을 잃고 점점 흉포해져갔다. 후원에 응준방鷹隼坊을 두고, 팔도의 매와 개 및 진귀한 새와 기괴한 짐승을 샅샅이 찾아 모두 가져오게 하여, 선릉·광릉·창릉에 무시로 가서 사냥하였다. 강당과 사전祠殿은 흥청들이 음희淫戱하는 장소로 변하였다.

궁전과 사우寺宇를 연이어 짓고 은은히 보이도록 온갖 기묘한 솜씨를 다 부려 화려한 채색이 눈부셨는데, 연산은 시를 지어서 자찬自讚하였다.

> 씩씩한 기운 어린 선봉仙峯은 푸른 하늘에 치솟았고,
> 신비한 자라 신령스런 학은 때맞추어 조화되었도다.
> 안개 어린 누각의 단장한 자태 용가龍舸가 우뚝하고,
> 구름사다리의 가관歌管, 봉루鳳樓는 아득하도다.

연산은 여색을 탐하여 신료의 부인들과도 염문설이 나돌았으며, 연희를 자주 열어 내수사의 재정을 '흥청망청興淸亡淸'으로 낭비하였다. 연산은 흥청에게 매월 품질이 좋은 정포正布와 흰 모시인 백저포白紵布, 명주 등을 내려줬으며, 수시로 재물을 하사하였다. 자신과 잠자리를 같이한 천과흥청天科興淸에게는 노비 5명, 그리고 다른 흥청에게는 노비 2명씩을 내려주기도 하였다. 여악들에게 줄 선물을 마련하는 데도 국고를 물 쓰듯 하였다. 재물을 함부로 낭비하는 '흥청망청興淸亡淸'이란 말은 이에서 유래하였다.

성균관을 폐하여 미인청을 만들어, 흥청과 운평 등 2천 명을 데리고 잔치를 벌었다.

연산이 성균관에 갔을 때 성균관 담 밑에 있는 초가 한 채를 발견하고, "궁궐 담 밑 가까운 집은 함께 철거하도록 영을 내렸는데 어찌하여 아직 남아있느냐?"

초가집 안에는 임산부가 얼굴이 부은 채로 거동이 어려운 형편이었다. 산모의 남편인 듯한 사내가 굽실거리며, "나으리, 이제 막 딸아이를 낳았습지요. 하루만 여유를 주시면 내일은 옮겨가겠습니다."

금부낭청은 임산부의 딱한 사정을 연산에게 고하고 선처를 바랐으나, 연산은 벌컥 화를 내면서,

"뭣이, 딸아이를 낳았다구? 여봐라, 저놈의 목을 쳐라. 초가집은 헐어내고, 계집은 성 밖으로 쫓아내어라."

대간들은 폐비 윤씨 묘호 칙서 때처럼 목숨을 걸고 간하는 자가 없었다. 잠 못 이루고 고민하는 아들에게 아버지 박담손朴聃孫은 결연히 타일렀다.

"녹봉만 축내며 구차히 사는 것보다 차라리 직간直諫하는 편이 영광스럽다. 몸을 이미 국가에 바쳤으니, 어버이 때문에 뜻을 꺾어서는 안 된다."

이튿날 박은이 독대를 신청했을 때, 연산은 버럭 화를 내면서,

"뭐라구? 박은이 독대를 신청해?"

연산은 그날 밤에도 2천 명의 운평과 흥청들의 춤과 노래로 밤새도록 마시고 놀았다. 장녹수가 연산에게 귓속말로 속삭였다.

"마마, 박은을 쫓아 보내시옵소서."

아직도 취기가 몽롱한 연산은

"대체 무슨 일이냐?"

"잔치를 피하시옵고, 성상을 잘못 보필하는 임사홍, 장녹수 등의 간사한 무리들을 극형에 처하시옵소서."

"이놈 봐라, 죽일 놈은 바로 네놈이다."

갑자년(1504) 4월 3일, 박은朴誾은 동래東萊로 정배定配되었다.

"박은朴誾은 남을 해치려고 하여 다른 사람이 초잡은 소장疏章을 고쳐 지었다. 이런 간사한 무리를 죄명을 쓰지 않고 다만 먼 지방으로 부처付處한다고만 하면 뒷사람들이 어찌 그가 정배된 이유를 알겠는가? 이름 아래 죄명을 죽 쓰고 영구히 먼 곳으로 귀양 보내어 다시는 왕도王都에 돌아올 수 없도록 하라."

박은의 매서妹婿인 안처성安處誠(자, 성지誠之)이 소년 시절부터 사람들 중에서 출중하였다. 그가 서른 살에 벼슬 없는 것을 탄식하자, 박은은 詩를 지어서 용기를 북돋웠다.

동래로 귀양 간 박은은 그의 매서妹婿 성지誠之가 급제했다는 소식을 듣고, 갑자년 윤달 27일 우중雨中에 중열仲說이 술에 취해 〈동래東萊의 적사謫舍에서 쓰다〉

큰 그릇 이루어지는 것 늦지 않고,	大器成非晚
높은 재주의 운수 반드시 형통하지.	高才運必亨
응당 국가의 경사가 될 것이니,	應爲公室慶
어찌 우리 집안만의 영광이리오.	豈但我家榮
예전의 꿈 이제 현실로 나타났다	昔夢知今驗
시름겨워 시 읊으며 실소하노라.	愁吟失笑聲
자네에게 가문의 일 부탁하노니,	憑君付門事
멀리 유배 온 것 한탄하지 않노라.	不恨作遐萌

동래로 정배 갔던 박은朴誾은 다시 서울로 압송당해서 신문을 받았다. 당초에 왕이 홍문관이 일찍이 사냥 나가는 것을 간諫함에 노怒하여 죄주고자 하였었다. 그때에 홍문관 직에 있던 승지들이 많으므로, 왕이 누가 앞장서서 주장하였는가를 물었는데, 모두들 잊었다고 대답하였다.

"전일에 박은朴誾이 동료들의 의논을 배제하고 제 마음대로 지은 상소를 고쳤으니, 죄명은 '詐忠自安 新進侮長官(거짓 충성으로 제 안일을 구하고 신진이 상관을 업신여김)'이었다.

"이놈을 당장 끌어내어 목을 베어라!"

그때 박은朴誾의 등 뒤에서 더 없이 맑고 부드러운 소리[梵聲相]가 은은히 들려왔다.

"세상만사 한번 웃을 거리도 되지 못한다네. 萬事不堪供一笑"

박은朴誾이 뒤를 돌아보았다. 아! 복령사 나한상羅漢像이 연꽃 한 송이를 들고 미소지었다.[염화시중拈華示衆]

"전하! 충언을 받아들이시지는 못할망정, 어이 소신을 죽이려 하시옵니까?"

연산은 그를 '거짓으로 충성스러운 체하여 스스로를 편안히 하였다(詐忠自安)'는 죄명으로 군기시軍器寺 앞에서 효수토록 명하였다.

연산은 박은을 너무 미워하여, 그가 죽은 지 4일 후인 6월 19일, 박은의 종[奴]을 국문하여 박은의 친구 이유녕李幼寧·이행李荇·이적李勣·이영원李永源·홍언충洪彦忠·정희량鄭希良을 잡아다가, 곤장을 치게 하고 그들을 유배 보냈다.

박은의 시체를 들판에 내버려두고 바람에 날려버리는 쇄골표풍 碎骨瓢風을 한 다음, 봉분 없이 묻게 했다. 그러나 박은朴誾은 죽음에 임해서도 당당하여 얼굴색 하나 변치 않았다고 한다. 그는 생전에 〈이백의 석여춘부惜餘春賦에 차운〉하였다.

"이백은 본래 방광放曠한 사람인데 외려 한숨을 쉬고 눈물을 흘리며 자신의 늙음과 여년을 탄식하는 모습이 마치 궁박窮迫한 사람과 같았으니, 어찌 방달放達하다 할 수 있겠는가. 내가 그의 운韻을 사용하여 부를 지어서 그의 답답한 뜻을 풀어주노라."

春兮堂堂	봄이여, 당당하여라.
來旣不識其誰使兮	올 때는 누가 시켜서 오는 줄 모르겠고,
去又向之何方	갈 때도 어디로 가는지 모르겠구나.
曾不足以少留兮	조금도 더 머물려 하지 않으니,
竊獨悲此群芳	이 시드는 꽃들을 홀로 슬퍼하노라.

강서시파의 대표적 시인 황정견黃庭堅도 그의 시 〈첫여름[淸平樂]〉에서, 봄이 간 것을 아쉬워하였다.

春歸何處	봄이여, 어디로 돌아갔는가?
寂寞無行路	사방이 적막할 뿐 봄이 간 길이 없구나.
春無踪迹誰知	봄이 종적 없으니 누가 알리오?
除非問取黃鸝	저 노란 꾀꼬리에게 물어볼밖에.

당시에 유행하던 '淸平樂'이라는 곡조에 맞추어 써넣은 가사용의 시, 즉 사詞이다. 여름이 온 것을 환호하듯 노래하는 꾀꼬리를 향해 '봄이 어디로 갔느냐?'라고 중얼거렸다. 황정견의 시풍은 "생동감 넘치고 참신하며 여위고 굳건하다. 生新瘦硬(생신수경)"

박은朴誾은 해동강서시파인 그의 시풍처럼, 죽음 앞에서도 생신수경生新瘦硬하였다.

을해년(1515) 가을, 이우李堣와 이행李荇이 한강변에서 술을 마시며, 10여 년 전 박은朴誾이 생전에 이행李荇에게 보내 온 詩를 읊었다.

「촌항村巷의 친구들과 국화를 잔에 띄워 술을 마실 수 있어 열흘 동안이나 이취泥醉(취해서 몸을 가누지 못하다)했으니, 몹시 즐거웠다. 밤중에 술 취해 누웠노라니, 용재容齋 학사學士가 몹시 생각났다. 그래서 감회에 잠겨 탄식하다 시를 읊고 등잔불을 밝혀서 그 시를 썼다.」

청운의 벼슬길 어이 생각하리오,	靑雲安可思
중도에 혹 실각할 수 있는 것을.	中路或失脚
변방으로 귀양 가지 않는 자는	不見塞外遷
예전에 권세를 잡은 벼슬아치들.	曩時勢熏灼
멀리 옥당의 벗들에게 이르노니,	寄言玉堂友
어서 와서 먼지 낀 술잔 씻으라.	速來洗塵爵

이우李堣(명중)와 이행李荇(택지)이 한강변에서 술을 마시며, 연구聯句를 창수唱酬하였다.

〈이우와 이행이 한강변에서 연구를 짓다 漢江邊 同聯〉

명중: 만남은 진정 오늘이고, 이별은 벌써 작년이라.
　　　　　　邂逅眞今日 分携已去年
택지: 아림에서 술잔을 나눈 뒤 청해에서 담소 각별했네.
　　　　객지 생활 물을 필요 있으랴, 모래 깨끗하여 잠잘 만하네.
　　　　　　娥林觴酒後 青海笑談偏 客過何須問 沙清政可眠
명중: 가을 풍경에 저녁 빛 더하니, 마주 봄에 더욱 처연해지네.
　　　　　　秋客兼暮色 相對更凄然

박은은 황정견黃庭堅과 진사도陳師道를 배운 해동의 강서시파로 알려져 왔다. 조선 후기의 시·서·화 삼절三絶로 일컬어진 자하紫霞 신위申緯는 용재容齋 박은을 해동의 강서파라 읊었다.

학문이 재주에 부합한다고 한 시대에 평가되나니,　學副眞才一代論
용재는 바른 깨달음으로 선문禪門에 들었다네.　　　容齋正覺入禪門
해동에도 또한 강서파가 있었으니,　　　　　　　　海東亦有江西派
늙은 나무 스산한 기운의 읍취헌이라네.　　　　　　老樹春陰挹翠軒

강서시파란 송나라 강서 사람인 황정견의 시풍을 배운 사람들을 일컫는다. 이들은 당나라 두보의 시를 모범으로 삼아, 시법을 중시하고 자구를 극도로 정련하였다. 황정견·진사도·진여의陳與義를 두보의 후계자로 보아, 1조 3종一祖三宗이라 칭하였다.

남송 초기에는 이 시파의 시가 애송되어 《강서시파》 137권, 《속파續派》 13권이 편집되었다고 한다. 강서시파에 속한 시인들은 점철성금點鐵成金을 목표로 각고의 노력을 하며 시를 지었다.

신흠申欽의 《청창연담 하晴窓軟談下》에서, "읍취헌의 시는 한결같이 소동파와 황산곡黃山谷을 모방하였는데, 선천적으로 재주가 매우 뛰어나 자연적으로 터득한 것이라고도 하겠다. 장편 또한 뜻에 운치가 있는데, 이는 작위적으로는 만들어 낼 수 없는 것으로서, 정말 아무리 안간힘을 써도 따라갈 수 없다고 하겠다."라고 하였다.

조선 중엽에 학당學唐을 주장한 허균이나 권응인 등은 박은의 당시풍을 평하였고, 조선 후기의 남용익과 홍만종 등은 복고적인 시학에 바탕을 두어 박은의 시를 평하였다. 이에 비해 김창협은 의고주의擬古主義를 배격하는 관점에서 박은을 조선 제일의 대가로 추대한 바 있다. 정조 역시 박은의 시를 높이 평가하였는데, 특히 그의 시를 두고 '천기天機가 넘쳐난다'거나 '천성天性에서 나왔다'고 말하였다. 또한, 박은의 시에 '당조송격唐調宋格'이 있다고도 하였는데, 이는 박은의 시가 당시唐詩의 풍격과 송시宋詩의 서술 방식을 겸비하였음을 지적한 것이다.

박은의 시는 자구의 조탁彫琢에 치중한 면이 있어 당시풍과는 다르다. 두보의 율시에서 요체拗體의 수법을 배운 것도 그 한 예이다. 논자들은 박은의 시를 두고 해동의 강서시파로 평가했다. 박은이 자구의 조탁에 치중한 사실은 그의 대표작 〈영보정永保亭〉에서 확인할 수 있는데, 영보정은 충남 보령保寧의 수영水營 안에 있던 정자 가운데 하나이다.

박은의 이 시는 《대동시선大東詩選》에도 선록될 만큼 회자되었다. 보령은 본래 고만高轡이라 하였는데, 1392년(태조 원년)에 수군만호水軍萬戶가 왜구와 싸우다 전사했고, 1408년(태종 8)에도 충청도 수군첨절제사水軍僉節制使 현인귀玄仁貴가 왜선 20여 척과 싸우다 전사하였다. 수영은 현재의 보령시 주교면 송학리 송도松島에 있다가 회이포回伊浦로 옮겨갔는데, 1509년(중종 4)에는 비로소 석성이 축조되었다.

〈영보정永保亭〉

땅은 새가 날개를 치며 날아오르려는 형국이요,	地如拍拍將飛翼
누각은 한들한들 매인 데 없는 뜸[篷] 같아라.	樓似搖搖不繫篷
북쪽을 바라보매 운산의 끝을 알 수 없고,	北望雲山欲何極
남쪽으로 와 띠처럼 두른 산세 이곳이 제일일세.	南來襟帶此爲雄
바다 기운은 안개 되고 이어서 비 뿌리며,	海氣作霧仍成雨
물결 형세 하늘에 닿아 절로 바람을 일으키네.	浪勢翻天自起風
어둑한 중에 마치 새가 우는 소리 들리는 듯,	暝裏如聞鳥相呌
앉았노라니 몸도 경계도 공空임을 깨닫겠노라.	坐間渾覺境俱空

이 시의 수련은 부동不動의 땅과 누각을 날아다니는 새와 떠다니는 배에 비유함으로써 역동적이다. 땅을 새에 비기고 누각을 배에 비유하니, 상하가 뒤바뀌게 한 착상도 기발하다. 그러나 정약용은 정범조丁範祖에게 준 서신 〈上海左書〉에서, "중간重刊된 《읍취헌집》을 보았는데, 〈영보정〉 시는 어째서 가작佳作인 줄을 모르겠다."라고 하였다.

  지형은 무엇과 같고 누대는 무엇과 같다는 구절은 형태와 모형을 새기고 그린 듯하지만, 혼탈渾脫하고 환전幻轉하는 생생한 시법詩法은 아니라는 것이다. 또, 뜸[篷]이란 것은 대로 엮어서 배[舟]를 덮는 기구이므로, 주舟나 선船이라는 글자 대신 사용하는 것은 온당하지 못하다고도 하였다. 이에 비해 "비 갠 냇물 맑고 맑아 한양의 나무 비추고, 꽃다운 풀 파릇파릇 앵무 물가에 돋았구나.(晴川歷歷漢陽樹, 芳草萋萋鸚鵡洲.)" 같은 당시唐詩는 전혀 노력을 기울인 흔적이 보이지 않으면서도 지형地形과 시물時物이 시인의 정서와 함께 찬연히 드러나있다고 평하였는데, 당나라 시인 최호崔顥의 〈황학루黃鶴樓〉 시에 보이는 경물 묘사를 혼탈渾脫 시법의 예로 대비시킨 것이다.

  당시唐詩를 중국 고전 시가의 꽃이라고 하여 계절로 치면 봄에 해당한다고 하고, 송시宋詩는 맑고 조촐한 가을에 견주기도 한다. 어떤 이는 당시唐詩는 호탕한 기개를 지닌 장부가 높은 산에 올라가서 큰 소리로 노래하는 것 같고, 송시宋詩는 달밤에 호수에 배 띄우고 노래함과 같다고 말하기도 한다.

시에서 서정 함축을 중시하고 의흥意興이 뛰어난 시를 '당음唐音'이라 하고, 생각에 잠기고 이치를 따지며 유현幽玄한 맛을 풍기는 시를 '송조宋調'라 하였다.

박은朴誾의 시는 비유어나 묘사어의 조탁彫琢을 중시하는 송시적宋詩的 특질을 지니면서, 아울러 호탕한 기개를 지닌 당시적唐詩的 특질을 공유하고 있다는 평을 받는다. 박은, 이행李荇, 정희량鄭希良, 정사룡鄭士龍, 노수신盧守愼 등을 '해동강서시파海東江西詩派'라 일컫는데, 이행李荇이 박은朴誾의 시를 모아 《읍취헌유고挹翠軒遺稿》 1책을 간행하였다. 그의 시는 파직당한 후인 1502년부터 1504년의 사이에 지어진 것으로, 겨우 221수에 불과하다. 정두경鄭斗卿의 서문에 당대의 문장가와 시인으로 꼽히는 최립崔岦과 권필權韠이 박은의 문장을 조선 제일로 평가했다.

정조正祖는 박은의 시가 정경이 융합되어 당시唐詩와 송시宋詩의 경지를 뛰어넘어 독자적인 시 세계를 구축하고 있다고 평가하며, 그를 '조선조에서 제일가는 시인'으로 추앙하였다. 이행이 엮은 박은의 유고집인 《읍취헌유고挹翠軒遺稿》에 어제御製 서문을 써주었으며, 그 책을 간행하여 반포토록 명하였다.

〈어제 서문 御製題增訂挹翠軒集卷首〉

시詩란 악樂의 나머지이니, 시에서 악을 고찰해 볼 수 있다. 시란 생각한 뒤에 쌓이고, 쌓인 뒤에 흐르며, 흐른 뒤에 발하는 법이다. 그러므로 온아溫雅로써 문文을 넓히고 흥유興喩로써 상象을 다하며, 혜규慧竅가 통하면 성조聲調가 꾸민 자취 없이 천연적으로 이루어지고 진기眞機를 돌이키면 격률格律이 마음에 뚜렷이 계합契合하니, 이것이 시의 근본이다.

시가 피폐해지고부터 그 생각은 전인前人을 모방한 것이고 그 발하는 바는 옛 글귀를 주워모은 것이었다. 그러고서 배열한 시구에 몰래 운율韻律의 경중이나 평측平仄을 맞추어 놓고는 "이것이 시이다." 하니, 이것이 시라면 천고千古의 전도 지금과 같을 것이요, 백월百粤이 연燕과 다를 바 없을 것이다. 겉모습만 꾸민 것은 끝내 가짜이며 성정性情이 그 속에 들어있지 않다는 것을 어찌 알리오.

읍취헌挹翠軒은 시를 잘 지어 그의 시에는 국풍國風의 유향遺響이 있어 동방의 절학絶學을 다시 창도唱導하였거니와, 나는 읍취헌의 시가 시의 근본에 가까운 것이라는 점을 특히 좋아한다. 읍취헌이란 이는 고故 교리校理 박은朴誾의 호이다.

대저 후세에 시로 이름난 이들은 거개가 자기를 높이 표방하여 소단騷壇의 맹주盟主로 자처하는데, 읍취헌이 시를 짓는 것은 곧 읍취헌의 시일 뿐이다. 이에 성조를 깊이 맛보고 격률을 깊이 곱씹어 봄으로써 생각하고 발하는 데에 미치면, 그 정신이 감응하는 바와 그 조화가 융회融會하는 바에서 물망물조勿忘勿助하는 공력을 오래 쌓으면서도 싫증을 내지 않고 전혀 고체固滯되지 않아 자연스럽게 흘러서 쉬지 않는 것이 마치 소리가 느릿한 주현朱絃이나 조미調味하지 않은 대갱大羹과 같다. 과연 누가 그렇게 만든 것인가. 생각건대, 시를 지은 본인도 어떻게 하여 그렇게 지었는지 모를 것이다.

이 시집은 본래 1권이었는데, 일찍이 홍문관의 옛 전적을 열람하다가 천마록天磨錄과 잠두록蠶頭錄을 보니 원집原集에 실리지 않은 것이 많이 있기에 모두 채집採輯, 정리하여 4권으로 만들었다. 대저 악樂이 피폐해진 지가 오래이다. 임방林放이 예禮의 근본을 물으니 성인이 "훌륭하다." 하셨으니, 나도 이 책에 대해 그렇게 말하노라.

이 문집은 내가 동궁東宮에 있을 때에 증보增補 수정되었으며, 아직도 동궁의 강협講篋에 남아 있다. 그 후 그 후손이 영남의 현령縣令을 맡았다는 말을 듣고 근자에 《오산집五山集》을 인간印刊하여 반포한 예例에 따라 도신道臣에게 명하여 간행하게 했으니, 그 때가 있는 것이라 할 만하다. 신臣 심환지沈煥之 삼가 글씨를 쓰다.

※ 백월百粵: 중국 남방에 있는 월인越人들 부락의 총칭으로, 백월百越이라고도 부른다.

물망물조勿忘勿助: 시를 짓는 것도 자연스럽게 구상하고 억지로 시구를 만들지 않는다는 뜻이다.

주현朱絃: 시가 매우 자연스럽고 질박함을 뜻한다.

대갱大羹: 조미하지 않고 고기를 통째로 푹 삶은 국물.

임방林放이……: 임방이 예禮의 근본을 물으니, 공자가 "예는 사치하기보다 차라리 검소한 편이 낫고, 상喪은 형식을 잘 갖추기보다 진정으로 슬퍼하는 편이 낫다."라고 답하셨다.

이행李荇의 〈읍취헌유고 서挹翠軒遺稿 序〉

가장 으뜸은 덕을 세우는 것이고 그 덕을 후세에 전하려면 말이 있어야 하니, 문장은 말의 정수이다. 나의 벗 중열씨仲說氏는 이 둘을 다 지녔다. 그 학문은 바르고 그 조행操行은 굳어서, 어버이를 섬김에 효성스럽고 신의로써 남들과 사귀고 조정에서 벼슬하면서는 정직한 자세로 충언忠言을 다하다가 마침내 화를 입고 말았다.

내 비록 옛날의 이른바 덕을 세운 이를 보지는 못하였지만 이 시문詩文은 거의 성정性情이 온화하게 발현됨에 따로 수식할 것도 없이 자연히 문장이 이루어져 청묘淸廟의 슬瑟이 일창삼탄一唱三歎함에 여운이 있는 것이라 아득하여 더할 수 없으니, 덕이 있는 이는 반드시 말을 남긴다는 것이 참으로 그러하도다.

오호라, 군君이 화를 당하자 그 집도 적몰籍沒되어 짧은 서찰조차도 남아 있는 것이 없었다. 평소 나를 더불어 말할 만한 벗이라 인정하여 주고받으며 창수唱酬한 군의 시편들을 내가 얻을 적마다 옷깃을 여미고 단정히 앉아서 읽으면서 신명神明처럼 공경히 대하고 금옥金玉처럼 보배로 여겨서 오직 조심하여 정성껏 잘 보관하면서 비록 찬축竄逐되어 떠돌아다닐 적에도 감히 잃어버리지 않았다.

"사람은 세상을 떠났고, 그 글도 없어졌다. 지금 남아있다고는 하나 겨우 천백 분의 한둘에 불과하니, 어떻게 후세에 전할 만하리오."
"곤륜산崑崙山의 조각 옥과 계림桂林의 반 가지도 안목을 갖춘 이는 모두 그 값어치를 높이 치는 법이니, 꼭 전체를 다 본 뒤에야 그 귀중함을 알 수 있는 것은 아니다." 하였다.

오호라, 중열의 덕이 당시 세상에 베풀어지지 못하고 남아있는 것이라곤 단지 그 서여緖餘인 문장뿐인데다 그마저 극히 일부에 불과하니, 이 유고가 중열의 훌륭한 점을 다 나타낼 수 있다는 것은 아니다. 후세에 중열을 알고 싶어 하는 이들이 또한 이를 통하여 그 나머지를 자기 스스로 터득하고자 한다면, 이는 이른바 "식견이 트인 이와 더불어 말할 만하다.(可與達者道.)"라는 것이리라.

우인友人 덕수德水 이행李荇 택지擇之는 삼가 서문을 쓰다.

박은朴誾이 죽은 뒤 1506년(연산군 12) 9월 2일 반정이 일어나, 박은朴誾은 신원伸冤(원한을 풀어줌)이 되고 도승지로 추증되었다.

박은의 아들 박공량朴公亮이 아버지 읍취헌의 산일散逸된 글을 수습하여 《별고別藁》를 만들고, 그의 손자 박유朴愈와 박무朴懋가 인쇄를 하여 두 개의 원고를 하나로 합해서 상하권을 만들고 청천당聽天堂 심수경沈守慶에게 발문跋文을 부탁하였다.

유고遺稿 권말卷末에 오율五律 세 수가 있으니, 택지擇之 용재의 시, 호숙浩叔 이원李沅의 시, 명중明仲 이우李堣의 시이다.

〈택지擇之 용재의 시〉

| 하늘이 사문을 망치려나, | 天欲斯文喪 |
| 문장도 없어지고 세상도 파리하네. | 時如殄瘁章 |

⟨호숙浩叔 이원李沅의 시⟩

| 뛰어난 재주 때를 만나지 못하여, | 高才時不遇 |
| 야박한 세상 문장을 싫어하네. | 薄俗惡文章 |

⟨명중明仲 이우李堣의 시⟩

불우한 일생은 짧았지만,	奇譻一生短
길이 울린 명예 만년에 다시 없으리.	長鳴萬世空
종남산의 푸른빛 누가 잡으리,	終南翠誰挹
저녁 빛이 하늘에 뻗어있네.	暮色尙連穹

1504년 6월 15일 폭군 연산이 "거짓으로 충성스러운 체하여 스스로를 편안히 하였다.(詐忠自安)"라는 죄목으로 효수梟首하여 쇄골표풍碎骨瓢風하였으니, 박은의 나이 26세였다.

1945년 2월 16일 교토지방재판소 재판장이 "윤동주는 조선 독립의 야망을 실현시키려 했다."라는 죄목으로 2년 형을 선고하여 후쿠오카 형무소에서 옥사하였으니, 윤동주의 나이 27세였다.

두 천재 시인은 사라진 것이 아니라 별이 되었다.

윤동주는 연희전문학교를 졸업할 무렵 1941년 12월 27일, 시집 《하늘과 바람과 별과 시》를 내려 했으나 일제의 탄압을 우려하여 주위에서 만류하였다. '서시序詩'는 시의 제목이 아니라, 《하늘과…시》의 서문序文이며, 연세대학교 응원가로 죽는 날까지 살아 있다.

죽는 날까지 하늘을 우러러
한 점 부끄럼이 없기를,
잎새에 이는 바람에도
나는 괴로워했다.
별을 노래하는 마음으로
모든 죽어가는 것을 사랑해야지
그리고 나한테 주어진 길을
걸어가야겠다.

오늘 밤에도 별이 바람에 스치운다.
(1941. 11. 20)

2. 꽃길
花徑

이행李荇, 거제도로 정배되어 염소와 양치기.
119편의 詩와 《신증新增동국여지승람》 편찬.

신유년(1501), 이우李堣가 성균관 전적 겸 남학 교수에 배수되었을 때, 논사論事로 인하여 이행李荇이 성균관으로 좌천되어 왔다.

〈수찬修撰을 그만두고 전적典籍에 제수되어〉

삶과 죽음 미리 정해진 줄 분명 알건만,	死生了了皆前定
뒤집히는 세상사 만 갈래로 뒤얽히누나.	翻覆紛紛自萬端
나 같은 자 용납할 이 후세에 어찌 없으랴,	後世豈無容我輩
이 몸은 유관 때문에 그르친 게 아니라네.	此身非是坐儒冠

갑자년(1504, 연산군 10년) 1월 5일 이우李堣는 사간원 헌납에 배수되었는데, 인수仁粹 왕대비가 병으로 부처에 공양하고 사찰을 중수토록 한 일에 대해서 간諫하자, 연산은 "궐내의 말이 문지방 밖에 나가지 않았는데, 어찌 궁중의 일을 췌탁揣度한단 말인가?"

사간원司諫院 관원 전원을 파직시켰다.

그해 3월 11일. 경기도관찰사 홍귀달洪貴達이 손녀를 궁중에 들이라는 왕명을 받고 아뢰기를, "신의 자식 참봉參奉 홍언국洪彦國의 딸이 신의 집에서 자랍니다. 처녀이므로 예궐詣闕하여야 되는데, 마침 병이 있어 신이 언국을 시켜 사유를 갖추어 고하게 하였는데, 관계 관사에서 예궐하기를 꺼린다 하여 언국을 국문하게 하였습니다. 언국의 딸이기는 하지만 신이 실은 가장家長이기로 대죄待罪합니다."

"누가 곧 입궐入闕하라 하였기에 이런 패역悖逆한 말을 하느냐? 그 불공함이 이세좌李世佐가 하사주下賜酒를 기울여 쏟은 죄와 다름이 없다. 대신이 이런 마음을 가지고서 관찰觀察의 소임을 할 수 있겠느냐? 그 직첩職牒을 거두라."

이세좌李世佐의 불공죄는 인정전에서 열린 양로연에서, 어사주를 회배回盃할 때 그와 한치형이 연산군에게 술을 받다가 손이 떨려서 어의御衣에 술을 엎지르는 실수를 저질렀다가 연산군의 분노를 사서 무안에 부처되었다가 다시 온성·평해에 이배되었다.

"무릇 신하는 충성스런 마음으로 위를 섬겨야 하는 것인데, 경연經筵 같은 데서는 존경하는 듯하다가 물러가면 비웃어, 붕당朋黨을 지어 위를 능멸하며 높은 의논을 하는 풍습이 있다. 전일에 박은朴誾이 동료들의 의논을 배제하고 제 마음대로 상소를 고쳤으니, 의당 좋은 자리에 서임하지 말아 곤체困滯하게 하여야 할 것이다. 또, 박은 같은 자가 반드시 많을 것이니, 써서 아뢰도록 하라."

연산은 홍귀달과 이세좌를 유배 보냈으며, "입은 화의 문이요, 혀는 몸을 베는 칼이다. 입을 닫고 혀를 깊이 간직하면 몸이 편안하여 어디서나 굳건하리라.(口是禍之門, 舌是斬身刀. 閉口深藏舌, 安身處處牢.)라는 네 글귀를 나무패에 새겨 환관宦官들이 모두 차게 하였다.

이세좌는 연산군의 생모 윤씨를 폐위할 때 극간하지 않았고, 이어 형방 승지로서 윤비에게 사약을 전하였다 하여 다시 거제에 이배되던 중 곤양군 양포역良浦驛에서 자살의 명을 받고 스스로 목매어 자결하였다. 이세좌의 외손자로 성종의 딸 정순옹주의 남편 봉성위 정원준鄭元俊도 이세좌의 죄에 연좌되어 귀양을 갔다. 이후 1504년 음력 4월 4일 곤양군 양포역良浦驛에서 자결하였다.

홍귀달이 장형杖刑을 받고 초죽음이 되어 경원으로 유배 도중 양근楊根까지 갔는데 다시 잡아오게 하고, 승지 이계맹을 시켜, 성 밖에서 형장 때리는 것을 감독하게 하고, 귀달에게 말을 전하기를, "군신의 분별이 없고 위를 능멸하는 풍습이 있는데, 반드시 먼저 노성한 재상을 죄준 뒤에 아랫사람들이 경계할 줄 알겠으므로 이렇게 하는 것이다." 하면서 그를 교살絞殺하였다.

지난날 성종이 대신들과 의논하여 연산의 생모 윤씨를 폐하여 서인庶人을 만들겠다고 하였다.

"경들은 어떻게 여기는가?"

도승지 홍귀달洪貴達이 아뢰기를,

"중궁의 실덕한 바가 가볍지 아니하니, 진실로 이를 폐하는 것이 마땅하겠습니다. 그러나 원자를 탄생誕生하였고 또 대군大君을 낳았으므로 국본國本에 관계되는 바이니, 폐하여 서인으로 삼는 것은 옳지 못합니다. 청컨대, 위호位號를 깎아내리어 별궁別宮에 안치安置하는 것이 어떻겠습니까? 원자는 장차 세자世子로 봉封할 것인데, 어머니가 서인이 되면 이는 어머니가 없는 것이니, 천하天下에 어찌 어머니 없는 사람이 있겠습니까?"

하며, 홍귀달은 극력 반대하였다.

연산은 당시의 대간들을 원망하여, "그때의 재상들이 극력 간하였다면 반드시 성종의 마음을 돌릴 수 있었을 것이다."

홍귀달의 아들 홍언충은 수찬修撰으로 복직해 교리敎理가 되고, 그해에 정조사正朝使의 서장관書狀官이 되어 명나라에 다녀왔다. 이듬해에 갑자사화가 일어나자 글을 올려 임금을 간하다가 노여움을 사서 문외출송門外黜送되었다가 다시 진안에 유배되었는데, 진안으로 유배를 가면서 자신의 앞날에 닥칠 운명을 생각하며 비장한 마음으로 자신의 '자만사自挽詞'를 적었다.

「남자의 성은 홍洪이요, 이름은 충忠이요, 자는 직直이라, 반평생이 우활迂闊하고 옹졸壅拙해서 문자만을 배웠도다. 세상에서 32년을 살고 끝마치니, 명은 어찌 이다지도 짧고 뜻은 어찌 이다지도 길단 말인가. 옛 무림현 고을에 묻으니, 운산은 위에 있고 강물은 아래에 있다. 천추만세에 누가 이곳을 지내려나. 손가락질하고 서성대며 반드시 슬퍼하는 자 있을 것이다.」

천성이 신중하면서 솔직하고 재기가 있어 어릴 때에 이미 학문에 깊이 통달하였다. 문장에 능했을 뿐만 아니라 글씨에도 뛰어났으며, 특히 예서隸書를 잘 썼다. 그는 문장으로 정순부鄭淳夫·이택지李擇之·박중열朴仲說 등과 함께 당대의 사걸四傑이라 불렸다.

갑자년(1504, 연산군 10) 3월 23일, 연산이 생모인 폐비 윤씨의 묘소인 회묘懷墓의 묘호 고치는 일에 대해서 영의정 윤필상尹弼商·좌의정 유순柳洵·판중추부사 박건朴楗이 의논드리기를, "회묘懷墓께서 자죄坐罪된 일은 종묘사직에 죄를 얻은 일이 아니니, 전하의 망극하신 심정을 풀지 않을 수 없습니다. 시호諡號 및 능호陵號 올리는 일은 해당 조曹에서 의논해서 시행토록 하시고, 후궁에 대한 일은 성상의 하교가 지당하십니다." 하였다.

그러나 최숙생崔淑生·이행李荇·이자화李自華·권달수權達手·박광영朴光榮·이사균李思鈞·김양진金楊震·유부柳溥·김내문金乃文·강홍姜洪 등 홍문관에서 의논드리기를, "전하께서 애모哀慕하시는 정은 이르지 않을 데가 없습니다. 그러나 추숭하는 의식은 예절이 이미 지극하였으니 다시 더할 수 없을 듯합니다. 후궁의 일은 신들이 비록 알지는 못하나 선왕 때에 있은 일이니, 지금 추후하여 들출 수 없고, 또 그 아들로 하여금 상사를 치르지 못하게 할 수는 없습니다."

연산은 홍문관의 반대로 회묘가 자신의 뜻대로 되지 않자, "성인聖人의 칠거七去의 법이 있으니, 만일 그런 죄라면 버리고 말 것이지 하필 죽여야 하는가? 그때의 재상들이 극력 간하였다면 반드시 위의 마음을 돌릴 수 있었을 것이다. 그때는 내 나이가 매우 적었다. 만일 지금 같았다면, 불공대천不共戴天의 원수를 어찌 세상에 있게 하였겠는가?"

세조는 단종 복위를 꾀하던 사육신과 관련자의 일족 6백여 명을 처형하고 유배를 보냈다. 생육신과 사림이 등을 돌리고 은거하게 되면서 유림에서 탄압한다는 비판에 직면하자, 김종직과 그의 제자들을 등용하면서 사림파가 중앙 정계에 진출하게 되었다. 세조는 피부에 고름이 생기다가 나병으로 이어졌으며, 그의 맏아들 의경세자가 젊은 나이로 요절하였고, 둘째 아들 예종은 즉위 1년 3개월 만에 갑작스럽게 승하하였다. 자신과 그 자손들에게 불행이 겹쳐왔다.

의경세자의 둘째 아들 자을산군이 13살의 어린 나이에 왕위에 올랐다. 그가 제9대 성종이다. 처음에는 할머니인 자성대왕대비의 수렴청정을 받았다.

성종의 정비 공혜왕후 韓씨가 슬하에 소생이 없이 18세의 젊은 나이에 서거하여, 후궁 가운데 숙의 尹씨를 왕비로 책봉하였다.

그러나 尹씨는 공공연히 질투심을 드러내고 품고 있던 독약인 비상砒霜(As_2O_3)이 발각되자, 성종의 어머니 인수대비는 분노하여 尹씨의 투기를 나무랐고, 성종은 중궁 폐출의 교서敎書를 반포하기를, "지난 정유년에는 몰래 독약毒藥을 품고서 궁인宮人을 해치고자 하다가 음모陰謀가 분명히 드러났으므로, 내가 이를 폐廢하고자 하였다. 그러나 조정의 대신들이 합사合辭해서 청하여 개과천선하기를 바랐으며, 나도 폐치廢置는 큰일이고 허물은 또한 고칠 수 있으리라고 여겨 감히 결단하지 못하고 오늘에 이르렀는데, 뉘우쳐 고칠 마음은 가지지 아니하고, 실덕失德함이 더욱 심하여 일일이 열거하기가 어렵다. 그러니 결단코 위로는 종묘宗廟를 이어 받들고, 아래로는 국가國家에 모범이 될 수가 없으므로, 6월 2일에 윤씨를 폐하여 서인庶人으로 삼는다." 하였다.

결국, 윤씨는 왕비에서 폐출되어 사저로 쫓겨났다. 성리학적 왕도 정치를 구현하려던 성종은 37세로 일기를 마쳤다. 그러나 윤씨 폐출 사건은 갑자사화의 원인이 되고 말았다.

연산은 회묘가 자신의 뜻대로 이루어지지 않게 되자, 피를 토하듯 울부짖었다.

"그 사람이 죽은 뒤에 어찌 후궁의 예로 장사 지내며, 그 소생 아들 역시 어찌 복제대로 복을 입을 수 있는가? 대간臺諫 및 귀손龜孫 등의 의논에 '그 아들의 삼년복을 폐할 수 없다.' 하였는데, 이 말은 그르니, 정승들이 다시 의논하여 아뢰라. 내일 의정부와 전직 정승·관각 당상館閣堂上·육조 참판 이상을 불러 윤씨의 시호를 같이 의논하게 하라."

연산군이 자신의 생모 폐비 윤씨의 묘소인 회묘懷墓의 묘호 고치는 일을 간관들이 반대하자, "불공대천不共戴天의 원수를 어찌 세상에 있게 하였겠는가?" 하며 이를 부드득 갈았다.

홍귀달과 이세좌를 유배 보낸 것으로 시작하여 그해 7월까지 이른바 갑자사화가 이어졌다. 연산은 자신의 스승 조지서趙之瑞를 참두斬頭하여, "제 스스로 높은 체하고 군상君上을 능멸한다."라는 찌를 달아서 효시梟示하였다.

이외에도, 죄인의 집을 파 연못을 만들고 돌에 죄명을 새기게 하였다. 당시 시신은 부관참시, 쇄골표풍, 능지처참 후 시체를 백관이 모두 보게 하고 사방에 돌려 보이는 등 참혹한 형벌들이 연일 자행되었다.

"어리니於里尼·홍식洪湜·강형姜詗·엄산수嚴山壽·정인석鄭仁石·정진鄭溱·정옥경鄭玉京·윤채尹埰·조지서趙之瑞·이파李坡·두대豆大·송흠宋欽·한치형韓致亨·이극균李克均·이세좌李世佐·이총李摠·윤필상尹弼商·김순손金舜孫·이덕숭李德崇의 뼈를 부순 가루를 강 건너에 날리라."

연산燕山이 황란荒亂하여, 모비母妃 윤씨가 사약을 받고 죽은 데 깊이 유감을 품고 선조先朝의 구신舊臣들을 거의 다 죽이고, 또 윤씨를 추숭追崇하여 그 휘호徽號를 극진히 높이고자 조정에 의논하였는데, 홍문관이 이를 반대하는 소를 올렸다가 그 소의 글귀가 문제되어, 간관들을 의금부에 가두었다.

최숙생崔淑生은 장杖 60대 후 신계新溪로 유배되었고, 이자화李自華는 장杖 60대 후 아산에 부처付處되었으며, 권달수權達手는 장杖 60의 처벌을 받고 용궁龍宮에 유배되었다. 박광영朴光榮, 이사균李思鈞, 김내문金乃文, 김양진金楊震, 강홍姜洪, 유부柳溥 등이 태장笞杖을 맞은 후 각각 유배되었다.

홍문관 응교 이행李荇은 주위에서 해명할 것을 권하자, "연산주가 모비母妃를 위하다가 도리어 선왕先王을 원수로 삼아 조정 신료들을 도륙하여 종묘사직이 거의 위태한 지경에 빠졌었다. 신수근이 이미 죄를 받았으니, 그 아비를 죽이고 그 딸을 왕비로 세워 패망의 전철을 밟는다면, 이 나라 사직은 어찌되겠는가. 참으로 국가 대사大事를 위해 그 불가함을 극언한 것일 뿐이니, 어찌 이들을 사지死地에 몰아넣고 싶어서이겠는가. 차라리 이러한 구설口舌을 내가 달게 받을지언정, 종묘사직을 차마 저버릴 수 없다."

이때 응교 권달수가 "의론을 주창한 자는 나이지, 이李 아무개가 아니다." 하였으나, 이행李荇은 장형杖刑을 받은 다음 충주忠州로 유배되었다.

충주로 가는 길에 무극無極역의 역졸驛卒이 나에게 말하기를, "닷새 전에 한 젊은 벼슬아치가 남방으로 귀양 가더이다." 하기에, 곰곰이 생각해 보니 바로 우리 중열이라, 느꺼워 탄식하고 시를 지어 정회情懷를 숨기지 않노라.

들리는 말로 동래현은 아득히 치우친 외진 곳이라, 교룡이 뿜는 안개는 낮은 땅 휘감고 고래가 노는 바다는 뜬 하늘 박찬다지. 몸이 어찌 남방에만 막혀 있으랴, 이름은 국사로 우대받는 것을. 고운孤雲이 이제 이미 멀어졌으니, 백벽白璧을 가벼이 남에게 던지지 마오.

내가 감옥에 묶여 있던 저녁,	我繫北扉夕
그대는 먼저 남쪽으로 귀양 갔지.	君先南竄時
서로 어긋나 다시 못 만났으니,	乖離不重見
기약한 듯 우연히 재난을 만났네.	喪亂偶如期
삼생의 뜻에 부끄러움이 없건만,	無愧三生志
닷새 더딘 것을 외려 탄식하노라.	還嗟五日遲
이것이 사별인 줄 내심 아노니,	心知是死別
서로 애써서 그리워하지 마세나.	黽勉莫相思

연산은 이행李荇, 권달수權達手, 최숙생崔淑生 등 홍문관의 언관들을 멀리 정배시키는 등 사간원司諫院·홍문관弘文館을 격파했으며, 경연經筵을 폐지하고, 상소上疏·상언上言·격고擊鼓 등의 일은 일절 금지하였다. 유흥과 사냥을 즐기기 위한 장소를 넓히고 궁전宮殿과 사우

寺宇를 연이어 짓고 은은히 보이도록 온갖 기묘한 솜씨를 부려 화려한 채색이 눈부셨는데, 연산이 스스로 시를 지어 찬양했다.

壯氣仙峯聳碧霄 씩씩한 기운 어린 선봉仙峯은 하늘에 치솟았고,
神鼇靈鶴應時調 신비한 자라 신령스런 학은 조화되었도다.
群英感宴忠臟洽 영걸은 향연에 감동해 충성스런 마음 흡족하고,
孤鬼幽囚譎腑焦 외로운 귀신 유수幽囚되어 오장 육부가 타도다.

폭군 네로는 로마 대화재 당시 불타는 도시를 보며 트로이의 멸망을 노래했다는 기록이 전해지는데, 이는 그가 직접 쓴 서사시 〈트로이카Troica〉의 내용과 관련된 것으로 추정된다고 한다.

연산군은 125수의 시를 지었는데, 연산과 네로는 시를 좋아했으며 18세에 즉위하여 30세 죽었으니, 두 폭군의 삶은 너무나 닮았다.

이행은 충주로 이배되었다. 태장을 맞고 이배되었으니, 상처의 피가 입은 옷을 붉게 적셨다.

〈충주에 들어와서 入忠州〉

이미 충주 땅에 들어섰으니, 나의 행차 또한 더디지 않구나.
평생에 무슨 잘못 저질렀관데, 오늘 이러한 지경에 이르렀느뇨.

상처의 피는 옷을 붉게 적시고,	瘡血衣渾赭
창자엔 우렛소리 전대는 비었구나.	腸雷橐又垂
처자식들도 팽개쳐 두어야 할 터,	妻孥且撥棄
끝내 어버이 은혜 보답할 길 없어라.	終未報親慈

이조 정랑 이우李堣는 고향으로 돌아가는 길에 충주 목계나루에 내려서, 이행李荇 택지를 유배지에서 만났다.

이때 이행은 〈영남으로 돌아가는 명중을 보내며 送明仲歸嶺南〉

이제 그만 고향으로 돌아가니,	已矣歸來賦
그 산수의 음률이 처연하구려.	凄其山水音
청량산은 지금쯤 어떠할는지,	淸凉定何似
날 대신해 운림에 인사해 주오.	爲我謝雲林

를 읊었는데, 이행의 시에 명중이 화답하니 이행이 다시 답하였다.

〈명중의 시에 답하다 奉答明仲和示之作〉

봄 내내 시름과 병으로 칩거하였더니,	一春愁病寡參尋
새로 보내온 그대 시구 읽고 경도하였소.	傾倒新傳金玉音
북해라 청해 술동이 운우처럼 흩어지니,	北海淸尊雲雨散
지금엔 그대의 높은 시 붙일 데가 없구려.	只今無地着高吟

※ 북해청존北海淸尊: 지난해 가을 명중의 집에서 술을 마실 때 지은 연구聯句에 "청해에서 지금 북해의 술동이 여네.(淸海今開北海尊.)"란 시구가 있기에, 이를 뒤집어 말하였다.

연산은 9월에 이전의 사안을 논의하여 뒤미처 포박하여 고문하는 통에 이행李荇은 거의 죽음에 이를 뻔한 것이 여러 차례였고, 12월에 이르러 사형에서 감면減免되어 장형을 받고 다시 함안군의 관노官奴로 귀양갔다. 갑자년 제석除夕에 의령宜寧 집의 벽에 썼다.

〈의령宜寧 집의 벽에 쓰다 書宜寧家壁上〉

유자란 이름에 그르쳐진 지 오래,	久被儒名誤
대아의 시에 많이도 부끄럽구나.	多慙大雅詩
관대한 처분으로 두억시니 막으니,	寬爲魑魅禦
오히려 성상의 자애를 입었구나.	尙賴聖明慈
옛 나라에는 보아도 해가 없고,	故國見無日
덧없는 삶은 갈 길 끝이 있어라.	浮生行有涯
처자식들아 너무 걱정하지 말라,	妻孥莫相憫
인생사 본래 이와 같은 것이란다.	人事自如斯

※ 유자儒者란: 유자란 이름 때문에 자신을 그르치고 말았다. 두보杜甫의 〈유회태주정십팔사호〉에, "예로부터 귀양 간 이들은 대다수 재명才名에 그르쳐졌지.(從來禦魑魅, 多爲才名悞.)"라는 구절이 있다.
대아大雅: 대인군자大人君子를 뜻한다.
두억시니: 순舜임금이 사흉四凶을 사방으로 유배 보내어 두억시니[이매魑魅]를 막게 하였다.

을축년 봄 정월, 이행李荇은 함안咸安으로 배소配所를 옮긴 뒤 가을에 또 익명서匿名書의 옥사로 인하여 포박되어 고문을 받으면서 겨울을 지냈다.

〈이백李白의 장진주將進酒 운韻을 사용하여 주필走筆로 짓다〉

적막한 객지의 밤 서늘하고도 길어,
달빛 저버리고 홀로 잠들기 어려워라.
세간의 영욕은 내게 달린 것 아니니,
가는 것은 절로 가고 오는 것은 오누나.
이태 동안 귀양살이 끼니도 군색하니,
술 마시고 싶지 않으랴만 술잔 없어라.

客夜寂寞涼且長 叵耐孤眠負佳月 世間榮辱不在我
去者自去來自來 二年流落窘餬口 豈不欲飮無酒杯

병인년(1506, 연산군12) 봄 정월에 이르러 이행李荇은 함안에서 거제도로 귀양을 떠나 2월에야 배소에 당도하여, 고절령高絶嶺 아래에서 위리안치圍籬安置(가시 담을 두름)하고 살았는데, 고절령은 거제 시청 남쪽 계룡산 고개(거제면 서상리)로, '고산치', '고자산치', '화자현', '고절현', '고자고' 등으로 불리기도 했다.

이행의 시 〈소상팔경瀟湘八景〉 중 〈관솔불松火〉에서 외로운 섬에 유배된 죄수의 고독한 삶을 짐작할 수 있다.

급히 노 저어 앞 여울 가르니,	急棹截前灘
석양빛은 먼 촌락에 내려앉누나.	返照下遙村
그물을 걷으매 기쁨에 찬 외침,	擧網聞絶叫
집에 돌아와도 황혼이 안 됐어라.	歸舍未黃昏
이웃의 노인들을 불러 모으니,	招携同社翁
백주 또한 동이에 그득하구나.	白酒亦滿樽
금빛 기둥이야 잠기건 말건,	任看金柱沒
아침까지 관솔불 밝히고 노누나.	松火明朝暾

홍언충은 진안에 유배되었다가, 다시 거제도로 이배되어 왔다. 홍언충과 김세필이 가시 울이 둘러쳐진 집으로 이행을 찾아왔다. 양치기 이행과 홍언충 등 사우師友들을 유배지에서 만남은 '빠삐용Papillon'이 돼지치기 드가와 '악마의 섬'에서 재회하는 장면을 연상하게 한다.

거제도 계룡산 고절령에서 염소와 양을 치던 이행은 최숙생과 김세필, 홍언충이 근처로 유배된 까닭에, 서로를 위로하며 화답한 119편의 시를 쓰면서 가시덤불 속의 삶을 〈꽃길〔花徑〕〉이라 노래하였다.

그윽한 꽃 무수히 제각각 피어,	無數幽花隨分開
오솔길로 산 오르다 짐짓 배회하노라.	登山小徑故盤回
떨어진 꽃잎 동풍을 시켜 쓸지 말라,	殘香莫遣東風掃
행여 한가한 사람이 술 싣고 찾아올라.	儻有閑人載酒來

거제도 고절령 산속에서 산나물과 풀뿌리를 먹고 살았는데, 홍언충이 고기를 보내주었다.

〈직경直卿이 고기를 보내준 데 사례하다 謝直卿惠肉〉

바닷가 온 뒤로 늘 담박한 음식뿐,　　海外歸來常淡食
지금에 장검 자루를 뉘라서 두들기랴.　秖今長鋏爲誰彈
쟁반에 오른 별미에 홀연 놀라노니,　　忽驚異味生盤案
고맙게도 곤궁한 날 보살피누나.　　　賴有斯人解急難

최숙생이 말을 샀다는 말을 듣고 시를 지어 보냈다.
오늘날로 치면, 자가용 신차를 뽑았다는 뜻이다.

〈자진子眞이 말을 샀다는 말을 듣고〉

되놈에게서 말을 샀지만,　　　　買馬從胡奴
말은 기실 되놈 종자가 아닐세.　馬實非胡種
한번 보아줄 사람 어찌 없으랴,　一顧人豈無
만 리 달릴 기운만 용맹스럽구나.萬里氣空勇

연산군이 조정의 신료들을 주륙誅戮하여 그냥 무사히 보낸 날이 없었다. 이행李荇이 체포되어 장형을 받고 유배됨에 그 형벌이 너무도 참혹하여 친척들이 보고 눈물을 흘리지 않는 이가 없었다.

그러나 그는 한마디도 원망하는 말을 하지 않았으며, 사람들이 모두 "필시 극형을 면치 못하리라." 하였지만, 그는 역시 마음이 흔들리지 않고 책 읽기를 쉬지 않았다. 사람들이 책을 읽지 말라고 만류하면, "아침에 도를 들으면 저녁에 죽은들 무슨 유감이 있으리오." 하며 의연한 태도를 보였다.

거제도 고절령에 있던 그해 가을 또 포박하여 죽을 때까지 곤장을 치라는 명이 떨어져 거의 압송 길에 오르려던 차에 중종반정中宗反正이 터졌다.

이행李荇은 3년에 걸친 유배생활을 그 장소가 변함에 따라 《謫居錄》, 《南遷錄》, 《海島錄》이라는 3개의 詩稿로 엮었는데, 유배지에서 자신의 생활을 자세하게 시에 담은 것이다.

시인은 체험을 통한 정서를 언어로 나타내는데, 유배는 정치적인 이유에서 비롯되지만, 개인적인 체험이라고 할 수 있다.

용재容齋 이행李荇이 살았던 연산·중종 때는 사대사화四大士禍의 대부분이 일어난 만큼 극심한 혼란기였다. 훈구파와 사림파가 대립하면서 무오·갑자·기묘사화가 일어났고, 이행은 여러 차례의 유배생활과 벼슬살이를 거치면서 끝내 유배지에서 생을 마쳤다. 그의 詩 약 2,000여 수 가운데서 유배지에서 쓴 유배시를 살펴보면 《謫居錄》 37편, 《南遷錄》 79편, 《海島錄》 119편으로 모두 235편이다.

김득신金得臣의 《종남총지終南叢志》에 용재 이행은 얼굴이 좋지 않았고 머리 빗질을 잘하지 않은 것으로 외모가 묘사되어 있다.

"경이 집에 있으면 머리 빗질을 않는다던데?" 하고 임금이 묻자,

"신의 집에 제사 때는 반드시 씻고 빗질을 합니다." 하고 대답하였다.

중국 사신 당고唐皐가 우리나라에 왔을 때 이행이 원접사였고, 정사룡鄭士龍·소세양蘇世讓·이희보李希輔가 종사관이었다. 당고가 용재의 얼굴이 추한 것을 보고 가깝게 오는 것을 싫어했는데, 안주安州의 백상루百祥樓에 올라 오언율시를 지어 원접사에게 화운하게 하였다. 용재가 술에 취해 자고 있었으므로 종사들이 먼저 지어 기다리고 있었는데, 용재가 잠을 깨어 보며 내가 마땅히 아래를 고치리라 하고 입으로 불러주었는데, '곤坤' 자字의 압운에

二水는 나누어져 구멍이 되고, 二水分爲坎(감)
三山은 끊어져 땅이 되었다.   三山斷作坤

어숙권魚叔權은 《패관잡기稗官雜記》에서 "고금을 통해 주운朱雲을 읊은 시에 이 같은 생각이 없었으니, 비록 당송의 문집 가운데 두어도 부끄러움이 없을 것이다." 하였는데, '주운절함朱雲折檻'은 한나라 성제成帝 시대의 신하 주운朱雲이 황제의 총애를 받는 간신인 안창후安昌侯 장우張禹를 처벌해달라고 청했으나 성제가 노하여 주운을 끌어내리려 할 때, 주운이 황제전의 난간을 꽉 붙잡아 부러뜨린 데서 유래했습니다.

한성제漢成帝가 괴리령槐里令 주운朱雲의 말[眞言]을 아름답게 여겨 부러뜨린 난간을 갈지 말게 했다는 '주운절함朱雲折檻'에서 따온 말이다.

허리에 칼이 있으니 어찌 꼭 청할 것이 있으랴,	腰間有劍何須請
저세상에 사람이 없어도 족히 놀만하리라.	地下無人亦足遊
아깝게도 한나라 뜰의 괴리령은	可惜漢庭槐里令
일생에 오직 아첨하는 신하의 머리만 알았다.	一生唯識佞臣頭

용재가 원접사로 중국 사신 당고唐皐 태사太史를 맞이하게 되었는데, 당고가 젊은 원접사를 가볍게 여겨 외면했다. 그런데 정주에 이르러 용재가 빠른 글씨로 그의 음락飮酪에 대한 시에 차운하여 절구 4수를 지으니, 당고가 보고 참으로 늙은 주먹이라고 말했다.

교산蛟山 허균許筠은 그의 《성수시화惺叟詩話》에서,

"우리나라의 시는 마땅히 용재容齋가 제일이 될 것이다. 침착하고 두터우며 화평하고 맑으며 순속했다. 그의 오언고시는 두보와 진사도陳師道를 넘나들어 높고 예스럽고 간절해 붓과 말로써 칭찬하기 어렵다. 내가 평생 동안 기뻐하며 읊는 절구에 감개가 있어 읽으면 슬퍼진다."라고 하였다.

경진년(1520) 증고사證考使 〈八月十八夜〉

평소의 사귀던 친구들 모두 세상을 떠나,	平生交舊盡凋零
백발 된 이 몸, 형체와 그림자만 마주 보네.	白髮相看影與形
그야말로 달 밝은 밤 높은 누각에 앉았는데,	正是高樓明月夜
처절한 피리 소리 차마 듣기 어려워라.	笛聲凄斷不堪聽

홍만종洪萬宗도 그의 《소화시평小華詩評》에서 그의 시를 두고, "인공人工으로 이룰 수 없는 천재가 있다."라고 했다.

남용익南龍翼의 《호곡시화壺谷詩話》에 "용재 이행과 읍취헌 박은朴誾은 젊었을 때 문명이 서로 비슷했으나, 용재가 읍취헌에 미치지 못하는 것처럼 그를 우러러보았다."라고 하였다.

조선조 초기부터 소동파의 시를 숭상해 왔으나 읍취헌이 갑자기 황산곡을 배웠기 때문에 같은 무리들이 모두 굴복했다고 하는데, 그의 시 〈복령사〉 가운데

비 오려는 봄날 새들은 지저귀고,	春陰欲雨鳥相語
늙은 나무는 무정한데 바람만 슬프구나.	老樹無情風自哀

라는 표현이 있는데, 이 구절은 황산곡의 영향을 받았으나 궁함이 심해 멀리 이르기에 어려울 듯하다 하였다.

| 청산은 오늘 밤에 달이 떴고, | 靑山今夜月 |
| 백발의 몸 옛날 그 사람일세. | 白首昔年人 |

이 구절은 용재容齋의 오언율시 〈서당 뒷산에 올라 관등하면서 운경雲卿의 시에 차운하다〉의 첫 구이다.

웅장한 산세와 고요한 달빛을 묘사하며 심오한 자연의 정취를 나타내는 한편, 자연은 변함이 없지만 인생은 덧없음을 시사한다.

〈운경의 시에 차운하다 七日 登書堂後嶺 觀燈 次雲卿韻〉

청산은 오늘 밤에 달이 떴고,	靑山今夜月
백발의 몸 옛날 그 사람일세.	白首昔年人
절서는 오고 감이 있지만,	節序有來往
풍광은 오래고 새로움 없어라.	風光無故新
헤어짐이 많은 건 사물의 이치.	多違應物理

용재容齋 이행李荇은 영의정 이기李芑의 동생이며, 신사임당은 그의 당질부이고, 율곡 이이의 재종조부이다.

이행李荇은 박은朴誾의 딸을 맏며느리 삼았다. 넷째 아들 이원록李元祿은 을사사화 때 이기李芑가 李子의 관직을 삭탈하려 하자, 이기李芑에게 힘써 간하여 李子의 직첩을 돌려받게 되었다. 이원록은 이기李芑의 전횡을 비난하여 "멸족滅族의 화禍가 있어야 한다." 하자, 장杖 100대에 강계에 안치되었다가 사류士類의 상소로 풀려났다.

이행李荇은 중종반정으로 홍문관 교리로 소환되어, 얼마 지나지 않아 승진하여 부응교가 되었으며, 또 어명을 받고 정업원淨業院에서 사가독서賜暇讀書하였다.

그는 중종반정으로 풀려나와 다시 등용되었으나, 조광조趙光祖 등 신진 사류로부터 배척을 받았을 때, "기묘년의 과오는 재상의 허물이다. 세상일에 경험이 없는 연소한 이들에게 갑작스레 높은 자리를 주어 마음대로 분란紛亂을 피우도록 방임하고서 재제裁制를 가하지 않았으니, 그 사람들이 무슨 죄가 있겠는가. 도리어 재상이 그렇게 하도록 만든 것이 아니겠는가." 하였고, 첨지중추부사로 좌천되자 사직하였다.

용재는 남쪽으로 내려가 면천沔川의 창택촌滄澤村에 우거하면서 자호自號를 창택어수滄澤漁叟라 하였다. 처음 면천에 우거할 때 백형伯兄 이권李菤이 그의 군핍窘乏함을 듣고 곡식 2백 섬을 주려 하자, "제가 만약 굶주린다면 형의 허락을 기다리지 않고 곡식을 가져다 먹겠습니다." 해놓고는 끝내 한 섬도 가져가지 않았다.

이때 여행을 떠나서 가는 곳마다 시를 지었다. "경오년(1510)에 남쪽으로 여행을 떠나서 〈이천의 객사에서〉, 〈음죽촌의 송정〉, 〈금오산을 지나며〉, 〈충주 관아의 헌함에 현판으로 걸린 시에 차운하다〉를 지었고, 갑자년 겨울, 자진子眞과 함께 남쪽으로 유배될 적에 수회리水回里에 이르러, 〈그 언제나 다시 물과 함께 돌아올꼬 何時更與水同回〉라는 시를 지었다.

그 후 과연 방면放免되었고 이제 영남으로 가는 길인데, 자진이 시를 지어 작별하기를 "수회촌에 길이 지난날과 같으리.(水回村裏路如昨.)"라고 하였다. 수회리에 이르러 보니 그 사람 자진이 생각나기에, 그 구절의 글자를 나누어 운韻으로 삼아 시를 읊었다.

남쪽으로 여행하면서 지은 시문을 모아서 《남유록南遊錄》, 《창택록滄澤錄》, 《영남록嶺南錄》을 차례로 엮었으며, 1530년 윤은보 등과 《동국여지승람》을 증수하여 《신동국여지승람》을 편찬하였다.

나그네의 여장은 초라하고,	客子行裝薄
봄바람에 남쪽 길은 길어라.	春風南路長
물고기는 극락세계에 노닐고,	魚遊極樂界
꽃은 본래의 향기 내뿜누나.	花發本來香
시는 사람 만날 적마다 짓고,	詩作逢場戲
말은 뜻을 얻으면 그만 잊노라.	言因得意忘
산은 사람 영송에 이골이 났으련만,	雲山慣迎送
나를 향해 유달리 푸릇푸릇하구나.	向我獨蒼蒼

이행李荇은 〈나그네 客子〉에서 인생의 무상함과 나그네의 쓸쓸한 심경을 읊었다. 조지훈의 "나그네 긴 소매 꽃잎에 젖어" 구절이나, 박목월의 "강나루 건너서 / 밀밭 길을 / 구름에 달 가듯이 / 가는" 그 나그네를 연상聯想하게 한다.

이행李荇은 예안禮安으로 명중明仲을 방문하기로 예전에 약조했다가 또 길이 어긋나 가보지 못하게 되었기에, 그저 시 한 수만 보냈다.

〈명중明仲에게 부치다〉

풍진세상 날로 병이 몸을 침노하는데,	風塵日日病侵尋
친한 벗에게서 소식 없으니 또 어이할꼬.	更奈親朋闕好音
지난해 읊은 송재의 풍우 시구를	去世松齋風雨句
멀리 그대 바라보고서 한번 길게 읊노라.	爲君回首一長吟

이우李堣는 이행李荇의 시를 받고 "나는 남쪽에 있고 그대는 북쪽에 있으니, 남북으로 아득히 나는 기러기 편에 전하노라."라는 답시를 보냈다.

〈택지의 시에 차운하다 次韻擇之〉에서

나는 남쪽에 있고 그대는 북쪽에 있으니,	我在箕邊君斗邊
헛된 명성을 노년까지 함께 구하고 있네.	虛名共籤二毛年
처량히도 두 곳에서 가을을 슬퍼하는 심정을	凄涼兩地悲秋恨
남북으로 아득히 나는 기러기 편에 전하노라.	南北迢迢一雁天

〈용재 이공容齋李公 행장行狀 주세붕周世鵬 찬撰〉中에서,

공은 일찍이 남산南山의 청학동靑鶴洞에 작은 서재를 열고, 자호自號를 청학도인靑鶴道人이라 하였다.

그리고 서재로 난 길의 양쪽에 소나무·회나무·복숭아나무·버드나무를 심어놓았는데, 공이 조정에서 퇴근하여 지팡이를 끌고 소요하면 그 모습이 소연蕭然히 마치 야인野人과도 같았다.

하루는 날이 어두울 무렵 녹사錄事 공무상 보고하러 공을 찾아가는데, 한 사람이 나막신을 신고 거친 베옷을 입고 작은 동자를 데리고서 동문洞門을 나오고 있었다. 녹사가 말을 타고 지나가다가, "정승께서는 계시는가?" 하고 묻자, 공이 천천히 돌아보면서 "공무상 보고하러 왔는가? 내가 여기 와 있다네." 하니, 녹사가 놀라 자기도 모르게 말에서 떨어졌다. 그 충후忠厚하고 소박함이 대개 이와 같았다.

공의 학문은《논어》에서 나왔다. 그리고 그 시문詩文은 사실에 의거하여 곧바로 쓰고 문장 수식을 없애어 궤이詭異하고 합벽한 문사文辭를 쓰지 않아 하늘이 이루고 귀신이 만든 듯 다듬고 꾸민 흔적이 없었으나, 사람의 감정과 사물의 이치를 남김없이 포괄하여 어김없이 그 극치에 오묘히 나아갔기에, 우뚝이 드높아 남들이 발돋움하여 미칠 수 없었다. 일찍이〈축야인격문逐野人檄文〉을 지었는데, 남지정南止亭이 깊이 탄복하였다. 옛날에는 주문연主文硯이 없었는데, 지정止亭이 큰 벼루를 하나 만들어 공에게 전해주면서 이르기를 "이것은 사문斯文의 심법心法을 전하는 물건이다." 하였다. 그러나 이 벼루를

미처 다른 사람에게 다시 전하지도 못한 채 공은 세상을 떠나고 말았다.

평소의 저술은 초록草錄해 둔 적이 없어 수고手稿를 얻을 수 있는 것은 오직 《적거록謫居錄》, 《남천록南遷錄》, 《해도록海島錄》과 《남유록南遊錄》, 《남악창수집南岳唱酬集》뿐이고, 사방에서 두루 찾아 수집하니 시詩 약간 권卷과 문文 약간 권이 되었다. 그리고 함종咸從에 우거할 때에는 다시는 시를 읊지 않고 오직 두문불출하며 책을 읽었으며, 《동국사략東國史略》을 산정刪定하여 완성하고 손수 베껴서 정서淨書하였다.

공은 언제나 자식들에게 훈계하기를, "내 평생 소득이 '속이지 않음[不欺]'에 있다." 하셨으니, 선을 좋아하고 악을 미워하는 마음이 천성天性에서 나왔던 것이다.

"신하가 지위를 차지하고 녹을 먹으면 의당 임금의 은혜를 잊지 않고 국가를 저버리지 않아야지, 자기 일신을 돌보아서는 안 된다. 나라의 후한 은혜를 입었으면 모름지기 터럭만큼이라도 보답할 길을 생각해야 한다. 그러나 만약 당시의 정계政界에 용납되지 못하여 나의 뜻을 펼 수 없다면, 의당 몸을 거두어 물러나야 할 것이다. 지위와 녹을 탐내어 시세時勢를 따라 부앙俯仰하는 짓을 나는 하지 않겠다. 그런데 하물며 자기와 의견이 다른 자를 배척하여 오직 자기 일신만 보전할 길을 도모하는 짓 따위야 말할 나위 있겠는가."

공의 아들 원록元祿이 행장을 기술해 주길 청하거늘, 감히 글을 잘 못한다는 이유로 사양하지 못하고 삼가 행장을 쓰다.

이행李荇은 죽을 만큼 장杖을 맞고 유배를 세 번 당하고 마지막에 압송되어 죽을 때까지 곤장을 치라는 명이 떨어져 거의 죽을 뻔했는데, 한마디도 원망하는 말을 하지 않았다.

〈임금의 마음은 하나인데 공격은 많다 人主一心 攻之者衆〉

우러러보고 굽어보매	仰觀俯察
옛날부터 지금에 이르기까지	往古來今
실로 어려운 자리가 임금이요	實難惟君
덧없이 변하는 것이 마음이라,	無常者心
작디작은 한 몸으로	眇然一身之微
구중궁궐 깊은 곳에 살면서	處乎九重之深
조석으로 마음껏 즐길 것은 있고	朝夕有肆志之樂
좌우에 귀에 거슬리는 충고는 없으니,	左右無逆耳之箴
진실로 잠시라도 해이해지면	苟暫時之懈弛
쾌락의 욕망 속에 빠져들고 말지	蕩衆欲之浸淫
욕망들이 다투어서 공격해 오고,	彼逢迎以交攻
다투어 틈을 타서 들어오는 것이	競乘間而投隙
참담하기가 막야검[鏌鋣劍]보다 심하고,	慘有甚於鏌鋣
그 화 또한 적국보다 혹독하여라.	禍亦酷於敵國
저 하얀 이 고운 눈썹의 미인이	爾其皓齒蛾眉
달콤한 말과 슬픈 목소리로	甘言悲辭
한밤중에 울면서 간장 녹이면	夜半之泣 …

3. 차갑게 내리는 눈
寒雪

차가운 하늘 참으로 적막한데,   寒天政寂寥
쓸쓸히 눈발이 흩날리네.   冷落雪蕭蕭

허암虛庵 정희량鄭希良은 생원시에 장원으로 합격했으나, 성종이 죽자 태학생太學生·재지유생在地儒生과 더불어 올린 소가 문제되어 해주에 유배되기도 하였다.

정희량이 23세였던 1491년(성종 22)에 국자과시國子課試에서 지은 〈오동梧桐〉이라는 제목의 부賦에서 자신의 포부와 기개를 표출하였다.

시적 자아가 오동나무와 문답하는 세 단락의 형식으로 지었는데, 첫 번째 단락은 시적 자아가 늠름한 오동나무의 자태를 찬탄하고, 오동나무에게 세상에 어떻게 쓰이고 싶은지 묻는 내용이다.

"기둥과 들보가 되어 명당明堂을 받치기 위함인가, 아니면 작은 초가집을 짓는 데 쓰이기 위함인가……."

두 번째 단락에서는 오동나무는 하늘은 만물에 대해 사사로운 감정이 없으며, 만물은 저마다의 특색과 장점을 지닌 그 가치가 상대적인 존재라고 말한다. 오동나무는 화사하고 청정한 기운이 모인 자신을 긍정하고, 평범한 집의 재목이 되는 일에 만족한다는 의사를 밝힌다. 그러면서, 자신을 알아주는 이가 없는 현실에 대한 아쉬움과 체념의 속내를 드러낸다.

"세상에는 나를 아는 이가 없으니, 행여 한번 갑자기 버려져 잎사귀가 축 늘어지더라도 무엇이 슬프랴……."

세 번째 단락에서는 시적 자아가 아쉬움과 체념이 섞인 오동나무의 답변을 듣고서 탄식하며, 반드시 오동나무를 소중한 재목으로 쓰고 싶어 하는 염원을 드러낸다. 먼저, 시적 자아는 채옹蔡邕이 이웃집

아궁이에서 오동나무를 태우는 소리를 듣고 훌륭한 재목임을 알고서 타다 남은 것을 달라 하여 거문고를 만들었다는 고사, 바위 위에서 자라는 벼락 맞은 오동나무로 만든 거문고에 대해 유종원이 〈벽력금찬인霹靂琴贊引〉을 지은 고사를 내세운다. 그리고는 자신 또한 이 오동나무로 멋진 거문고를 만들어 순임금이 백성들을 생각하며 읊었다는 〈남풍곡南風曲〉, 공자가 때를 만나지 못한 자신의 신세를 탄식하며 마음을 의탁했다는 〈의란조猗蘭操〉, 거문고의 명수 백아伯牙가 연주하면 친구인 종자기鍾子期가 그 의미를 이해했다는 〈고산유수곡高山流水曲〉, 초楚나라에서 가장 고상하다는 가곡 〈양춘백설곡陽春白雪曲〉을 연주하겠노라고 다짐한다.

나아가서, 그 거문고를 왕이 천지에 제사를 지내던 교궁郊宮과 선왕에게 제사를 지내던 종묘宗廟에 천거해서 연주하도록 하겠다고 다짐한다. 끝으로, 오동나무를 이와 같은 용도로 쓰지 않겠다면 아예 베지 말라고 경계하고, 오동나무에 상서로운 기운이 가득 서리길 염원하였다.

> 흐린 물 옅다 하고 남의 먼저 들지 말며,
> 지는 해 높다 하고 번외藩外에 길 예지 마소.
> 어즈버, 날 다짐 말고 네나 조심하여라.

이 시조는 정희량이 자신의 소신을 굽히지 않고 부당한 현실을 거부하는 것을 대화체로 표현한 작품이다.

초장에서 물이 흐려서 깊이를 알 수 없는데 얕은 줄 알고 남 먼저 뛰어들지 말라고 하여, 조심스레 세상을 살 것을 충고한다. 그는 궁에서 불교식 재를 올렸다고 성균관 유생을 대표해서 상소했고, 왕에게 경연에 충실하고 간언諫言을 수용하라고 상소했다.

중장에서 기울어져가는 해가 아직 높이 떠있다고 집 울타리를 나서서 먼 길 가지 말라고 당부한다. 연산군이 다스리는 세상이니 해가 기울어지는 때라고 한 것이고, 그런 때일수록 안전하게 처신해야 한다는 것이다.

종장에서는 긴 탄식을 한 다음에, 나를 다짐하지 말고 너나 조심하라고 한다.

연산군 1년 별시문과에 증광시 병과로 급제, 이듬해 예문관검열이 되고, 승문원의 권지부정자에 임용되었다. 이듬해 김전金詮·신용개申用漑·김일손金馹孫 등과 함께 사가독서賜暇讀書에 선발될 정도로 문명文名이 있었다.

무오사화 때는 사초史草 문제問題로 윤필상尹弼商 등에 의해 신용개·김전 등과 함께 탄핵을 당했는데, 난언亂言을 알고도 고하지 않았다는 죄목으로 장杖 100대, 유流 3,000리의 처벌을 받고 의주에 유배되었다가 3년 만에 김해金海로 양이量移되었는데, 1년 뒤에 어머니가 작고하였다.

가을에 요얼妖孽(재앙의 징조)이 있다는 것 때문에 죄수들을 관대히 석방하였는데, 그때 풀려나 덕수德水에서 시묘살이를 하였다.

그는 늘 "갑자년에 있을 화가 무오사화보다 심하여 우리들도 죽음을 면하지 못할 것이다."라고 하였다. 그래서 세상을 도피하려고 중이 내왕할 때면 서로 함께 모의를 하고 때때로 혼자 부모 묘소에 가서 배회하며 눈물을 흘렸는데, 집 식구들은 그가 단지 돌아간 어머니를 사모하는 것으로 여겼다.

어느 날 그는 집을 나갔다가 오래되어도 돌아오지 않자 식구들이 이를 괴이하게 여겨 종적을 찾아 물가에 이르렀는데, 짚신 두 벌과 상관喪冠만 물가에 놓여있었다. 식구들은 그가 강물에 빠져 죽은 것으로 여기고 두루 찾았으나, 끝내 그 시체를 찾지 못하였다.

친척인 해평부원군海平府院君 정미수鄭眉壽가 계啓를 올려, 그의 생김새와 복색을 알려 찾기를 청하였으나, 연산군은 "미친놈이 도망하여 죽었는데 무엇 하러 찾느냐."라고 했다.

하루아침에 사라져 자취를 감추었으므로 언제 죽었는지 알지 못한다. 처음 집에서 추적하여 한강 하류의 강화도 조강祖江의 모래밭에서 그가 남긴 두건·신발·지팡이만을 찾았기 때문에 물에 빠져 죽은 것으로 여겼다. 그의 나이 34세로 자식이 없었다. 아내는 그가 남긴 의복을 매장하고 그가 사라진 날을 기일로 정하여 제사를 지냈다.

본래 정희량은 장가를 든 뒤 아내를 멀리하여 얼굴을 대면하지 않았다. 정희량의 아내가 늙은 뒤에 단옷날을 잡아 남편의 기일로 삼고, 남겨놓은 의복을 묻어 무덤을 만들었다.

정희량보다 15세 연장인 매계梅溪 조위曺偉는 무오사화 때 그의 스승 김종직의 시고詩稿를 수찬한 장본인이라 하여 의주에 유배되었으며, 유배 가사의 효시라고 일컬어지는 〈만분가萬憤歌〉를 지었다.

천상天上 백옥경白玉京 십이루十二樓 어디매오.
오색운五色雲 깁픈 곳의 자청전紫淸殿이 フ려시니,
천문天門 구만 리九萬里를 쑴이라도 갈동말동.
차라리 싀여지여 억만億萬 번 변화變化호여
남산南山 늦즌 봄의 두견杜鵑의 넉시 되여
이화梨花 가디 우희 밤낫즐 못 울거든,
삼청동리三淸洞裡의 졈은 한녈 구름 되여
바람의 흘리 나라 자미궁紫微宮의 나라올라
옥황玉皇 향안전香案前의 지척咫尺의 나아 안자
흉중胸中의 싸힌 말솜 쓸커시 스로리라.
어와, 이내 몸이 천지간天地間의 느저 나니,
황하수黃河水 말다만난 초객楚客의 후신後身인가
상심傷心도 フ이 업고 가태부賈太傳의 넉시런가…….

〈만분가萬憤歌〉는 유배지인 순천에서 지은 것으로, 작자가 사화에 연루되어 억울하게 된 귀양살이를 중국의 초楚나라 굴원屈原이 죄 없이 쫓겨나서 〈이소離騷〉를 지어 억울함을 토로했듯이, 자신도 죄 없이 귀양 와 있다는 것이다.

〈만분가萬憤歌〉는 후대에 지어지는 유배 가사의 일종인 송강 정철의 〈사미인곡〉과 〈속미인곡〉 등에도 영향을 미친 것으로 보이는데, 〈사미인곡〉과 〈속미인곡〉에서 임금이 계신 곳을 도가의 천상세계로 설정한 것이라든가, 유배되어 귀양 가 있는 작자를 천상에서 옥황상제를 모시던 인물로 설정한 점 등이 모두 〈만분가萬憤歌〉의 설정과 흡사하기 때문이다. 이러한 흐름은 조선조 유배 가사의 중심적인 흐름을 이루면서 이어진 것으로 보이기 때문에 〈만분가〉가 유배 가사의 전개에 끼친 영향과 문학사적 의의는 매우 크다고 할 수 있는 것이다.

"순부淳夫가 '뭇사람의 입이 어찌 범을 이루랴, 남은 재앙이 이미 물고기에 미쳤네.'(衆口那成虎, 餘災已及魚.)라는 시구를 지었는데, 내가 그 말이 좋아서 사용하고 이어 시를 이루었다."라고 하였으니, 이행李荇의 〈공석公碩 김세필金世弼이 작설차를 보내주었기에〉의 구절이다.

분분한 세상 교제할 사람 없진 않지만,	紛紛交際不無人
달콤하다 무너짐이 담담하여 친함만 하랴.	甘壞何如淡以親
억지로 술 가지고 차와 우열 따졌으나,	强把麴生優劣此
그러는 허암도 끝내 화광동진은 못 하였지.	虛庵終亦未同塵

정순부鄭淳夫가 의주義州로 귀양 가서 매계梅溪 선생을 만나서 함께 지내면서 시를 지어, 차와 술의 우열을 따져본 적이 있는데, 순부는 술이 낫다 하고 매계는 차가 낫다 하였다. 순부가 차를 백이伯夷에 비기고 술을 유하혜柳下惠에 비겨 자신을 화和에 기탁코자 하였으니, 대개 분격憤激한 바가 있어 그렇게 말한 것이다.

허암 정희량의 시 〈밤에 앉아 차를 달이며 읊다 夜坐煎茶〉

푸른 바다 같은 차가운 샘물 부어
불기운 조절하여 알맞게 불 피우니,
벽 위엔 달 떠오르고 푸른 연기 피어난다.
솔바람 우수수 빈 골짝 울리는 듯
폭포수 콸콸 소리 내며 긴 강으로 떨어지는 듯
뇌성 번개 화가 난 듯 그치지 않더니,
급히 가던 수레 덜커덕 넘어지듯
이내 구름 걷히고 바람도 잦아들어
물결도 일지 않고 맑고 고요하네.
바가지에 쏟아내니 얼음 눈처럼 빛이 나고,
간담이 시원히 뚫려 신선과도 소통할 듯
서서히 마시나니 혼돈에 구멍 뚫리고,
홀로 신마 타고 선천세계 노닌다네.

瀉下碧海冷冷泉 撥開文武火力均 壁月浮動生晴煙 松風颼颼響空谷
飛流激激鳴長川 雷驚電走怒未已 急輪轉越轏轅巔 須臾雲捲風復止
波濤不起淸而漣 大瓢一傾氷雪光 肝膽炯徹通神仙 徐徐鑿破渾沌竅
獨馭神馬游象先

정희량은 관직에 진출한 뒤 젊은 혈기와 거침없고 강직한 성품을 앞세워, 자신의 정치적 소신을 굽히지 않았다. 하지만 낯설고 열악한 유배지를 떠돌면서 그의 마음은 크게 동요하고 피폐해졌다. 이 과정에서 무엇보다도 정희량을 가장 힘들게 한 것은 짙은 고립감이었다.

〈매계 선생께 드리다 奉呈梅溪〉

귀양 온 속내를 누구와 의논하랴,	謫來懷抱向誰論
선생과 함께 앉던 자리 한없이 나뉘어졌네.	長與先生坐席分
세상길 십 년 동안 갖은 고난 겪다 보니,	世路十年三折臂
고향 향해 하룻밤에도 수없이 혼이 내달리네.	家山一夕九馳魂

북쪽 의주義州로 유배 간 뒤에 지은 작품으로, 정희량은 시의 전반에서 당찬 포부를 지니고 시작한 정치적 활동이 번번이 좌절되고 끝내 변방으로 유배를 오게 된 신세를 한탄한다. 그러면서도, 자신의 행위는 오로지 왕을 향한 충심에서 비롯된 것임을 환기한다.

정희량은 조위曺偉와 많은 시를 주고받으며 마음을 나누고 가르침을 받았다. 이후 2년 뒤에 정희량은 김해로, 조위는 순천으로 각각 이배移配되었는데, 〈매계 선생께 드리다〉에는 정희량이 조위曺偉와 헤어진 뒤의 아쉬움이 짙게 담겨 있다.

정희량은 유배 이후에 갖은 고난을 겪으면서 더욱 절실하고 집약된 형태로 시를 형상화한다.

〈병중에 속내를 읊다 病中書懷〉

열에 아홉 번 죽다 살아나 천 리 밖에 있어도, 十生九死身千里
밝은 해 향한 일편단심 푸른 하늘에 맹세하네. 白日丹心指碧天
세속 인정 바둑판처럼 뒤집힘 배우지 않았으니, 不學世情翻似局
우리 도가 거문고 줄처럼 올곧음 절로 알았소. 自知吾道直如絃

충암 김정金淨이 지팡이를 보내준 것에 감사하며 정희량이 지은 시 〈사충암증장謝沖庵贈杖〉

곧으면 먼저 베어지니 두려워,   似嫌直先伐
일부러 그 뿌리를 휘게 하네.   故欲曲其身
곧은 성품 지니고 있으면,   直性猶存內
어찌 도끼질 면할 수 있나.   那能免斧斤

〈사충암증장謝沖庵贈杖〉은 나무의 곧은 성질을 통해 자신의 성품을 우의적寓意的으로 드러내고 있다. 자신의 강직한 성품이 결국은 남들의 해를 입게 되고, 그러한 성품을 어찌할 수 없음을 표현한 것이다. 정희량은 이러한 강직한 성품 때문에 의주나 김해 등지에서 유배생활을 하게 되었다.

정희량이 무오사화戊午士禍 때 평안도 압록강 아래의 용만에 유배되었다. 정희량의 집은 남산 아래에 있었기 때문에 용재와는 어려서부터 서로 사귀었다.

용재는 정희량이 유배 가 있는 동안 명나라에 사신으로 다녀왔는데, 용만에 가까울수록 정희량을 생각하여 〈思淳夫〉를 읊었다.

시가 이루어져 적선인에게 보내려 하니,	詩成欲寄謫仙人
나와는 평소 뜻이 가장 친했네.	許我平生意最親
한번 하늘가로 오면서 소식이 끊어져,	一別天涯消息斷
나 홀로 서울의 봄날을 저버리고 있구나.	獨憐孤負禁城春

정희량은 세상으로부터 격리되어 어찌할 도리가 없는 유배 상태에서 느끼는 극한의 외로움을 "외기러기 달빛에 놀라 오랑캐 산 향해 울고, / 갈대 소리 쓸쓸히 북풍한설에 울려퍼지네."라고 표현하였다. 박은이 보내준 편지를 받고 기뻐서 답장을 보냈다.

〈중열이 보낸 편지를 받고 喜見仲說書贈〉

외기러기 달빛에 놀라 오랑캐 산 향해 울고,	斷鴻驚月叫胡山
갈대 소리 쓸쓸히 북풍한설에 울려 퍼지네.	蘆荻蕭疏響雪寒
천 리 타향에서 낯익은 얼굴 만나,	千里他鄉逢面目
등불 아래 마주 앉아 슬픔과 기쁨을 얘기하네.	一燈相對說悲歡

정희량은 자신의 처지를 "승냥이와 범은 바람을 끼고 교만하거늘, 내 귀밑털은 어느덧 반이나 시들었네."라고 표현하여, 기다려도 풀리지 않는 유배생활의 냉혹한 처지를 적막하고 쓸쓸한 겨울 날씨 '寒雪'로 형상화하였다.

〈차갑게 내리는 눈 寒雪〉

차가운 하늘 참으로 적막한데,	寒天政寂寥
쓸쓸히 눈발이 흩날리네.	冷落雪蕭蕭
먼 산엔 바위들 무너졌고,	遠岫仍摧骨
긴 강엔 조수가 일지 않네.	長江不起潮

소상팔경시는 중국 호남성 소수와 상강이 만나 동정호로 흘러드는 지역의 승경을 그린 여덟 가지 제화의 소상팔경도瀟湘八景圖 중에서 정희량의 시 〈강천모설江天暮雪〉은 제목 그대로 강과 하늘에 내리는 저녁 눈을 배경으로 탈속적인 분위기를 형상화하여, "강촌에 해 저물어 하늘은 아득한데, / 저녁 눈 내리고 갈대가 쓸쓸히 우네."라고 하였다.

〈저물녘 강가 하늘에 내리는 눈 江天暮雪〉

외로운 배 타고 홀로 가는 자 누구인가,	孤舟獨向者誰子
봉창에 오롯이 앉아 가던 길을 멈추었네.	兀坐蓬窓滯行色
시냇가 은자는 분명 맑고 탁 트인 사람이리니,	溪上高人定淸曠
어찌하면 찾아가서 차 자리 함께할까.	安得往尋同茗席

정희량은 큰 뜻을 지니고도 불우하게 그 뜻을 펼치지 못하는 고독한 유배생활을 〈江天暮雪〉, 〈聞雁有感〉, 〈臘日雨雪〉에서 자신을 굴속에 숨어 있는 교룡蛟龍, 잠룡潛龍, 잠규潛虯, 칩룡蟄龍에 비유하였다.

허암虛庵 정희량鄭希良의 〈압록강의 봄 경치를 읊다 鴨江春望〉의 연구聯句들도 압록강의 특별하고 신비스런 상황을 그리고 있다.

① 조각달은 마음 비추며 고향 땅에 이르고, 　　片月照心臨故國
　 새벽 별은 꿈 따라 변방 성 위로 지네. 　　　　殘星隨夢落邊城
② 객지에서 우연히 한식에 비를 만나니, 　　　　客裏偶逢寒食雨
　 꿈속에서도 고향의 봄을 그리워하네. 　　　　夢中猶憶故園春
③ 봄인데도 꽃은 보지 못하고 눈만 볼 뿐이고, 　春不見花唯見雪
　 기러기도 오지 않는 곳인데 사람인들 오겠는가. 地無來雁況來人

　세 연구聯句는 모두에서 고상한 분위기의 배경이 설정되고, 화자는 그로부터 사적私的인 정감을 불러일으킨다. ①과 ②는 멀리 변성에 나가있으면서 꿈속에서 고향을 그리워하는 간절한 마음을 읊었다. ③에서는 봄인데도 봄을 느끼기 못하고 사람의 왕래도 없는 외로운 객지에서 사람에 대한 그리움을 읊었다.

　허균은 이 시를 매우 "신일神逸하다 아취雅趣가 있다."라고 평評하였는데, 속되지 않고 고상한 분위기에서 당唐의 요소가 강한 작품이라 評하였다. 성당盛唐의 풍격을 지녔다고 허균이 극찬한 시인은 망헌忘軒 이주李胄로서, 침착沈着하다고 評하였다. 성당풍唐詩風과 관련되어 '청淸'·'일逸'·'호豪' 계열 등이 높이 평가받았는데, 새롭게 성당풍의 시적 특성으로 침착을 지목한 것은 특별한 경우이다.

　'침착'은 '경조부박輕佻浮薄'의 상대되는 풍격이다. 진지한 가운데 초탈하여 옛것에 안주하지 않지만, 그렇다고 하여 경박하지는 않다. '침착'은 탈속적이면서 중후하고 힘이 있다. 장엄하고 숭고한 양강陽强의 풍격이다. 송나라 은자 엄우嚴羽의 〈창랑시화滄浪詩話〉에서는 이

백과 두보의 풍격을 '표일飄逸'과 '침울沈鬱'이라 하였다.

　침울은 시적 정서나 화자의 마음을 노골적으로 드러내지 않고 함축적으로 표현하는 '온자蘊藉'한 경향과 비장감을 특징으로 하기 때문에 '침착'이 보이는 중후한 힘과 변별된다고 하지만, 두 풍격은 상호간에 배타적이지 않고 그 특성을 공유하는 경향이 강하다.

　　①아침 해 붉은 기운 뿜으려 발해에 솟아오르고,　朝日噴红跳渤澥
　　　맑은 구름은 흰 기운 끌며 무려산을 나오네.　　晴雲拖白出巫閭
　　②언 비가 비껴 날려 눈 덮인 산봉우리에 맞닿고,　凍雨斜連千嶂雪
　　　수풀에 부는 한 줄기 바람에 굶주린 까마귀　　　飢烏驚叫一林風
　　　놀라서 운다.

　①은 〈망해사望海寺〉, ②는 〈차안변루제次安邊樓題〉이다.
　허균은 《성수시화》에서 ①〈망해사〉를 "매우 힘이 있다. 甚有力"라고 평하였고, ②〈차안변루제〉는 '노련(老蒼)'·'호탕(奇杰)'하다 평하였다.
　①은 '망해사望海寺'에서 '조일朝日'과 '청운晴雲'이 매우 동적인 술어 '분噴'과 '읍悒'과 '출出'에 각각 연결되어 힘을 불어넣고 있다. 《국조시산國朝詩刪》에서 이 시 전체에서 특별한 기운이 느껴진다고 했다.
　②에서는 안변루에서 바라본 변방의 을씨년스러운 분위기를 절

묘하게 읊었다. 바람에 비껴 날리는 비조차 얼어붙는 동토凍土, 굶주린 까마귀에서 동凍과 기飢는 척박한 지형적 특징을 전달하기에 노련하고 참신한 표현이다. 《국조시산》에서 이 연구聯句를 포함한 작품 전체에서 비장함과 강개함이 느껴지므로 성당풍이라 하였다.

사물에 감정을 몰입하여 사물과 화자의 거리를 좁히고, 때로는 탈속적인 분위기를 만들기 위해 대상을 활용하는 것이 당시풍적 시 창작에서 많이 활용되는 형상화 기법이다.

홍만종의 《시화총림詩話叢林》에, "허암 정희량이 일찍이 어떤 절에 이르러 벽에 시 한 수를 적어 놓았다.(書壁上)"라고 하였다.

중국에 사신 가는 학사는 새벽에 추워 떨고,	朝天學士五更寒
철마 탄 장군은 밤에 관문을 나서네.	鐵馬將軍夜出關
산사에 해 높이 떴어도 스님은 안 일어나니,	山寺日高僧未起
세상 명리가 한가함보다 못하구나.	世間名利不如閑

그 절의 중이 이 시를 세상에 전하니, 식자들은 이 시가 정희량鄭希良이 지은 것임을 알아차렸다. 정희량은 총민박학聰敏博學하고 문예에 조예가 있었을 뿐만 아니라, 음양학陰陽學에 통달하여 스스로 자기 운명을 점쳐 보고는 은둔하려는 뜻을 품었다.

용재 이행은 달과 별을 보며 멀리 변방에 유배 간 벗 정희량鄭希良을 생각하고, 꿈속에 산 넘고 물 건너 그를 찾아가 만났다.

〈순부를 생각하며 憶淳夫〉

젊을 적에 허물없이 함께 시주 즐겼나니,	少小忘形詩酒場
천 리 멀리 떨어져 못 만남을 어이 견딜꼬.	可堪千里各參商
이 한밤 교교한 달과 별만 마주하노니,	一宵相對月星皎
짧은 꿈은 산수가 멀어도 아랑곳 않노라.	短夢不知山水長
외진 변방의 광음은 가련케도 적막하고,	塞外光陰怜寂寞
객지 생활에 머리털은 하얗게 세겠구나.	客中鬢髮欲蒼浪
그 언제나 다시 만나 다정히 얘기할꼬,	何時更作同床話
청학동은 가을바람에 단풍이 들겠구나.	鶴洞秋風萬木霜

용재 이행李荇이 시를 지어 정희량을 조문하였다.
"비방과 칭찬 분분하게 만 사람의 입에 오르내려도, 허암공의 마음과 뜻 가늠하지 못하겠네. 고향 남강 어디 메에 남긴 자취 찾으랴, 붉은 통 오색 끈을 부쳐주기 원하노라."

지난해 구월엔 순부를 장사 지내며,	去年九月葬淳夫
지척의 고양에서 술 한 병으로 조문했지.	咫尺高陽酹一壺

이 매화 분재盆栽는 본래 남산의 심거사沈居士가 심은 것으로, 거사가 일찍이 허암虛庵 정희량에게 주었다.(意許虛庵親)

　　정희량이 화를 입어 멀리 유배 가게 되자, 거사가 선생의 벗 읍취헌挹翠軒 가야공伽耶公에게 주었었다.(竟作翠軒友)

　　금년 봄 가야공이 호해湖海로 귀양을 떠나게 되어 이를 용재容齋에게 맡겼는데, 가지와 줄기가 구불텅 서리어 들쭉날쭉 가로 비낀 형상을 하였고 나무 가득 꽃이 피면 향기가 몹시 맑고 짙으니, 참으로 일대一代의 기이한 물건이라 하겠다.

　　무오년 봄에 화분에 심었고, 올 계해년에 이르기까지 5년 동안 이미 여섯 차례 꽃을 피웠으며, 중구절重九節 사흘 전에 시를 지어 읍취헌에게 돌려주었다. 안선지安善之가 일찍이 이르기를,

　　"이 매화는 기교奇巧가 너무 지나치니, 아마도 천진天眞은 아닌 듯하다." 하였기에, 아울러 희롱 삼아 언급하였다.〈분매盆梅〉

거사의 손에 의해 심어졌고	生從居士手
허암 선생께 가지라 주었었지.	意許虛庵親
마침내 읍취헌의 벗이 됐으니	竟作翠軒友
절로 성색의 티끌은 없었구나.	自無聲色塵
남쪽 이웃이 너무나 탄솔하여	南隣太坦率
너를 천진이 아니라 평하였지.	評爾非天眞
오늘 저녁 이 물건 곁에 두니	此物閱今夕
작은 서재에 봄기운이 감도누나.	小齋曾一春

강원도 관찰사 이우李堣는 동원수東原守 김사형金士衡과 함께 정희량의 문집 《허암유고虛庵遺稿》를 강릉에서 간행하고, 〈허암유고 서虛庵遺稿 序〉를 이우李堣가 지었다.

군의 이름은 희량希良이고, 자는 순부淳夫이며, 호는 허암虛庵이다. 나와 나이가 같은 벗 정鄭 군君 역시 문장으로 입언立言을 하였으나 현달하지 못한 사람이다. 처음 성균관에서 공부할 적에 이름이 나서 차츰차츰 선비들 사이에 명성이 알려졌고, 과거에 급제하여 조정에 올라 사관史官에 선보選補되면서 크게 두각을 드러냈다.

얼마 뒤에 무오사화를 만난 탓에 오래도록 외지에 숨어 지내다가 해배되어 돌아온 지 얼마 되지 않아서 큰 사단이 일어날 것을 미리 알아차리고 강에 빠져 죽었다. 군과 함께 귀양을 갔던 자들이 주벌誅罰당하여 거의 다 죽었다. 홀로 기미를 살피는 데 밝아서 자결을 통해 그 가문을 온전히 할 수 있었으니, 지혜롭다고 이를 만하다.

큰 포부가 있어서 조정에 섰으나 크게 펴보지는 못하여 당대에 공덕이 베풀어져 사람들에게 끼친 것이 없으니, 하물며 후대에 전해지기를 바랐겠는가? 전해지기를 바란 것은 오직 문장 하나뿐이다. 그러나 평소 지은 글이 집안에 소장되어 있지 않은데다 그나마 친구들 사이에서 나온 것들도 갑자사화를 겪으면서 흩어지고 일실되어 남은 것이 없다. 비록 한두 작품 얻은 것이 있으나, 과거科擧 문장에 섞여서 자질구레하여 전하기에 부족하였다.

내가 매양 군의 명성이 연기처럼 사라질까 두려워 항상 마음에 담고서 잠시라도 놓은 적이 없었는데, 경오년(1510) 봄에 숙달叔達(권민수權敏手)의 집에 용만龍彎(의주)과 분성盆城(김해) 두 귀양지에서 지은 작품이 있다는 소식을 듣고서 곧바로 이택지(이행李荇) 군과 함께 찾아서 확인하였다.

택지와 숙달은 모두 군의 친구로, 서로 함께 나를 도우며 "그대는 남쪽에 노모가 있어서 조만간 필시 외직에 보임될 것이니, 문집으로 간행하기를 도모할 수 있을 것이다." 하였다.

내가 받아서 읽어보니 그 통쾌하고 빼어난 묘미가 앞서 얻은 문장에 견주어 보면 훨씬 나을 뿐만 아니었으니, 어찌 오랜 귀양살이의 시름으로 인한 곤궁하고 맺혔던 감정이 격동케 한 것이 아니겠는가? "궁할수록 시가 공교해진다."라고 고인이 한 말은 바로 이를 두고 한 것이었다.

군이 무릇 세 번 외지로 쫓겨났으니 궁했음을 능히 알 수 있는데, 특히 의주에서는 가장 곤궁했고, 게다가 시에 뛰어난 매계梅溪(조위曺偉)와 함께 같은 고을에서 귀양살이를 하면서 아침저녁으로 같이 지냈으니, 훈도되고 연마하여 시를 주고받으며 향상된 것이 또한 어찌 적었겠는가? 이는 자득한 학문에 훌륭한 가르침이 더해져 곤궁한 처지에서 발현한 것이니, 마음에서 우러나와 문장으로 표현된 것은 공교하기를 기약하지 않아도 저절로 공교해지는 법이다.

내가 이에 몹시도 기뻐서 "이는 또한 후세에 전할 만하니, 굳이 많을 필요가 없다." 하고, 이전에 얻은 작품들을 다 버리고 단지 이것만을 취해서 보관해 둔 것은 간행을 하려고 해서이다. 그해 겨울에 과연 관동關東을 안찰하라는 명을 받게 되었다.

강릉부사 김사형金士衡 군 또한 군의 친구이다. 내가 이 원고가 전해진 내력을 가지고 한번 입을 열자, "좋습니다." 하고 곧바로 목판에 새겼다. 비록 한창려·위연과 같은 힘은 없으나 내가 7, 8년간 마음속에 잊지 못하던 것이 조금이나마 위로가 되니, 정요와 후산도 저승에서 눈을 감을 수 있을 것이다.

예로부터 문장이 전해지는 것이 더러는 자제子弟의 사적인 친분에서 나오고, 더러는 친구들의 공적인 의론에서 나오기도 하니, 사적인 친분에서 전해지는 것은 오래 전해지지 못하고 공적인 의론에서 나오는 것은 오래도록 전해진다. 나와 사형은 모두 군에게 친구라는 공적인 관계이니 그 전해짐이 반드시 영원할 것임은 의심하여 억측한 것일 뿐이고, 그 자세한 내용은 알 수 없다. 그렇다면, 그가 세상에 염증을 느끼고 화禍가 일어날 줄을 알아서 은거하여 자취를 감추어 길이 떠나가서 되돌아오지 않는 자가 아닐지 어찌 알겠는가? 예부터 살아 있는 사람의 문집은 없었으니 이 원고가 전해지는 것은 너무 이른 것이 아닌가 하기에, 내가 대답하기를, "세상에는 도를 배운 선비가 세상을 얕보고 은둔하여 막히고 순탄함에 따라 은거하거나 출사出仕하기를 마치 가을 하늘의 조각구름이 일었다 사라져서 자취를 감추듯이 하는 이가 있으니, 지금 그대의 뜻이 여기에 있는가? 그러나 군이 도를 배웠는지 여부는 이미 알 수 없지만, 은거하고 출사하는 지혜 또한 과연 이와 같이 할 수 있겠는가?"라고 하였다.

만약 혹자의 말대로라면 군은 반드시 찬바람을 타고 붉은 노을을 먹으며 천 길 언덕에서 옷깃을 떨치느라 귀양살이의 괴로움이 의주와 김해에서보다 몇만 배나 심했을 것이니, 그 문장의 진보는 다 헤아릴 수 없을 정도일 것이다.

내 장차 지팡이를 들고 구름 속을 찾아가 충허沖虛(신선)의 집에서 군에게 술잔을 권하고, 저술한 것을 다 가지고 돌아와서 원고 뒤에 속집續集을 잇더라도 아직 늦지 않을 것이다. 우선 이 글을 지어서 혹자의 말이 실현될지 여부를 기다린다.

정희량은 큰 뜻을 지니고도 불우하게 그 뜻을 펼치지 못하는 고독한 유배생활에서, 자신을 굴속에 숨어 있는 교룡蛟龍, 잠룡潛龍, 잠규潛虯, 칩룡蟄龍에 비유하였다.

4. 대궐문
閶闔

한번 소를 올려 한을 풀 길 없으니,　　一上無由伸萬恨
봄비 맞아 울부짖는 두견새나 되려네.　欲隨春雨化啼鵑

신유년(1501), 이우李堣가 성균관 전적 겸 남학 교수가 되었을 때, 그해 11월에 조카 이황이 출생하고, 이듬해 정월에 맏아들 수령壽笭이 출생하였으며, 6월에 형 식埴이 별세하였다.

갑자년(1504), 연산은 이세좌가 왕이 하사하는 술을 쏟았으니, 그 불경不敬을 논하지 않은 간관諫官을 옥에 가두었다. 홍문관의 승지 강징姜澂·직제학 박소영朴紹榮·부응교 이행李荇·교리 이자화李自華·부교리 심정沈貞과 권달수權達手 등 간관들을 국문하고 의금부에 가두었다. 병조정랑 이우李堣는 전에 사간원 헌납이었다는 이유로 국문을 받고 옥에 갇히게 되었다.

"지금 대간은 형장을 때려 귀양 보냈는데, 전 대간은 좌천左遷만 하여 그 벌을 줌이 같지 않으니, 같은 예로 죄를 주는 것이 어떠한가? 이세좌의 일을 보고도 아무 말이 없었으니, 속贖바치게 하는 것이 가하지 않겠는가?" 하니, 이극균李克均은 의논 드리기를, "전 대간은 이미 연좌 강등되었으니, 옛사람의 이른바 '기왕의 허물은 교화와 함께 갔다.(旣往之愆, 與化俱徂.)'라는 것입니다. 사면을 받아 용서되었으니, 위에서 사랑해 주심이 어떠하리까? 홍문관은 언관言官과 일체로 죄를 줄 수 없으니, 속贖바치게 하는 것이 지당합니다." 하였다.

"이세좌를 심방한 사람들을 의금부에서 가두지 말고 국문하되, 심문하는 대로 그때그때 놓아주라." 하여, 이우李堣는 방면되었다.

연산은 생모 폐비 윤씨의 넋을 위로하기 위해 왕비로 추숭追崇하고 성종묘에 배사配祀하려 했으나, 감히 반대하는 사람이 없었다.

다만 홍문관의 응교 권달수權達手와 이행李荇이 반대하다가 권달수는 죽고 이행은 귀양 보냈으며, 윤씨 폐위 및 사사 사건 당시 윤씨 폐위와 사사에 찬성했던 윤필상·이극균·성준·이세좌·권주·김굉필·이주 등 10여 인을 사형하고, 이미 죽은 한치형·한명회 등을 부관참시하고, 홍귀달·이심원·박은·조위·조지서 등 수십 명이 참혹한 화를 당하였다. 이들의 자녀·가족·친족에 이르기까지도 연좌하여 죄를 물었다.

갑자사화의 폭풍이 지나가고, 이조 정랑 이우李堣는 연산의 명을 받아 악장을 지었다.

"종묘·사직에 친제하고서 환궁할 때에 불[鼓吹] 악장樂章은 간흉奸兇을 씻어내며 인사禋祀를 몸소 받든다는 뜻으로, 주납씨走納氏의 가조歌調 따라 특별히 지어서 연주하라."

〈주납씨가走納氏歌〉는 태조의 무공을 찬양하기 위해 정도전이 지은 노래 중 하나로, 고려 말 봉천 지방에 있던 원나라의 장수 나하추가 침략해 왔을 때 이성계가 물리친 것을 기념하는 무공곡武功曲이다.

천구天衢에 해가 밝으니, 도깨비가 뜻을 숨기지 못하도다.
흉악한 것들을 모두 씻어내니, 태평의 기운이 바야흐로 트이도다.
봄은 만물을 살리고 가을은 죽이니, 펴주고 참혹함이 음·양의 일이로다. 밝은 임금 어진 신하 다시 제제濟濟하니, 회조하여 청광을 함께하리도다. 향사하고 구법을 상고하니, 옛 법도에 새 의식을 겸하였도다.

玉帛薦蘋藻	옥백玉帛에 빈조蘋藻를 바치어,
精禋昭孝思	정한 인사禋祀로 조상 섬김을 밝히도다.
洋洋在左右	선령先靈이 가까이 계시는 듯하니,
肸蠁景福膺	힐향肸蠁한 큰 복을 받으리로다.
萬歲開太平	만세토록 태평을 틔우고,
聖壽如岡陵	성수가 강릉 같으리로다.

 연산은 종묘·사직에 친제親祭하고, 중외中外에 사면하는 교서敎書를 내렸다. "내가 기업基業을 이어받아 지극한 다스림을 기약하였더니, 뜻밖에 방자한 간흉들이 화심禍心을 품어 널리 사당私黨을 심고 임금을 업신여겨 억제하고자 하니, 무슨 짓인들 해내지 못하랴! 요사이 대간臺諫으로서 별례別例로 정죄定罪된 사람이나 금표禁標를 범하여 들어간 사람은 사면의 예例에 들지 않으니, 벼슬에 있는 자에게는 한 자급資級을 더하되 자궁資窮한 자는 대가代加하며, 집사 중에서 당상관 이상에게는 차등差等을 두어 물품을 하사하노라."

 폭군 연산은 경계하는 네 글귀를 나무패에 새겨 환관宦官들이 모두 차게 하였다.

口是禍之門	입은 화의 문이요,
舌是斬身刀	혀는 몸을 베는 칼이다.
閉口深藏舌	입을 닫고 혀를 깊이 간직하면,
安身處處牢	몸이 편안하여 어디서나 굳건하리라.

연산은 자신의 생모 폐비 윤씨의 묘호 고치는 일을 대간들이 반대하자, 홍귀달과 이세좌를 유배 보낸 것을 시작으로 갑자사화를 일으켜, 자신의 스승 조지서趙之瑞를 참두하는 등 수많은 충절의 신하와 가족들을 죽이고 유배시켰으면서, 한 사람의 여인麗人 安씨의 죽음을 슬퍼하여, 애희愛姬에게 '여원麗媛'의 호號를 추사追賜하고, 이등례二等禮로 장사하면서 만장挽章을 짓게 하고, 강혼姜渾으로 하여금 제문을 짓게 했다.

〈궁인애사宮人哀詞〉

嗚呼哀哉	아, 서러워라.
白日晨昏兮西復東	해는 아침저녁으로 넘어갔다가 다시 뜨며
素月弦望兮缺又盈	달도 기울었다가 다시 둥그니,
理無往而不返	이치는 갔다가 다시 돌아오지 않음이 없고
物有虧而還成	물물은 스러졌다가 다시 이루어지거늘,
哀人生之夢(幻)	아, 인생만이 덧없는 꿈과 환상이로구나.

곪으면 터지는 것이 세상 이치이다. 연산군의 폭정에 반발한 성희안成希顏·박원종朴元宗·유순정柳順汀 등이 일으킨 반정이 성공함에 따라 연산의 이복동생 진성대군을 조선의 새 임금으로 추대하였으니, 만세萬世의 꿈은 깨어지고 29세의 폭군 연산은 폐廢하여 강화섬 교동으로 옮겨졌다.

연산의 불행은 그의 할아버지 세조가 조카 단종의 왕위를 찬탈한 것에서 비롯되었다. 단종 복위를 꾀하던 사육신과 관련자의 일족 6백여 명을 처형하고 유배를 보낸 세조는 결국 나환자가 되었으며, 그의 손자 연산燕山까지 벌을 받게 된 것이다.

권력자들이 한때 세상을 혼란스럽게 해도 결국 시비곡직是非曲直이 자연의 순리대로 가려지고, 사필귀정事必歸正으로 바르게 되돌아가게 된다. 그것이 하늘의 이치이다.

병인년(1506, 중종 즉위) 9월 2일. 백관이 궐정闕庭에 들어와 반열班列을 지어선 다음, 대비의 교지를 반포하였다.

"우리 국가가 덕을 쌓은 지 백 년에 깊고 두터운 은택이 민심을 흡족하게 하여 만세토록 뽑히지 않을 기초를 마련하였는데, 불행하게도 지금 임금이 지켜야 할 도리를 잃어 민심이 흩어진 것이 마치 도탄에 떨어진 듯하다. 대소 신료가 와서 '진성 대군晉城大君 이역李懌은 인덕仁德이 있어, 모두 추대하기를 청합니다.' 하였다. 이에 진성을 사저私邸에서 맞아다가 대위大位에 나아가게 하고 전왕은 폐하여 교동喬桐에 안치하게 하노라." 하니, 군신群臣이 기뻐서 춤추었다.

진성대군晉城大君은 성종의 여덟째 아들이자 적차남으로, 어머니는 정현왕후 윤씨이다. 이복형인 연산군이 반정으로 폐위되자, 박원종·성희안 등 반정공신들의 추대를 받아 왕위에 올랐다.

익선관翼善冠에 곤룡포袞龍袍를 두른 진성대군晉城大君이 경복궁 근정전에서 즉위하여 사면령을 반포하였다.

"덕이 없는 내가 종실의 우두머리 자리에 있으면서, 오직 겸손하게 몸을 단속하여 삼가 종저宗邸를 지킬 뿐이었다. 근년에 임금이 그 도리를 잃어 형정刑政이 번거롭고 가혹해졌으며 민심이 궁축窮蹙하여도 구제할 바를 알지 못하였는데, 다행히도 종척宗戚과 문무의 신료들이 종사와 백성들에 대한 중책을 생각하여 대비의 분부를 받들고 같은 말로 추대해서 나에게 즉위할 것을 권하므로, 사양하여도 되지 않아 경복궁에서 대위에 나아갔노라.

경사가 종방宗祊에 관계되어 관전寬典을 반포하여야 할 것이다.

모반 대역謀叛大逆과 고독蠱毒·염매魘魅와 살인죄, 처첩妻妾이 남편을 죽였거나 노비가 주인을 모살謀殺했거나 자손이 부모·조부모를 모살했거나 현행 강도이거나 강상綱常에 관계되는 것을 제외하고는 갑자 이후에 귀양갔거나 갇힌 사람은 모두 석방하여 면제하노라. 또한, 벼슬에 있는 자는 각각 한 자급을 올려주고, 자궁자資窮者는 대가代加하여 주노라. 근년에 옛 법도를 고쳐서 어지럽혀 새로운 조항을 만든 것은 아울러 모두 탕제蕩除하고, 한결같이 조종이 이루어놓은 법을 준수할 것이다.

아! 무강無彊한 아름다움을 맞았으니 다시 무강한 근심을 생각하게 되고, 비상非常한 경사가 있으니 마땅히 비상한 은혜를 베풀어야 할 것이다. 이에 교시敎示하노니, 마땅히 잘 알지어다."

정신廷臣이 모두 만세萬歲를 부르니, 환성이 우레같이 끓어올랐다. 경차관敬差官을 팔도에 나누어 보내어 교시를 반포하였다.

중종반정이 있었던 밤 입직하던 승정원 동부승지 이우李堣는 왕의 표신標信을 가지고 상황을 파악하러 나갔다가 다시 들어갈 수 없는 상황이 발생하여 거의擧義에 참여하게 되었다. 그날 중종반정에 참여한 공으로 정국공신靖國功臣 4등에 녹훈되어 가선대부嘉善大夫가 되고, 청해군靑海君에 봉하여졌다.

연산군의 생모 회묘에 반대하여 유배되었던 이행李荇이 돌아오고, 신계新溪로 유배되었던 최숙생崔淑生이 돌아와 중종반정의 주동자인 남곤南袞의 집에서 만났다. 이우李堣가 시를 지었다.

〈택지·자진과 사화의 집에서 與擇之子眞 飮士華宅 復用前韻〉

그저 오늘 만남을 기뻐할 뿐,	但喜今逢樂
이별할 때 나일랑 묻지 마세.	相分莫問年
가을 회포는 그대들과 함께 느끼지만,	秋懷共君得
이별의 한은 나 홀로 각별하네.	離恨獨吾偏

중종반정으로 어수선하던 당시에 형조참판으로서 경연에 참진하는 특진관이었던 이우李堣는 이자李耔, 권벌權橃 셋이 대보름날 저녁에 만나서 자신의 처지를 증자에 비유해 〈차야와 중허에게 寄次野仲虛〉라는 시를 지어주었다.

해바라기 햇빛을 좇는 줄 알았는데,	葵藿從來識太陽
어찌하여 그늘진 곳 향하려 하는고.	如何欲使向陰涼
그러나 물건의 본성은 빼앗을 수 없는 것,	雖然物性終難奪
억울하게 바람서리 맞아 하룻밤에 상했네.	枉被風霜一夜傷
……	
간하는 글 태우고 대간에서 물러난 사람이	日焚諫草微垣客
전형하는 권리를 쥔 이부의 낭관일세.	佐握銓衡吏部郎

  이자李耔와 권벌權橃이 벼슬을 버리고 물러나려 하자, "어찌 그늘진 곳을 향하려 하는고."라고 시를 읊었다. 그 후 이자李耔는 기묘사화에 연좌되어 음성·충주 등지에 은거하였고, 권벌權橃도 기묘사화로 15년간 봉화奉化 유곡酉谷(닭실)에서 은거했다.

  이우李堣는 노모를 모신다는 이유로 외직을 청하여 진주목사로 나가서 연산군의 포악한 사화를 겪은 직후라 흉흉한 민심을 달래고 선정을 베풀었다.

  그는 일찍이 별세한 형 이식李埴을 대신하여 조카들을 가르치고 혼인하여 성가成家시키는 것을 자신의 책임으로 여겨, 李子의 형 이하李河와 이해李瀣를 데려다가 진주의 월아산月牙山 청곡사青谷寺에서 독서하게 하였다. 그리고 진주 목사의 임기를 마치고 2년 8개월 만에 조정으로 돌아와 동지중추부사로서 경연특진관에 차임되어 경연에 입시하여 갑자사화 때 참살당한 조지서趙之瑞와 그의 아내 정씨鄭氏의 효행과 절조를 포상할 것을 계청하였다.

특진관 이우李堣가 아뢰기를,

"조지서趙之瑞의 아내 정씨鄭氏는 바로 충의백忠義伯 정몽주의 증손인데, 조지서가 잡히게 되자 아내에게 말했다. '이번 길에 다시 돌아오게 될 리가 없는데, 조부의 신주를 장차 어디다가 의탁할 것인가?' 아내가 '마땅히 죽기로써 보존하겠다.' 하였다.

지서가 죽임을 당하자 3년상을 마쳤고, 제사 받들기를 상시와 같이 하였습니다. 조지서는 기이한 절조[奇節]가 많았고, 정씨는 순일하고 절개를 변하지 않았으니, 부끄럽지 않게 하였다 할 수 있겠습니다."

특진관 이우李堣가 경연에서 아뢰기를, "절도를 치죄하는 데는 스스로 그 율이 있으니, 단근斷筋하는 법은 쓰지 말으소서."

단근斷筋은 도둑의 발뒤꿈치 힘줄을 끊어서 다시는 도둑질하지 못하도록 앉은뱅이로 만드는 것을 말한다.

이우李堣는 경오년(1510)에 형조참판이 되고, 9월에는 노모를 봉양한다는 이유로 물러나자, 이요정二樂亭 신용개申用漑가 이별의 시를 지어주었다.

〈이 참판을 송별하며 別李參判歸覲嶺南〉

묻노니, 어찌하여 애써 돌아갈 생각을 하며,	問君何事苦思歸
가을날 국화를 보며 어머니 먼저 그리는가.	逢秋對菊先念母
그대에게 이 말 하며 두 줄기 눈물 흘리니,	誦君此語淚雙流
나는 외로운 몸이라 누구와 함께 벗이 되리.	我是孤兒誰與友

경오년(1510) 11월, 중종은 이우李堣를 강원도 관찰사로 배수하고 하교하였다.

"지금 경을 본도의 관찰사 겸 영병마수군으로 삼노니, 사형死刑과 통정대부 이상의 품계에 관해서는 저대로 의례를 따라 나에게 자문할 것이고, 그 나머지는 모두 경의 처분에 맡기겠다. 아, 서민이 근심이 있는 것은 나 한 사람에게 달려있고, 한 도의 목숨은 그대의 책임이니 공경히 하여 게을리하지 말아서 나의 지극한 마음에 부응하도록 하라."

이우李堣가 강원도 관찰사로 배수되자, 십청헌 김세필, 용재 이행 등은 〈奉別明仲出按關東〉이라는 시를 지어 축하하였다.

> 조정의 우불은 다 백성을 위함이니,
> 그늘진 골짝에 봄의 온기를 불어주려 함이라.
> 조정에서 가려 뽑아 승선承宣을 맡기니,
> 공이 이제 미고靡盬편을 읊을 것이라네.

> 一堂吁咈盡爲民 欲使陰谷生春煦
> 歷簡朝廷任承宣 公於此時賦靡盬

※ 승선承宣: 송대의 절도유후 벼슬, 강원도 관찰사를 이름.
　미고靡盬: 외방에 나가 자기의 수고로움을 돌볼 겨를이 없음.

강원도는 산천과 바다가 어우러져 있어, 시인묵객에게는 가장 어울리는 곳이다. 용재 이행은 〈관동관찰사 이명중을 전송하며 送李明仲觀察關東〉에서, "이제 가면 시의 안목 다시 실컷 키우리라." 했다.

> 관동의 빼어난 경치 예로부터 무쌍이요,
> 그대의 뛰어난 재능 한 나라를 덮고말고.
> 이제 가면 시의 안목 다시 실컷 키우리니,
> 천한 이 몸은 오로지 소식 오기만 기다리겠소.

이우李堣는 관동지방을 순찰하며 머무는 곳이나 가는 곳마다 동헌과 객사의 시판에 차운하고, 정자와 누각에서 시를 지었다. 〈주천석에서 강진산姜晉山(강희맹의 봉호)의 시에 차운〉, 〈원주 홍법사 비석〉, 〈빙허루 시에 차운〉, 〈평창 동헌 시에 차운〉, 〈성마령〉, 〈임계역〉, 〈삼척 가는 길에서〉, 〈우계현 동헌 시에 차운〉, 〈율령〉, 〈월정사에서 택지의 시에 차운〉, 〈연곡현 시에 차운〉, 〈양양 동헌 시에 차운〉, 〈강선역〉, 〈구산역〉, 〈대관령 신원〉, 〈인락원에서〉, 〈원주에서〉 등 112제 125수의 시를 지어서 《관동행록關東行錄》을 엮었다.

〈주천석에서 강진산姜晉山의 시에 차운하다〉

> 달사는 세상사에 초연하고,　　達士略世界
> 시인은 괴로운 생각이 많네.　　詩人多若思

송재공은 진양목사를 마치고 조정으로 들어가 이조참판을 맡았으며, 중종반정의 정국공신靖國功臣으로 송재공은 청해군靑海君에, 할아버지 계양공은 진성군眞城君에 책봉되었다. 그때부터 진성군眞城君을 근거로 본관을 '진성眞城 이씨李氏'로 쓰기 시작했다.

송재공은 경오년(1510)에 강원도 관찰사로 나갔을 때, 추운 겨울 날씨에도 새벽부터 서둘러서 어머니를 뵈러 먼 길을 달려올 정도로 효성이 지극하였음을 그의 詩 〈고향의 어머니를 뵈러 가는 길 歸觀途中紀行〉이라는 126행의 장편 서사시에서 짐작할 수 있다.

> 영원성(치악산 남쪽 산성)에 해 저물어 가니,
> 꽉 찬 음기가 북방으로 이어졌네.
> 집 떠난 아들의 어머니 뵈려는 맘 급하니,
> 겨울밤이 긴긴 줄을 더욱 깨닫겠네.
> 추위에 떠는 닭 울지 않아 답답한데,
> 잠 못 들며 속 타는 이 마음
> 텅 빈 창에 희미한 새벽 달빛 비치니
> 홀연히 아침 햇빛인가 의심하네.
> 옷 끌어당기며 놀라 일어나 앉으니,
> 등불 다 탔는데도 오히려 환하네.
> 아이 불러서 밖에 나가보라 하니,
> 밝은 별이 동상(동쪽 행랑)에 뜬 것이라 알리네.

이우李堣는 고향에 도착하여 어머니를 뵈었다. 이튿날 자질들을 데리고 온계의 반석에서 놀았다. 숙부가 자질들에게 시를 지어보도록 하였다. 형님들이 시를 짓는 것을 보고 있던 열한 살 소년은 조심스럽게 여쭸다.

"저도 시를 지을 수 있사옵니까?"

"누구나 시를 지을 수 있느니라."

"시를 짓는 방법을 모르옵니다."

"생각(志)을 말(言)로 펴내면 詩가 되느니라."

詩를 파자破字하면, 言과 㞢이 합쳐서 새싹이 땅에서 돋아나는 형상이니, 詩는 志와 言으로 표현되는 현상을 뜻하는 글자로서, 시를 짓는 것은 생각이나 감정을 언어로 표현하는 행위이다.

'뜻을 말로 펴내다니?' 소년은 숙부의 말을 이해할 수 없었다. 숙부는 어린 조카에게 넌지시 말했다.

"네 진정 시를 지어보겠느냐?"

"네, 작은아버님."

"먼저, 자연과 친구가 되어야 하느니라."

"……"

"무엇이 보이느냐?"

주위를 둘러보았다. 봄빛에 버드나무가 푸르렀다.

"버드나무가 보입니다."

"버들과 친구가 되어라."

"……"

"바람이 보이느냐?"

버드나무 가지가 바람에 흔들렸다.

"바람에 버들가지가 흔들립니다."

"바람과도 친구가 되어라."

"바람과 버드나무도 친구가 되옵니까?"

"모두가 친구이니라."

소년은 가만히 생각에 잠겼다.

"지금 네가 생각한 것을 말해보거라."

"버들이 가지마다 푸르고, 바람에 버들가지가 흔들립니다."

"지금 네가 말한 것을 글로 써보거라."

소년은 조심스럽게 썼다.

柳色枝枝綠綠　楊枝被風搖動

열한 살의 소년은 처음으로 시를 지어보았다.

그날, 붉은 옷 입은 관인이 뵈러 왔다. 창락역昌樂驛의 역리驛吏이었다. "관직에 나가지 않고 왜 산속에서 사십니까?"

송재공은 대답하지 않고 그냥 웃기만 하더니, 자질들에게 이백의 시〈산중문답山中問答〉을 읊어주었다.

나더러 무슨 일로 푸른 산에 사냐기에,	聞余何事棲碧山
웃으며 대답 않았지만 마음만은 한가롭다.	笑而不答心自閑
복사꽃 흐르는 물에 아득히 떠내려가니,	桃花流水杳然去
인간세상 아니라 별천지라네.	別有天地非人間

李子는 열다섯 살 때 용수사의 운곡에 갔다. 옹달샘에서 한 마리 가재를 보고 〈가재 石蟹〉를 지었다. 이 시에서 이자李子가 15세 소년답지 않게 자연에 대한 호기심과 관찰력이 남달랐음은 자연과 일심이 되었기 때문이다.

물방개, 소금쟁이, 붕어, 버들치들이 마름, 수련, 부레옥잠, 생이가래, 부들 사이로 헤엄치며 숨바꼭질하는데, 가재石蟹 한 마리가 얕은 물가의 조그만 자갈 사이로 기어다녔다.

가재의 모습과 움직임을 유심히 관찰하였다. 담갈색의 가재는 두 눈을 빠꿈이 뜨고 2개의 기다란 더듬이로 먹이로 찾아서, 한 쌍의 집게팔로 먹이를 집어서 입으로 가져갔다. 5쌍의 가슴다리와 꼬리다리로 모래를 파거나 먹이 사냥을 하고, 돌 틈 사이로 들어가 숨기도 하였다. 집에 돌아와서도 가재가 머릿속에 맴돌았다.

며칠 후 생각을 글로 써보았다. 몇 번을 고쳐 써서 읽어보고 생각했다. '한 움큼의 옹달샘에서 살면서, 넓은 강호에 물이 아무리 많기로 탐내지 않는다.'

〈가재 石蟹〉

돌을 지고 모래 파면 저절로 집이 되고,	負石穿沙自有家
앞으로 가다 물러나 달리니 다리가 많구나.	前行却走足偏多
일생을 한 움큼의 산속 옹달샘 속에 살며,	生涯一掬山泉裏
강과 호수 물 얼마인지 묻지도 않는구나.	不問江湖水幾何

송재松齋의 사물 인식은 관찰자의 마음에 내재하는 것과는 별개이며, 창작의 대상인 사물의 깊은 곳에 있는 것이다. 이러한 경지는 바로 시인이 사물을 만나 마음이 움직여 사물의 본성本性을 이해하고, 사물의 정신을 체득하게 되면 자연스럽게 고무되어 생동하게 된 것이다. '딱따구리', '달아난 매' 등 그중에 〈매를 보고 탄식 鷹嘆〉에서

사람은 먹기 위해 매를 기르고,	人爲口而鷹
매는 꿩을 잡기 위해 사로잡혔네.	鷹爲雉而擒
꿩은 곡식 먹으려 밭에 내려앉았으니,	雉爲粟而田
저마다 욕심으로 마음을 쓴다네.	各以欲爲心

송재 이우는 다음 해 겨울까지 강원도에 1년 정도 묵으며, 주천, 원주, 평창, 삼척, 양양襄陽, 홍천, 춘천, 철원, 김화, 제천, 울진, 인제, 양구, 화천, 통천, 간성, 단양 등지를 돌면서 그의 발길이 닿는 곳마다 시를 짓고, 마지막으로 단양 이요루二樂樓에 들려 신용개에게 시집詩集을 보여주었는데, 신용개는 시집을 읽어본 즉시 발문을 지어 극찬하고 있다.

"고금의 시 짓는 사람들을 보건대, 대부분 문사만 꾸미고 실질을 궁구하지 못하며 외면만 수식하고 내면을 빠뜨려서, 명해溟海와 발해渤海를 말하다가 더러 장강長江과 황하黃河에 섞여들기도 하고, 뱁새와 메추라기를 읊다가 또 독수리와 봉새에 비기기도 하니, 어떻게 사람들에게 그 진상眞相을 얻게 할 수 있겠는가.

이 《관동행록》은 아름다우면서도 내용이 충실하고, 법도에 맞으면서도 고상하여 문자의 밖에 골몰하지 않아서, 읽고 음미하면 문을 나서지 않고도 천 리 밖 머나먼 곳에 바다와 산의 진상을 얻게 될 것이니, 소매 속에 동해가 있다고 말할 만하다."

이우李堣는 강원도 관찰사 임기가 끝난 뒤 서울로 돌아와서 고향으로 돌아가기를 청하여 허락을 받았다.

용재 이행李荇이 그믐날 응경應卿(成夢井의 자), 정지貞之(沈貞의 자)와 함께 〈명중을 송별 送李明仲〉하는 시를 지었다.

동문에서 나그네 전별한 뒤
송뢰가 저물녘 서늘히 이누나.
봄날의 풍광 교외에 가장 좋고,
시의 태도는 취중에 마땅하여라.

東門送客罷 松籟晚生涼
春光郊外最 詩態醉中當

송재공이 고향으로 돌아왔을 때, 조카들에게 자字를 지어주었는데, 서귀를 언장彦章, 서봉을 경명景明, 서란을 정민貞愍, 서홍瑞鴻을 경호景浩로 바꿔주었다. 이황李滉의 자는 경호景浩, 호는 퇴계退溪, 퇴도退陶이다. 훗날 성호星湖 이익李瀷은 퇴계를 '선생'이란 뜻으로 '이자李子'라 불렀다.

이자李子는 숙부님과 형들이 돌아왔고 배움의 길을 찾았으니, 하루하루가 즐거워 유월의 신록처럼 쑥쑥 자랐다.

《소학》은 터전을 닦아 재목을 갖추는 것이요, 《대학》은 그 터전 위에 커다란 집을 짓는 것이라 하여, 자질들을 교육함에 《소학》을 중시하였다. 이자李子는 넷째 형 해瀣와 함께 숙부에게서 《論語》를 배웠다. 〈學而篇〉의 효제孝悌 대목을 읽고 스스로 경계하였다.

弟子入則孝　　집에 들어와서는 부모님께 효도하고,
出則悌　　　　집 밖에 나가서는 공손해야 한다.

"사람의 자식 된 도리는 마땅히 이와 같아야 할 것이다."
"집에서는 웃어른께 효도하고, 밖에서는 모든 이들을 공경하여 행동에 거스름이 없이 행하며, 틈나는 대로 글을 읽으며, 이치를 궁구하고 몸을 닦아야 하고, 영가詠歌(노래)하고 무도舞蹈(운동)에도 생각이 지나침이 없어야 하는 것이 이 학문의 큰 요지이다."

숙부의 가르침에 이자李子는 고개를 끄덕이면서 말했다.
學而時習 不亦說乎. 배우고 익히면 즐거운 일입니다.

숙부는 학습 과정을 엄격하게 세워서 가르쳤고, 이자李子는 공부하는 것이 무엇보다 즐거워 조금도 게을리하지 않고 열심히 따랐다.

새로운 것을 배우면 반드시 다시 익혀서 1권을 마치면 1권을 완전히 외우고, 2권을 마치면 2권을 완전히 외웠다. 〈자장子張〉편에서, 질문하고 이理를 스스로 터득했다.

"일의 옳은 것이 바로 理입니까?"

"그렇다."

이 말을 듣는 순간 마음속의 의문이 풀리면서, "멀었던 눈이 해를 봄 같았다.(曉然若披盲而見大曜也.)"라고 하였다.

송재공은 엄격하여 자질들을 칭찬하는 일이 적었으나, 이자李子가 이치를 따져가면서 공부하는 태도에 놀랐다.

'이 아이는 가르치지 않아도 스스로 길을 아는구나. 가문을 크게 번성하게 할 자는 반드시 이 아이다.'

숙부는 이마가 넓은 이자李子를 광상廣顙이라 부르고, 본이름을 따로 부르지 않았다. 숙부는 가르침에 엄격하였고, 배운 것을 돌아앉아서 배송背誦하게 하였다.

"광상아, 외는 것은 글자를 기억하는 것이 아니라, 선현의 뜻을 가슴에 흐르게 하는 것이니라. 선비의 자세로 바르게 앉아서 외우되, 몸을 흔들어서도 안 되고, 착란하지 말고 중복하지도 말며, 너무 급하게 굴면 조급하고 너무 느리면 정신이 해이해져서 생각이 뜨게 된다."

이자李子는 열세 살에 《논어》를 마쳤다. 그는 책을 읽거나 혼자서 명상에 잠겼으며, 도연명陶淵明의 시를 좋아하였고, 비록 어렸지만 사람들이 많이 모인 자리에서도 선비처럼 행동하였다.

훗날, 이자李子는 자신이 학문을 게을리하지 않게 된 것은 숙부 송재공의 가르침과 독려 덕분이라고 하였다. 송재공의 교육은 알묘조장揠苗助長이 아니라, 스스로 터득하도록 하였다.

"학문의 길에 각고도 중요하나, 심신의 휴양 또한 중요하다." 자연을 소요하며 물아일체의 호연지기浩然之氣를 길러 자유의지와 정의로운 품성을 갖춰야 한다고 했다.

> 알기만 하는 사람은 좋아하는 사람만 못하고,
> 좋아하는 사람은 즐기는 사람만 못하느니라.
> 　　　　　知之者不如好之者 好之者不如樂之者

송재공은 자질들을 용수사에 보내 하과夏課를 즐기게 했다. 그는 하과夏課를 떠나는 자질들에게 용수사 경내를 그림 그리듯 〈용수사〉 시를 지어주고, 〈하과夏課〉를 독려하는 시를 지어 보냈다.

> 경서 공부 청색과 자색 인끈의 도구라 말하지 말라,
> 학문을 염두에 두고 닦음, 입신양명의 계책으로 세워야 하리.
> 예로부터 훌륭한 일 일찍부터 갖추어야 하나니,
> 홰나무 저자 앞머리까지 세월 빠르기만 하다네.

이우李堣는 임신년(1512) 고향 온계의 소나무 숲 옆에 집을 짓고 당호를 '송재松齋'라 하고, 자호로 삼았다.

그가 나고 자란 노송정에서 가까워 이사하기 쉬워서 대대로 전해 온 서책을 옮기고 책장에 책을 나누어 넣으면서, 우리집 옛 물건은 〈청산靑山〉이라 노래했다.

우리집 옛 물건은 청산이라,	吾家舊物是青山
벼슬 버리고 거듭 와도 돈 쓰지 아니한다.	解紱重尋不用錢
근심으로 이미 관복을 태워버리고,	憂患已焚魚紫袋
행장은 삼베올 푸르게 장만한다.	行藏欲辦布青纏
우물쭈물하다 늙어버리니,	依違人自甘衰鬢
돌아올 때 나는 아직 장년이었네.	歸去吾猶及壯年
밭둑길(천맥)과 시가(환전)가 다르지 않아,	阡陌闤廛非兩地
한평생 나고 듦이 다시 무엇에 관계하리.	一生出處更何鐫

송암松巖 권호문權好文은 청성산靑城山 무민재無悶齋에서 한가히 지내며, 송재松齋 공의 시에 차운하다〔閑居次李松齋〕

시 지어 스스로 양춘곡이라 여기는데	題詩自擬唱陽春
누가 화답하여 뜻을 더욱 새롭게 하랴.	和調何人意更新
한가히 살아 절로 참된 즐거움이 많으니	閑居自是多眞樂
낙동강 물가에서 물고기와 새를 찾네.	魚鳥相尋洛水濱

※ 양춘곡陽春曲 : 양춘백설가陽春白雪歌로, 지음知音을 뜻한다. 처음에 〈하리파인下里巴人〉이라는 노래를 부르자 화답하는 사람이 수천 명이었고, 다음으로 〈양아해로陽阿薤露〉를 부르자 수백 명이 화답하였고, 〈양춘백설가〉를 부르자 수십 명이 화답했다. 곡조가 높을수록 그에 화답하는 사람이 더욱 적었다 한다. 《文選 卷45》

송재松齋는 삼짇날 앞개울에서 노닐면서 봄을 노래했다.

절반쯤 지난 봄에 삼짇날이 되니,
꽃과 새의 흥취 참을 무르익어,
만물이 좋은 때를 얻어서 기뻐하는데,
나도 마침 벼슬 그만두고 돌아왔네.
이 사이에 술친구가 아니라면,
누가 와서 서로 함께 하겠는가.
낚시하며 놀던 곳 걸어 나와보니,
경치 좋은 땅은 전부터 알던 곳이네.
거친 풀 헤치고 그윽한 길 통하니,
멀리 푸른 산을 안개가 휘감았네.
촌로들 모두 전에 보았던 얼굴인데,
저마다 단단한 녹나무 잔 들었네.
마음이 소탈하고 촌스러운 나와 잘 맞으니,
활짝 열어 놓아 마음에 숨김이 없구나.
취기가 올라 산골짜기 바위에 앉아서,
맑은 물 바라보니 청색과 쪽빛 어우러지네.
노쇠한 얼굴 비춰보아도 빛이 없고,
백발만 길게 드리워져 밝게 빛나네.
졸졸 시냇물 소리는 고금이 같은데,
만사는 얼마나 맵기도 달기도 한가.

남들이 모두 지켜보는 가운데 착한 일을 행하기란 쉽다. 남들이 다 들을 수 있는 곳에서는 모두 고운 말을 쓴다. 그러나 남들이 지켜보지 않아도 스스로 언행言行을 조심하기란 쉽지 않다.

송재松齋는 시 〈외영당畏影堂〉을 지어서 자질들에게 가르쳤다.

내가 있으니 곧 형체가 있오,	有我卽有形
그림자가 형체와 나뉘면 둘이 되네.	影分形爲兩
어두우면 숨고 밝으면 나타나고	陰陽遞隱見
움직이든 고요하든 서로 떨어지지 않네.	動靜不相放
일상생활에는 백 가지 행위가 있지만,	日用百爲多
하나하나 곧 본받아야 한다.	一一輒效倣
어디나서 좌우에 꼭 붙어있으니,	臨之在左右
허물 감추어도 속이기가 어렵네.	驖然難可罔
삼감[愼]이 어찌 혼자[獨] 있을 때뿐이랴,	所愼豈止獨
옥루(구석방)에서도 오히려 환히 밝아야 하네.	屋漏猶郞晃
너를 돌아보면 마음이 두려워져서,	顯爾心惕若
안으로 살피며 보존하여 기른다네.	內省而存養
내가 말을 하면 너는 묵묵히 기억하고,	我語爾默識
내 몸을 너는 외면으로 본뜨네.	我身爾虛象
한집에서 이리저리 주선하는 너,	周旋一堂中
종일토록 나는 너를 바라보네.	終日吾所仰

《중용中庸》에 "숨겨져 있는 것보다 더 잘 보이는 것은 없고(莫見乎隱), 아주 작은 것보다 더 잘 드러나는 것은 없다(莫顯乎微). 그러기에, 군자는 홀로 있을 때 스스로 삼간다(故君子愼其獨也)."라고 하였다.

군자의 풍모는 은밀할 때, 아주 작은 부분에서 더 잘 드러난다는 얘기다. 보이지 않는 곳에서도 엄격하게 자기 관리를 해야 한다는 뜻이기도 하다. '신기독愼其獨'을 풀이하면, 근독謹獨은 즉 신독愼獨이다. 신慎은 '삼가다, 진실로, 이루다'라는 뜻이 있다. 신독愼獨은 홀로 있을 때에도 스스로를 삼가는 것이다. 그러나 신독은 지키기 참으로 어려운 명제이다. 회피回避, 사기詐欺, 도박賭博, 음주운전, 폭언 폭행 등 마땅히 삼가야 될 것을 삼가고 유혹에서 스스로 벗어나는 것도 신기독이다.

송재松齋 공은 강원도 관찰사를 사임하고 고향에 돌아와 지병持病인 혈소환血素患을 다스리면서, 자신의 처지를 〈탄식歎息〉하였다.

병을 고치고자 고향에 돌아왔으나,	身歸故國病相因
삼 년 동안 화조의 봄을 보지 못하였다.	花鳥三年不見新
하늘이 이수를 죽이지 않는다면,	天若未能誅二豎
청산에 들어온들 회춘하지 못하리라.	青山莫遺更回春

※ 이수二豎: 두 아이로 화신한 병마. 진후가 병이 나서 의원을 구하였는데, 꿈속에 두 아이가 "저 의원이 우리를 해칠까 두렵습니다."

농암이 문안 편지를 보내오자, 송재가 답장을 보냈다.
〈비중의 편지를 보고 見棐仲書〉 비중棐仲은 농암의 字,

관직 위로하고 병문안하니	唁官兼問疾
짧은 편지에 회포가 깊네.	寸幅寫懷深
득실이야 황록에 맡겨두고	得失憑隍鹿
깊은 병은 복삼에 의지하네.	沈綿寄茯蔘
세상일 논하는 데 마음 없어	無心談世事
거문고와 서적으로 근심 떨치네.	排悶賴書琴
봄바람 솔솔 부는 산 어귀로	山郭春風細
그대와 함께 찾길 기약하네.	將期共子尋

※ 득실빙황록得失憑隍鹿: 인생이 꿈처럼 허무함을 비유한 말이다.
　황록隍鹿:《列子 周穆王》의 해자垓子 속의 사슴이다.
　복삼茯蔘: 약재인 복령茯笭과 산삼을 말한다.

　이현보의 자字는 비중棐仲으로 이우李堣와는 용두산 자장암에서 함께 글을 읽었으며, 정사년(1497) 식년 문과에 동반 급제하였다.
　임술년(1502)에 농암이 사관史官으로서 폭군 연산에게 아뢰기를,
　"사관은 임금의 언동을 기록하는데, 탑하에서 멀리 떨어져 엎드려 있습니다. 청컨대 탑전 가까이 엎드려 기주에 소루함이 없게 하소서." 연산은 마음에 거슬렸지만 그래도 허락하였으나, 을축년

(1505)에 전前 대간들을 논계하면서 3년 전 임술년에 이현보李賢輔가 '정청政廳에 사관史官이 들어와 참석하게 하소서.'라고 아뢴 일이 있다고 하자. 이현보를 안동부의 안기역安奇驛에 정배定配하라고 명하였다.

농암이 송재의 병문안을 와서 용수사에서 함께 하룻밤을 보내면서〈용두사에서 달밤에 비중과 자다 龍頭寺月夜棐仲同宿〉를 읊었다.

밤이 깊어 절방에 불이 꺼지니,	更深佛燈滅
잇달아 창에는 달이 든다.	續以窓孕月
맑은 빛이 어정거리니,	淸光射婆娑
숨은 사람 찾아와 뵙는 것 같다.	若尋幽人謁
친구가 와서,	況有親舊來
서로 대하니 둘 다 우뚝하다.	相對兩兀兀
바람이 불어 풍경 소리 나서,	風來琴自語
느릿한 소나무 소리와 섞이는구나.	聲褋松勃窣
처음엔 참선하는 듯하더니,	初疑入禪寂
마침내 잠에 빠졌다.	終然囚睡窟
몸은 나비 되어 옛 동산을 날고,	身蘧故園蝶
마음 은화해서 대궐을 난다.	心蛻飛金闕
깨어나니 새가 지저귀는데,	覺來春調啼
붉은 아침해가 동쪽 나무 그늘에서 솟는다.	紅旭穿東樾

송재는 "왕과 신하는 물과 물고기와 같아서 서로 떨어질 수 없는 관계인데, 왕이 신하를 원수처럼 여겨 마구 죽이고 몸의 해충인 이[蝨]처럼 여긴다면, 유교 국가의 이상이 어떻게 실현될 수 있겠는가." 하고 탄식하였으니, 〈대궐문 閽闥〉에서 그 의도를 짐작할 수 있다.

궁궐 앞에 대궐문이 겹겹이 서 있으니,
땅에 있는 외로운 신하는 서캐[蟣蝨]처럼 보잘것없네.
한번 소를 올려 만 가지 한을 풀 길 없으니,
봄비 맞아 울부짖는 두견새나 되려네.

重重閽闥紫薇前 下土孤臣蟣蝨然
一上無由伸萬恨 欲隨春雨化啼鵑

석주石洲 권필權韠은 그의 시 〈宮柳〉에서 광해군의 처남 유희분柳希奮의 권력남용을 풍자한 것이 문제가 되어 광해군에게 친국親鞫을 당하는 자리에서 시를 통하여 현실을 비판하는 것은 오래된 시적 전통이라고 하였으나, 심한 고문을 당하여 사망하였다.

> 궁궐의 버들은 푸르고 꽃잎은 어지러이 흩날리는데 宮柳靑靑花亂飛
> 그 누가 선비의 입에서 바른말이 나오게 했나.　　誰遣危言出布衣

계유년(1513) 10월에 음애陰崖 이자李耔의 편지를 받고, 송재공과 이자, 권벌 세 사람은 용궁현 대죽리에서 만났다.

중종반정 당시에 이우는 이자李耔와 권벌權橃, 세 사람이 경직京職에 있어 교분이 잦았는데, 6년 만에 용궁에서 셋이 만나자, 그 당시를 회고하면서 이자李耔가 반갑다는 인사로 농담을 던졌다.

"연구아동방聯句兒童榜 나리께서 벼슬을 버리고 귀전하셨으니, 이제 영구아동방永久兒童榜이 되셨습니다그려."

연구아동방은 갑자율시방을 〈연주시聯珠詩〉만 습득하여 방榜에 뽑힌 아동의 과거 방榜이라는 비꼬는 뜻으로, 당시에 유행하던 말이었는데, 이는 연산군 시절에 행한 과거이기 때문이다.

이우李堣가 청해군에 봉해지자 반정 당일의 일을 가지고 녹훈과 품계를 빼앗아야 한다는 훈척들의 공격에 시달려야 했다. 청해군에 세 번 봉해졌으나, 그때마다 번번이 사절하였다. 그들의 주장 가운데는 사실에 맞지 않는 내용들이 있었으므로, 〈자명소自明疏〉를 올려 사실대로 해명하였다.

「신이 폐조廢朝에 승지로 배수된 지 한 달 남짓쯤 지나 반정이 있던 날에 승정원에 입직하였는데, 한밤중에 남장문南牆門의 군졸이 '밖에 변란이 일어났습니다.'라고 고하니, 폐주가 신 등에게 일러 '나가서 변란을 살펴보라.' 하고 표신標信을 내려주었는데, 신은 지위가 말석에 있는지라 마음으로는 비록 의심스럽고 두려웠으나 사양하지 못하고 나왔습니다.

승정원 문밖에 이르러서 검열 김흠조金欽祖를 만나 그와 함께 돈화문으로 향하며 변란을 살피다가, 얼마 뒤에 윤장의 아우인 부장部將 윤종尹琮을 만났는데, '어찌 이다지도 늦게 나왔습니까? 두세 대신이 거사하여 한번 창도하자 조정 신하들이 지금 거의 다 문밖에 모였는데, 유독 숙직 승지들만 아직 나오지 않았기에 제 형 윤장을 위해 들어왔습니다.' 하고는 이어서 거사하여 성상을 추대하려는 일에 대해 말을 하니, 신 또한 그제야 확신하였습니다.

이미 밖으로 나와서는 안팎이 단절되었고, 또 거사한 소식을 들으니 형세상 다시 들어갈 수 없었습니다.

흠조欽祖와 함께 거사한 대신을 보았는데, '어찌 이다지도 늦게 나왔는가? 대비전에 명을 여쭈려고 하는데, 승지가 없어서는 안 된다.'라고 하였습니다. 그가 신을 데리고 함께 경복궁으로 향하여 자전慈殿의 뜻을 여쭌 뒤에 성상의 어가를 맞이하여 들어왔고, 즉위할 당시 호위하여 수행하였습니다.

신이 이미 표신標信을 가지고 나왔고 윤종의 보고를 듣고서 흠조欽祖와 의논하여 함께 나왔으니, 어찌 모면하기 위해 임금을 속이고 빠져나온 일이겠습니까? 신이 만약 궐 안에 있을 적에 어떠한 변고인지 알지 못했거나 반역의 일이 있음에도 군주를 버리고 서둘러 나와버렸다면, 어찌 절의가 없는 것일 뿐이겠습니까. 비록 불충의 죄를 받더라도 또한 달게 여길 것입니다. 거사가 있은 후로 종묘사직의 영령과 천지산천의 신령과 온 나라 신민의 마음이 모두 이미 전하께 귀속하였는데, 신이 대의를 생각지 않고 망령되이 절의를 다하려고 한다면 어찌 전하의 죄인만 되겠습니까. 실로 천지산천과 종묘사직과 신민의 죄인이 되는 것입니다.」

중종이 대간의 소疏에 답하기를, "이우李堣가 올린 소를 보니, 그 절조를 잃은 것이 아니라 다급한 순간에 사람들에게 얽매이고 내몰려서 그러했을 뿐이다. 조정이 그가 절조를 잃었다고 비하하고서 그 실상을 살피지 않는 것은 안 될 일이다. 요즈음 인물이 매우 적은데, 갑자율시방인甲子律詩榜人은 청현淸顯한 관직에 쓰지 않으나 그 가운데는 반드시 쓸만한 자가 있을 것이니, 국가에서 대우하는 체모에 있어서 어떠한가?"

갑자년에 연산이 전교하기를, "인재는 반드시 경술經術로 뽑을 것 없다. 중국 사신이 오면 중용中庸·대학大學으로 수창酬唱할 수는 없으니, 詩에 능한 사람을 뽑아야 나라를 빛낼 수 있다. 시에 능한 사람이 어찌 경술을 모르랴. 칠언율시七言律詩 3수로써 뽑도록 하되, 직부直赴하게 하고 혹은 급분給分하는 것이 어떠한가?"

율시 정시庭試에서 이우李堣를 비롯해 19인이 합격했다.

중종반정 당일 밤, 이우와 함께 승정원 문밖에 나온 김흠조金欽祖의 자는 경숙敬叔, 호는 악금당樂琴堂이다.

이행李荇이 김흠조가 상주목사에 이어 제주목사로 나갔을 때, 〈경숙의 편지에 답함 答敬叔〉이라는 시를 지어 보냈다.

국화는 서리 온 뒤 빛이 바래고,	菊殘霜後色
술은 항아리 속에서 맑게 익누나.	酒潑甕頭清
이를 대함에 문득 탄식이 이노니,	對此翻成歎
나와 함께 잔 기울일 사람 없어라.	無人與共傾

김흠조金欽祖는 무오사화 때 화를 입은 김종직, 김효손 등을 신원하는 상소를 올렸고 유자광을 유배케 하였다. 김흠조가 예안으로 이우李堣를 찾아왔다.

〈김경숙이 찾아옴을 감사함 謝金敬叔來訪〉

같은 고향 땅에서 나서 의가 더욱 두터웠고,	生同鄉國義彌敦
게다가 우리는 다 각각 홀어머니가 촌에 계신다.	有況偏親各在村
나는 가난하게 모시니 지절이 없으니,	我侍空闈無滫瀡
그대는 고을원의 녹봉으로 조석 지절 잘 받드리.	君將全郡奉晨昏

| 동쪽 언덕에 올라가서 휘파람을 길게 불고, | 登東皐以舒嘯 |
| 맑은 물가에서 시를 지으리라. | 臨淸流而賦詩 |

일제는 중앙선 철도 부설 때 임청각의 행랑채와 부속채를 철거하여 현재의 규모로 줄어들었다.

안동 부사 이우李堣는 귀래정에 올라 〈題歸來亭〉을 지었다.

잠시 천년의 비경을 깨뜨려서,	試破千年秘
청신한 좋은 경치 차지했네.	淸新據上游
동쪽에서 두 물줄기 합하고,	東來二水合
서쪽으로 긴 숲을 안고 있네.	西抱一林脩
자욱이 가리어진 안갯속의 절이오,	掩冉煙中寺
수정같이 빛나는 호숫가의 누대라.	晶熒湖上樓
수령이 가을에 농사를 살피다가,	遨頭秋省稼
이곳에 와서 머뭇거리며 지체하네.	到此爲遲留

1998년 임청각의 정자 귀래정 인근의 택지 개발 때 450년 전 무덤에서 미투리, 의복, 만시輓詩 등의 유물과 미라가 출토되었는데, 고성 李씨 이응태와 그의 할머니 일성一姓 문文씨의 미라였다.

병든 남편의 쾌유를 기원하며 자신의 머리카락을 섞어 한 켤레의 미투리와 31살의 젊은 나이에 안타깝게 죽은 남편을 저승으로 떠나보내면서 쓴 아내의 편지가 발굴되었다.

송재松齋 이우李堣는 안동에 있으면서, 서울의 옛 친구 이행李荇, 최숙생崔淑生, 이차야李次野 등의 시를 받으면 친구를 만난 듯 반가웠다. 최숙생崔淑生은 답시를 보내왔다. 〈자진의 시 子眞詩〉

백주가 집집마다 익어 있고,	白酒家家有
국화꽃은 곳곳에 피었다네.	黃花處處開
늘 맑은 흥취 충분하건만,	尋常淸興足
찾아오는 벗 만나기 어렵네.	難得故人來

을해년(1515) 4월, 송재가 용궁 대죽리에서 이자李耔·권벌權橃·문경동과 문경동文敬仝의 사위 허찬許瓚을 만났다. 허찬은 이자李耔·권벌權橃과는 의義로써 맺은 관형제瓘兄弟이었다. 그때 이자가 송재의 조카 '황滉'을 허찬의 사위로 추천했으니, 송재공이 이미 생전에 조카의 혼사를 정해 놓은 것이다.

고성固城 李씨 낙포洛浦 이굉李浤이 안동 부성府城 남쪽 건너편 낙강과 반변천이 합수되어 낙동강을 이루는 경승지에 정자를 짓고 도잠陶潛의 〈귀거래사〉의 뜻을 취해 귀래정歸來亭이라 하였는데,

낙포의 후손 석주 이상룡李相龍은 일제강점기에 노비를 해방하고 서간도에 경학사와 신흥무관학교를 설립하여 무장 항일 운동가를 양성하였으며, 대한민국 임시정부 초대 국무령을 역임하였다.

영남산映南山 동쪽 기슭에 앉아 낙동강을 바라보는 이상룡의 임청각臨淸閣은 도연명의 〈귀거래사〉에서 따온 것이다.

이우李堣는 47세이던 을해년(1515, 중종 10)에 안동부사에 배수되어 "진주晉州를 다스리던 방도로 하여 청렴한 절조가 더욱 엄정하였다." 라고 한다. 경상도 관찰사 손중돈이 포상하는 장계를 올렸다.

"이우李堣는 다만 안동에서만 명성이 있는 것이 아닙니다. 이전에 진주목사를 지낼 때에도 치적을 드러내었으니, 품계를 올려 포상해야 합니다."

가을에 고과考課에서 상등으로 평가받아 가선嘉善의 품계를 돌려받았다. 어느 날, 예문관과 춘추관에서 함께 근무했던 허백당虛白堂 김양진金楊震이 우연히 자신을 찾아왔다.

〈허백당이 찾아온 것에 감사함 謝虛白堂來訪〉

집 뒤에 구름 피어올라 기다렸다 눈 바라보고, 雲生屋後留看雪
소나무 앞에서 술 떨어지자 대신 산 마주하네. 酒盡松前替對山
이제부터 해낭奚囊에 시나 주워 담으리.   奚橐從渠詩拾去
펼쳐진 산수 경치 이제껏 인색한 적 없었다네. 放開泉石不曾慳

주안상을 놓고 마주 앉았다. 눈이 오려는지 집 뒤에는 구름이 자욱하더니, 마침내 눈이 내려서 그의 시야는 눈에 머물러 있다. 소나무 앞에서 마시고 있던 술이 동이 나자, 다시 시야를 산으로 돌린다. 벗과 경치 그리고 술이 있기에 자신의 창작욕을 도저히 자제할 수 없어 시를 지어서 해낭奚囊에 시고詩稿를 주워 담았다. '해낭奚囊'은 '소해낭小奚囊'에서 따온 것으로, 시를 지어 넣는 주머니라는 말이다.

계유년(1513) 김흠조의 부친이 병으로 별세하였다. 이우李堣는 〈첨정僉正 김공金公의 묘갈명墓碣銘〉이라는 묘갈명을 지어서 조상弔喪하였다.

공의 휘는 효우孝友이고, 자는 순신順信이며, 성은 의성 金씨이고, 예안 서촌 둔번리 사람이다. 경전의 가르침을 두루 익혀 당세에 뜻을 두어, "만 광주리의 황금보다 한 권의 경전이 낫다."라고 하였다.

공의 아들 흠조는 대과에 급제하여 한림翰林에서 지평持平을 역임하다가 봉양을 위해 외직으로 나가 영천永川(영주) 수령이 되었다. 계유년 모월 모일 흠조가 원종공신에 녹훈되어, 공의 품계가 통훈대부·첨정에 추증되었다.

    난공자의 말씀 드러내어 본보기로 내걸었네.   著論警揭式刑
    만 광주리 경시하고 한 권 경전 중히 여겼네.   輕萬籯重一經

1997년 3월 영주댐 공사로 국도 5호선 확장 공사를 위한 분묘 이장 중에 영주시 이산면 운문리 내성천 사해沙海 마을에서 500년 전 영주군수 김흠조 부부의 미라가 출토되었다. 단령·직령·철릭 등 의복류 66점, 제문·만사 등 문서류 38점, 장신구·생활용품 등 모두 134점이 출토되었으며, 관은 이중관으로 내관과 외관 사이(10cm 틈)에는 물(알콜 성분 추정)이 가득 차 있었는데, 관 바깥은 숯으로 채워져 있었다. 관을 해체하니, 시신은 미라 상태였다.

〈원이 아버지에게〉

당신 언제나 나에게 둘이 머리 희어지도록 살다가 함께 죽자 하시더니, 어찌 나를 두고 당신 먼저 가십니까?

당신 나에게 어떻게 마음을 가져왔고, 나는 당신에게 어떻게 마음을 가져왔었나요. 함께 누우면 언제나 나는 당신에게 말했지요.

"여보, 다른 사람들도 우리처럼 서로 어여삐 여기고 사랑할까요? 남들도 우리 같을까요?"

어찌 그런 일들 생각하지도 않고 나를 버리고 먼저 가시나요?

당신을 여의고는 아무리 해도 나는 살 수 없어요.

빨리 당신에게 가고 싶어요. 나를 데려가 주세요.

병술년 유월 초하룻날 아내가

안동 부사 이우李堣는 안동 관아의 서북쪽 모퉁이의 연지蓮池 가운데에 애련정愛蓮亭을 지어서 이황李滉의 형제들을 가르쳤다.

어느 날 비 그친 뒤 예천군수 창계 문경동이 애련정에 왔다.

〈비온 뒤 흠지들과… 雨後與欽之輩飮蓮亭〉

맑게 울리는 거문고 소리 빗소리와 섞이는데,	琴韻泠泠雜雨聲
줄기 시들고 뿌리 없건만 맑은 기운 머금었네.	敗荷無藕尙含淸
서쪽 담 아래 접시꽃 옮겨 대 사이에 두니,	移葵間竹西墻下
붉고 푸르른 제 모습 환히 드러내네.	紅綠分明各自旌

애련정愛蓮亭은 안동시 삼산동 權·金·張 삼태사묘 東측 모퉁이 길 건너편에 있었는데, 6·25 때 미군의 오폭으로 안동역, 안동사범학교와 함께 폭격당했다. 종손宗孫 이정낙이 옥정동에 중건하여 송재 종택으로 사용하다가, 안동민속박물관으로 옮겨서 지었다.

어느 해 여름, 예천군수 창계 문경동이 애련정에 왔을 때 공부하는 이자李子 형제들에게 일일이 묻고 공부하는 것을 보고 부러워하였다.
"송재는 복도 많으시오. 영민한 자제들이 부럽습니다."
당시 문경동은 이자李子와 동갑인 외손녀 허찬의 딸이 있었다.
이우李堣는 예천에 가서 군수 문경동을 만나 〈欽之夜飮〉하였다.

봄이 가고 남은 꽃이 눈에 비쳐 밝으니,	春去餘花照眼明
삼 년 앓던 병객도 정이 인다.	三年病客亦生情
금비녀는 바람에 불려 떨어졌으나,	金鈿縱被風吹却
거문고 소리 시원함은 예 그대로구나.	琴韻泠泠尙舊聲

그해 8월, 이우李堣는 어머니의 수연석을 베풀었다. 이우李堣는 때때옷 입고 〈어부사漁父詞〉에 맞춰 춤을 추어서 노모를 기쁘게 해드렸다. 이자李子는 그날 노기老妓가 부르는 〈어부사〉를 처음 듣고 마음속으로 감흥을 느껴, 그 가사를 기록해 두었다.

이 듕에 시름 업스니 漁父(어부)의 生涯(생애)이로다.
一葉片舟(일엽편주)를 萬頃波(만경파)에 띄워 두고,
人世(인세)를 다 니젯거니 날 가는 주를 안가.

구버는 千尋綠水(천심녹수) 도라보니 萬疊靑山(만첩청산)
十丈紅塵(십장홍진)이 언매나 ᄀᆞ렛ᄂᆞ고,
江湖(강호)애 月白(월백)ᄒᆞ거든 더옥 無心(무심)ᄒᆞ얘라.

靑荷(청하)애 바ᄇᆞᆯ ᄡᅡ고 綠柳(녹류)에 고기 ᄢᅦ여
蘆荻花叢(노추화총)에 ᄇᆡ ᄆᆡ야 두고
一般淸意味(일반청의미)를 어늬 부니 아ᄅᆞ실고.

　조지훈도 〈승무〉를 쓰게 된 동기를 열아홉 살 적 가을이라 했다. "수원 용주사에서 큰 재齋가 들어 승무와 불교 전래의 고전음악이 베풀어진다는 소식을 듣고, 그 자리에서 수원으로 내려가지 않을 수 없었다. 그 밤의 승무의 불가사의한 선율을 안고 서울에 돌아온 나는 이듬해 늦은 봄까지 붓을 들지 못하고 지내왔었다.
　스무 살 되던 해의 첫여름, 미술 전람회에 갔다가 김은호金殷鎬의 〈승무도僧舞圖〉 앞에 두 시간을 서 있은 보람으로 나는 비로소 무려 78매의 스케치를 가질 수 있었다.
　나는 용주사의 춤과 김은호의 그림을 연결시키고도 시를 형성하지 못했다. 그해 10월 구왕궁舊王宮 아악부雅樂部에서〈영산회상靈山會

上〉의 한 가락을 듣고 아악부를 나서면서 나는 몇 개의 플랜을 세우게 되었으니, 이것이 곧 이 詩를 이루는 골자가 되는 것이다."

> 얇은 사紗 하이얀 고깔은
> 고이 접어서 니빌레라.
>
> 파르라니 깎은 머리
> 박사薄紗 고깔에 감추오고
>
> 두 볼에 흐르는 빛이
> 정작으로 고와서 서러워라.
> (…)

안동 부사 이우李堣는 혈소환을 앓고 있었다. 대사헌 이행李荇이 환우를 걱정하는 〈명중에게 부치다 寄明仲〉를 보내왔다.

풍진세상 날로 병이 몸을 침노하는데,	風塵日日病侵尋
친한 벗에게서 소식 없으니 또 어이할꼬.	更奈親朋闕好音
지난해 읊은 송재의 풍우 시구를	去世松齋風雨句
멀리 그대 바라보고서 한 번 길게 읊노라.	爲君回首一長吟

송재松齋 공의 삶은 진성 이씨 집안을 명문가로 일으켜 세우는 데 일조하였다. 송재 이전까지 뚜렷한 족적을 남긴 선조가 없었으니, 이자李子의 맏아들 준寯을 봉화 훈도 금재琴梓의 딸과 혼인시킬 때 굴욕적인 혼사를 참을 수밖에 없을 정도로 안동 지역에서 한미寒微한 집안이었다.

생명은 동일성을 유지하는 개체의 성격을 띠며 개체에서 개체로 이어지면서 비결정성의 폭을 넓혀가는 어떤 흐름이다. 송재는 모체의 우수한 유전자가 자손에게 유전되지만, 이는 불변이 아니라 내부 상황(학습)에 따라서 개인별로 정체성正體性(Identity)은 달라진다는 것을 이미 알고 있었다. 안동 관아 인근에 애련정을 지어 자질들을 직접 가르치기도 하고, 때로는 산사에 보내어 호연지기浩然之氣를 기를 수 있는 기회를 마련해 주기도 하였다.

송재는 생전에 이자李子와 문경동의 외손녀와의 혼인을 이미 정해놓았으니, 이자李子가 경제적 걱정 없이 학문에 전념할 수 있도록 안정적인 바탕을 마련해 준 것이었다. 그 결과, 이해李瀣와 이자李子 형제가 문과에 급제하고 대대로 훌륭한 후손들이 끊어지지 않는 명문가 반열班列에 오를 수 있었다.

송재공이 49세를 일기로 갑자기 운명하자, 이자李子는 한동안 충격에서 벗어나지 못했다. 태어난 지 일곱 달 만에 아버지를 여읜 그에게 송재공은 아버지이며, 하늘 같은 스승이었고, 닮고 싶은 학자였다. 이자李子는 훗날 〈숙부 호조참판 부군 묘갈지墓碣識〉를 지었다.

"부군은 풍채가 깨끗하고 뛰어나셨으며, 품위가 고아하시고 원대하여 온화하고 여러 아비 없는 조카들을 어루만지고 가르치심이 친아들과 같았다. 어려서부터 독서를 좋아하고 글을 잘 지었는데, 나의 선친과는 금옥金玉과 같은 형제였고, 훈壎으로 선창하면 지篪로 화답하는 듯하였다. 그 명성이 모두 성대하여 영남의 준수한 선비들이 모두 으뜸으로 추대하였다."

이행李荇과 함께 소를 올렸다가 신계新溪로 유배되었던 최숙생은 중종 즉위 후 문신정시文臣庭試에서 장원하였으며, 그 뒤 대사간·대사헌을 지내고, 의정부 우찬성에 올랐는데, 최숙생(자진子眞)이 〈송재 이우李堣의 묘갈명墓碣銘〉을 지었다.

아, 명중이 죽었구나. 팔십 노모가 살아계시는데, 이를 남겨두고 어찌 돌아가 버렸는가! 외직을 청하여 곁에서 봉양하며 잠시도 슬하를 떠난 적이 없었거늘, 갑자기 하루아침에 눈을 감아서 길이 떠나 버렸으니, 죽은 이는 어쩌면 알고 있었던 것인가.

공은 성품이 평담하고 온화하여 지조를 지녔고, 정성스러우면서 꾸밈이 없고 자상하면서 포용력이 있었다. 두 고을을 다스릴 적에 노모를 가마에 모시고 다니며, 집에 들어가서는 어버이를 섬기고 밖에 나와서는 공무에 힘썼으니, 모두 지극한 정성에서 나왔다. 정사가 번거롭지 않아 백성들은 편안하였고, 형벌이 엄격하지 않아도 관리들이 두려워하였다.

공은 예안현에서 세거하였으니, 집에 소나무 몇 그루가 있어서 그로 인하여 '송재松齋'라고 자호하였다. 지은 시문들은 모두 법도가 있으니, 깨끗하면서 각박하지 않고 바르면서 기이하지 않아 한가롭고 원대하며 담담하고 심오하여 진실로 문인의 유취遺趣를 얻었으나, 일찍이 세상에서 깊이 알아주지 못하였다.

  봄볕 같은 어머니 아직 살아계시는데   春輝未戢
  색동옷 입고 춤출 몸이 먼저 세상 떠나다니, 綵舞先傾
  비록 하늘이 황폐해지고 땅이 쇠하더라도 雖天荒而地老
  저승에서 애통한 심정 쏟아내지 못하리. 終不洩重泉之病情也

송재공은 강원도 관찰사 때(1510년)에 《관동행록關東行錄》을 엮었으니, 이는 송강 정철의 《관동별곡》(1580년)보다, 70년 앞서 지은 것이다. 훗날 이자李子가 숙부 송재공의 시문을 모아 직접 필사하여 《관동행록》, 《귀전록》 두 권으로 묶었다.

이자李子는 숙부 송재 공의 시문을 정리하여 《송재집松齋集》을 엮었는데, 《관동행록》과 《귀전록》을 직접 필사하였다.

이자李子는 사승師承없이 독학했다고 말하는 이가 있지만, 숙부에게서 논어論語를 배웠고, 시문을 직접 필사하면서 詩적 소양 또한 송재공으로부터 물려받았다고 볼 수 있다.

송재의 외손자 오운吳澐이 1584년에 초판본의 원집 3권 1책으로 간행하였으며, 송재의 직계손인 충청감사 반초당 이명익李溟翼과 영남 만인소의 소수疏首 이진동李鎭東이 흩어져 있던 시문을 모아서 천天·지地·인人 9권 3책인 현행본《송재집》을 완성하였다.

송재松齋 선생이 별세한(1517년) 지 500년 가까이 지난 1983년에 송재의 15대 종손인 이정락李鼎洛이 《송재집》을 국역하여 간행했는데, 그는 영화 〈시〉의 각본을 쓴 이창동 감독의 백부伯父이다.

영화와 詩는 예술의 장르에서 완전 별개의 것이지만, 영화 〈The Roads Not Taken〉은 로버트 프로스트Robert Lee Frost의 시 〈가지 않은 길〉에서 영감을 받아서 영화의 주제를 설정하고 시를 인용하였다. 시가 영화의 소재가 될 수 있듯이 영화가 시의 소재가 될 수 있으며, 시로서 영화의 핵심 메시지를 표현하기도 한다.

〈아네스의 노래〉는 한 편의 詩이지만, 영화 〈시〉의 핵심 메시지를 응축하는 상징성이 있어서, 영화의 주제를 집약하고 있다.

중학교에 다니는 외손자와 함께 살고 있는 주인공 양미자 할머니는 우연히 동네 문화원에서 '시' 강좌를 수강하게 되는데, 아름다운 시를 쓰기 위해 시상을 찾아 동네를 살피고 다니는 중에 외손자가 자기 또래의 한 여학생을 집단 성폭행하여, 그 여학생이 충격을 못 이기고 강에 투신자살했다는 사실을 알게 되었다. 외손자에 대한 배신감과 진실을 은폐하려는 가해자 부모들의 얽히고설킨 부조리를 통해 죄책감과 내적 갈등을 겪는다.

영화 〈죽은 시인의 사회〉에서 키팅Keating 선생은 "스스로의 목소리를 찾으려고 애써야 한다."라고 했다.

양미자 할머니는 손자의 죄를 알게 된 후 피해자의 고통을 자신의 고통으로 공감하게 되면서, 속죄하는 마음으로 〈아네스의 노래〉를 쓰게 된다.

순결을 상징하는 아네스Agnes는 자살한 여학생의 세례명이다. 영화의 마지막 장면에서 양미자 자신이 '시'를 낭독하고, 이어서 아네스의 목소리를 부활시킨다.

"아, 명중이 죽었구나. … 어찌 돌아가 버렸는가!"

송재 이우의 묘갈명墓碣銘과 같이 〈아네스의 노래〉는 추모의 시다.

〈아네스의 노래〉를 '노무현 추모시'라고 멋대로 의미를 부여하자, "특정인의 죽음으로 한정하는 것은 영화의 의미를 한정지을 수 있기에, 그렇게 보지 않았으면 한다."고 이창동은 단호하게 일축一蹴하였다.

> 그곳은 어떤가요 얼마나 적막하나요
> 저녁이면 여전히 노을이 지고
> 숲으로 가는 새들의 노랫소리 들리나요
> 차마 부치지 못한 편지 당신이 받아볼 수 있나요
> 하지 못한 고백 전할 수 있나요
> 시간은 흐르고 장미는 시들까요

이젠 작별할 시간
머물고 가는 바람처럼 그림자처럼
오지 않던 약속도 끝내 비밀이었던 사랑도
서러운 내 발목에 입 맞추는 풀잎 하나
나를 따라온 작은 발자국에게도
작별을 할 시간
(…)

나는 당신을 축복합니다
검은 강물을 건너기 전에 내 영혼의 마지막 숨을 다해
나는 꿈꾸기 시작합니다
어느 햇빛 맑은 아침 깨어나 부신 눈으로
머리맡에 선 당신을 만날 수 있기를.

5. 용수사 완월

龍壽寺 玩月

옥 같은 하늘엔 서광이,　　瑞光流玉宇
아로새긴 창살에는 맑은 빛이.　素彩散雕櫨

李子는 비록 시를 잘하였으나 끝내 시인으로 자처하지는 않았는데, 뜻한 바가 커서 한 가지 재주로 이름을 얻으려 하지 않았기 때문이다.

정자중의 시 〈한거〉에 화답한 시 〈시를 노래함 吟詩〉에서,

"시가 사람을 그르치는 것이 아니라 사람이 스스로 그르치는 것이니, 흥이 오고 정이 가면 이미 견디기 힘들다네."

詩不誤人人自誤 興來情適已難禁

李子는 시 짓기를 여사로 하여 3,560여 수의 시를 지었으니, 도학자이면서 시인이다. 그의 시는 시의 형식이나 종류가 다양하고, 소재면에서도 다양한데, 영물시詠物詩·매화시梅花詩·설리시說理詩·화답시和答詩·즉사시卽事詩·영회시詠懷詩가 주축을 이룬다.

그중에 특히 설리시說理詩가 우주·자연·인생·성리학적 이치 등을 논하고 해석하듯이, 그의 시의 근원과 배경이 되는 것은 도학 사상이다. 李子의 시는 이렇게 도학적 성격을 지니고 있기에, 감흥이 적고 낭만적인 면이 적게 나타나게 된다.

이덕홍이 주자서朱子書를 읽으려 하자, "우선 주자서를 그만두고 《시경》을 읽는다면 지극히 좋으리라 생각합니다. 공자께서는 아들 이鯉에게 시경의 주남과 소남을 읽지 않으면 담만 바라보듯 답답한 사람이 된다고 했으며, 시서를 공부하지 않으면 배가 공허하다고 여겼습니다."

숙부 송재松齋 공이 별세한 후 정신적 지주를 잃은 이자李子는 홀로된 절망감을 딛고 새로운 결의를 다지지만, 스승이 없는 학문은 망망대해의 조각배처럼 갈 길을 잡지 못했다.

'나는 무엇이며, 어떤 삶을 살아야 하는지.'

한동안 딜레마dilemma에 빠졌으나, 꿈속에서 숙부의 일갈一喝이 있었다.

"광상아, 네 어찌 성리의 理를 알겠느냐?"

깜짝 놀라 깨어난 이후 그의 곁에는 늘 송재공이 있었으며, 자신을 가다듬고 점차 학문에 정진하게 되었다.

혼자 독서하기를 좋아하였는데, 도연명의 詩를 사랑하고 그의 사람됨을 흠모하였으며, 경서經書만 공부한 것이 아니라 詩 문학에 관심을 가지고 직접 詩를 짓기도 했다.

18세 때, 봄에 이웃 마을 제비실[燕谷]에 갔다가 산골짜기 작은 연못을 관찰한 후 무엇에 홀린 듯 집으로 뛰어오자마자 단숨에 詩 한 수를 지었다.

이슬 맺힌 풀잎은 물가에 우거졌는데,	露草夭夭繞水涯
고요한 연못 맑디맑아 티끌 한 점 없네.	小塘淸活淨無沙
떠가는 구름 나는 새는 본시 연줄이지만,	雲飛鳥過元相管
다만 저 제비 발길에 물결 일까 두렵네.	只怕時時燕蹴波

※ 요요夭夭: 젊고 아름다운 모습을 뜻하는 의태어이다.
　원상관元相管: '원래 그들 소관所管'이나, 구름과 새.
　지파只怕: 다만~걱정이다, 두렵다.

　제비 발길(욕망)이 맑고 고요한 마음에 물결 일으킬까 두렵다고 하였다. 구름과 새의 본래 모습과 상관없이 자기 본위로 물결을 일으키는 것은 천리에 배반하는 것이며, 이는 마음이 지향하는 것에 따라서 제멋대로 굴절시키는 욕심에서 비롯된 것이라 하였다.

　19세 때 읊은 〈영회시詠懷詩〉에서, "만 권 책을 읽고, 성리의 원두처를 깨달은 듯 내 마음을 만물의 근원인 태허로 여긴다."라고 하였으니, 학문에 대한 원대한 꿈을 나타낸 것이다.

유독 초당의 만 권 책을 사랑하여	獨愛林廬萬卷書
한결같은 심사로 지내온 지 십여 년,	一般心事十年餘
근래에는 근원의 시초를 깨달은 듯	邇來似與源頭會
내 마음 전체를 태허太虛로 여기네.	都把吾心看太虛

　《효경孝經》에 "입신출세하여 부모의 이름을 후세에 떨치게 하는 것이 효의 마무리이다.(立身出世 以顯父母, 揚名於後世, 孝之終也.)" 하였는데, 李子는 19세 때 고향에서 현량과에 선발되어 서울에 올라가서 문과 별거別擧에 응시하여 100명 중에 선발되었다. 그러나 가을

에 문과 별거 전시(현량과)에서 28명 중에 선발되지 못했다.

고향에 돌아온 후 주역周易의 뜻을 강구하느라, 거의 먹고 자는 것조차 잊었다. 이로부터 항상 파리하고 고단한 병이 있게 되었다.

21세 때 동갑내기 부인 許씨에게 장가들었다. 이미 숙부 송재공과 허씨 부인의 외조부 문경동과 한 사전 약조가 성사된 것이다.

신사년(1521) 봄, 영주 초곡(文田 마을)에서 혼인 잔치가 있었다. 하얀 차일이 출렁이는 초례청에는 십장생 병풍이 쳐지고, 사모관대하고 자색 단령을 입은 신랑이 이미 초례청에 들어서 있었다.

잠시 후, 다홍 비단 바탕에 온갖 꽃들로 수놓은 활옷에 한삼으로 얼굴을 가린 신부가 수모의 부축을 받으며 초례청에 나와 신랑과 마주섰다. 신부는 다홍치마를 풍선처럼 부풀리며 재배하고 일어섰다. 신부의 허리를 곧추세우자 신부의 큰 키가 더욱 훤칠하였고, 곤지가 선명한 하얀 얼굴이 드러나자 입술이 파르라니 떨린다. 스물한 살 수줍은 신부는 속눈썹을 아래로 살포시 내렸다.

"부우재배婦又再拜."

신부가 다시 두 번 절하고 신랑이 답으로 일 배 하였다.

그날 밤, 화촉을 밝힌 신방新房에서 간단히 차려진 주안상 앞에 신랑과 신부는 처음으로 마주 앉았다. 신부는 현란한 각종 장식의 화관을 머리에 이고 큰 비녀와 비녀를 감아 내린 댕기, 그리고 부풀어 보이는 활옷이 무척이나 거북해 보였다.

"첫날밤에 신부의 화관을 벗기고 머리를 풀어주어야 한다."

어머니의 당부가 생각이 났다. 신랑은 신부의 머리에 얹힌 화관을 조심스럽게 벗기고 검자주색 머리댕기를 풀고, 거북해 보이는 활옷의 대대를 끌러주고 저고리 옷고름을 풀어주었다. 신랑의 손길이 닿을 때마다 신부는 움츠려지고 떨렸다.

부자연스런 차림이 한 겹 한 겹 벗겨지자, 신부는 조심스럽게 숨을 내쉬면서 점차 편안해지기 시작했다. 신랑은 마지막으로 신부의 버선발을 조금 잡아당겨 주었다. 새하얀 발이 촛불에 빛났다. 신부는 부끄러워 발을 치마 속으로 당겨 감추었다.

신부가 술잔을 신랑에게 조심스럽게 건넸다. 신랑이 술잔을 비우고 신부에게 권하자, 얼굴을 돌려서 술잔을 입술에 대었다 내려놓았다.

"촛불에 비친 신부 얼굴의 아취가 한 송이 향설香雪을 연상케 했다. 내 그대를 꽃으로 대하리라."

여름 어느 날, 젊은 부부는 용수사에 갔다. 운곡을 지나자, 인적은 사라지고 소나무 숲이 하늘을 가렸다. 새소리에 발을 옮기다가 눈이 마주치면 서로 미소지었다.

산문 안으로 들어서니, 지난날 형님들과 하과夏課 때 낯이 익은 중 서넛이 나와서 반갑게 맞아주었다. 빈 뜰에 선 늙은 탑은 낮고, 부처는 낡아 파리하였다.

허씨 부인의 치마는 동산같이 불러 있었다. 목탁 소리에 맞춰 조심스럽게 두 손 모아 부처님 앞에 엎드렸다. 출산을 기원하는 지장보살본원경이 목탁에 맞춰 흘러나왔다.

시염부제인 초생지시 불문남녀 장욕생시 단작선사 증익사택
是閻浮提人 初生之時 不問男女 將欲生時 但作善事 增益舍宅
(사람이 처음 태어나려 할 때 남녀를 가리지 않고 출산할 즈음에 착한 일만 하여 집안을 더욱 이롭게 하면, 애기와 어머니를 안락하게 하고 권속도 이롭게 하나이다.)

새 생명이 아름답고 향기롭게 피어나기 위해서는, 예가 아니면 보지도, 듣지도, 말하지도 말고 선행을 베풀어야 한다.
非禮勿視 非禮勿聽 非禮勿言

첫 출산의 기대와 두려움을 불심으로 진정시켰다. 이리하여, 맏아들 준寯이 출생하였다.

아들을 얻은 젊은 내외는 더없이 행복한 나날을 보냈다. 현숙한 아내와 귀여운 아들, 부족함이 없는 전장田莊을 갖게 되자, 경서經書 공부보다는 《주역》과 《시경》에 심취해 있었다.

《시경詩經》은 고대 중국 주나라 시절의 시가집이자 유가儒家의 경전이다. 그 시대를 살았던 사람과 사회의 생각과 생활, 꿈을 노래한, 더할 나위 없이 귀중하고 빛나는 시가 작품이 실려 있다.

각 제후국에서 불리던 노래를 한데 모은 것이 《시경》인데, 젊은 李子가 즐겨 읊었던 《시경》은 소남召南의 〈까치집 鵲巢〉으로, 이는 혼인을 축하하는 시이다. 첫아들 준의 재롱이 즐겁고, 아내의 부덕이 미뻤다. 걱정 근심이 없으니, 경서經書보다 〈국풍〉이 절로 나왔다. 산을 오르내리면서 늘 〈국풍〉을 흥얼거렸다.

> 까치가 둥지 지었는데, 비둘기가 거기 사네.
> 이 처자 시집가니, 수레 백 량으로 맞이하네.
> 까치가 둥지 지었는데, 비둘기가 차지하네.
> 이 처자 시집가니, 수레 백 량으로 전송하네.
> 까치가 집을 지었는데, 비둘기가 가득 찼네.
> 이 처자 시집가니, 수레 백 량으로 성혼하네.

이자李子는 과거에 낙방하였다. 이번까지 과거에 세 번 낙방하기는 했으나 상심하지 않았는데, 서둘지 않아도 되는 젊은 날이 남아 있고, 성리性理의 오름길에 과거科擧는 오히려 걸림돌이었기 때문이었다. 선비로서 과거科擧의 얽매임에서 벗어나지 못하고 도를 강명하는 방법을 아직 깨닫지 못하였다 하더라도, 도의를 소중히 여기고 예의를 숭상할 줄은 알아서 학행을 겸비하여 사군자士君子의 풍도를 익히면 된다고 본 것이다.

그러나 이상과 현실의 괴리乖離 딜레마에서 고민하지 않을 수 없었다. 찌는 듯한 더위를 참고 앉아서 책장을 넘기니, 글자가 눈에 어른거리고 잡념이 그치지 않는다. 점차 자신이 왜소해지고 매미소리가 짜증나는 여름이었다. 마음이 혼란스러워 책을 덮으니, 장마가 걷힌 하늘가에 수수알이 영글어 고개를 숙인 수숫대가 바람에 일렁이었다. '넉넉한 가을을 넓은 가슴으로 받아들여야지…….'

그해 7월 보름날, 넷째 형 해瀣, 질서 민시원閔蓍元, 종제 수영, 맏형의 사위 민구서, 정효종, 손류, 김사문金士文, 경호景浩 등 여덟이 용수사에서 달구경을 갔다. 경호를 안동 사람들은 갱호, 계호로 불렀다.

저녁연기 피어오르는 매정마을을 지나 용수사 경내로 접어들자, 우묵한 숲속에 반딧불이 날고 풀벌레 소리에 어둠이 내려앉았다.

이윽고, 둥근 보름달이 두둥실 떠올라 어둠살이 걷히자, 달빛에 탑이 솟아오르고 대웅전 추녀 끝에 풍경 소리가 청량하였다.

고적한 용수사 가람이 현란한 빛으로 색즉시공色卽是空의 경지에 이르는 순간, 낭랑한 반야심경般若心經이 적요寂寥를 깨고 흘렀다.

아제아제 바라아제 바라승아제 보리 사바하
揭諦揭諦 波羅揭諦 波羅僧揭諦 菩提 娑婆訶

달빛 속에 염불 흐르니 목탁소리 더욱 신령스러워, 목마른 젊은 이들 저절로 두 손 모아 깨우침을 구하였다. 눈을 감았다. 달빛보다 마음이 밝아온다.

'빌어 구하지 않고, 마음의 눈으로 길을 찾아 나서리라.'

마침 둥근 보름달이 동쪽 산 위로 떠오르자, 가장 시를 잘 짓는 이 자李子 곧 경호가 첫 운을 뗐다.

용수산 속 절에 벗들이 부르고 맞이해 모였구나.
　　　　　龍壽山中寺　招邀集友生　　（경호）

첫 운자韻字로 태어날 生을 쓴 만큼, 다음 사람도 청이나 명 등 생, 성, 엉, 영, 청 등의 발음이 되는 글자를 찾아야 한다. 다음을 형 온계가 받았다.

벌써 날씨가 서늘해지고, 장맛비도 드디어 개었네.
　　　　　初涼時已至。積雨更新晴　　（온계）

골짜기 안은 아직 어둡지만, 솔뫼엔 달 밝으려 하네.
　　　　　洞府昏將入。松巒月欲明　　（민구서）

옥 같은 하늘엔 서광이, 아로새긴 창살에는 맑은 빛이.
　　　　　瑞光流玉宇　素彩散雕櫺(령)　（온계）

이 구절에는 다시 장경 민구서와 질부質夫 김사문이 받았다.

　　푸른 나무 그림자 섬돌에 걸리고, 먼 산 그림자 뜰에 거꾸러졌네.
　　　　　碧樹陰斜砌　遙岺影落庭　　　(민구서)
　　용 구슬이 물나라에 떴고, 신선의 거울이 구름창 열고 나온다.
　　　　　龍珠浮水國　仙鏡出雲扃(경)　(김사문)

김사문은 허찬의 둘째 동서同壻인 장응신의 사위이니 이자의 이종姨從 동서이며, 김륵金玏의 父인데, 달을 신선의 거울이라고 표현하였다. 신선의 거울이 운경, 곧 구름창을 열고 나온다는 것이니, 이때 밝은 달이 구름 속에서 나와 웃고 있다는 것이다. 자리에 함께한 자제들이 돌아가면서 운자를 받아 시구를 지으니,

　　하얀 자태 티 없이 깨끗하고, 얼음 같은 얼굴 정기가 맺혀있네.
　　　　　素態淸無滓　氷容瀉劇精　　　(정효종)
　　은하수들이 깜빡거리자 두꺼비와 계수나무가 달을 채운다.
　　　　　星河漸明滅　蟾桂正輕盈(영)　(경호)
　　옥토끼가 쪼그리고 앉아있는 듯, 항아가 몸을 돌려앉는 듯,
　　　　　玉兔跌居樣　姮娥宛轉形　　　(온계)
　　광한전에서 춥게 살면서 외롭게 약절구를 찧는다.
　　　　　廣寒棲冷落　藥臼擣伶俜　　　(경호)

달나라에 산다는 두꺼비와 계수나무, 옥토끼가 등장한다.

은하수와 무수한 별들이 반짝거리는 가운데 두꺼비와 계수나무가 막(正) 산뜻하게(輕) 모습을 드러낸다.(盈) 옥토끼는 가부좌를 한 듯, 항아라는 미인은 몸을 돌려 앉았다. 광한전은 춥고 썰렁해 보인다. 그래도 이들은 절구를 찧어 약을 만든다. 처음에는 한 줄씩 주고받다가, 시흥이 당기니 한 줄이 모자라 두 줄을 읊기도 하였다.

흰 비둘기 색이 바래고, 개똥벌레도 빛을 뺏기네.
　　　　白鷗難專色　寒螢乍奪熒(형) (김사문)
도끼로 표면을 갈았나? 누가 물에다 씻었단 말인가.
　　　　幾修煩斧利　誰洗費河淸　　(온계)
동그란 부채엔 천년의 그림자, 외로운 수레바퀴 만 리를 간다.
　　　　團扇千年影　孤輪萬里程　　(민구서)
차면 그믐, 비면 초하루. 천도의 운행이 그대로 맞아 가누나.
　　　　盈虛分晦朔。躔度粲璣衡　　(경호)

둥근 달을 묘사하는 방법도 여러 가지이다. 달 색깔이 비둘기보다도 희고 개똥벌레보다도 그 빛이 밝다는 것이고, 마치 도끼로 표면을 갈아낸 듯, 누가 물에 얼굴을 씻어준 듯 달이 깨끗하고 말끔하다는 것이다. 단선團扇이라고 하면 동그란 부채이고 고륜이란 말도 외로운 바퀴이니, 둥근 달을 뜻한다.

예부터 얼마나 비쳐왔는지 동서로 몇 번을 다녔는지
　　　　　今古許多照　東西知幾行　　（김사문）
본래는 해의 짝이었지만, 앞으론 옥황상제의 눈동자이리라.
　　　　　本爲羲氏配　長作玉皇睛　　（민구서）
가다가 약목에서 쉬었다가 동쪽 부상나무에서 다시 떠난다.
　　　　　若木行休次　扶桑卽啓征　　（온계）
감괘 리괘는 나고 들며 오지만, 낮과 밤은 누가 재촉하는고.
　　　　　坎離從出入　晝夜孰催令　　（경호）
월식은 재난을 알리고, 둥근 달은 복을 알리네.
　　　　　薄蝕知爲沴(려)　揚明自應禎　（온계）
높은 하늘엔 싸늘한 분위기, 사방 주위는 노련한 빛이네.
　　　　　九霄寒色逈(형)　四海練光橫　（정효종）

※ 희씨羲氏는 해를 부리는 마부이니, 곧 해를 뜻한다.

약목若木은 해가 지는 곳에 서있다는 나무이고, 부상扶桑은 해가 떠오르는 곳에 있다는 상상의 나무이다.

감괘는 해를 뜻하고, 리괘는 달을 뜻하는데, 해와 달을 상징하는 감과 리는 팔괘의 변화 속에 저절로 돈다고 하지만, 해와 달은 누가 운행하도록 하느냐라고 표현한 것은 서쪽에서 져서 한참 있다가 다시 동쪽으로 달이 뜨는 것이 신기하다는 뜻이다.

앞사람이 말한 내용을 이어받으면서도 운자韻字를 맞추려고 머리를 짜내는 모습들이 눈에 선하다. 그 순서가 일정하지 않은 것을 보면, 그때그때 먼저 생각나는 사람이 운을 이어갔을 것이다.

그렇지만, 매번 다른 글자로 해와 달, 천체의 운행, 달의 역사와 인상, 인간사의 이치 등을 담아내었다. 그것은 그만큼 공부를 많이 했기에 가능한 것이리라. 시 짓기는 여전히 계속된다.

형체 없는 창공은 아득하고, 달의 정이 날아다니는 대지는 넓다.
　　　　托質遙空遠　飛精大地宏　　　(김사문)
둘레를 정해서 때맞춰 돌고, 윤달 이루어 해(歲)가 이루어지네.
　　　　定周時序定　成閏歲功成　　　(민구서)

형님들의 글솜씨를 구경만 하던 사촌동생 수령(송재의 아들)이 드디어 끼어들었다. 조카 이인, 조카사위 민시원도 끼어든다.

우주는 희고 흰 텅 빈 공간, 산천은 맑은 빛이 충만하다.
　　　　宇宙通虛白　山川徹淑晶　　　(이수령)
그림자는 운몽雲夢 못에 잠기고, 빛은 악양성을 비춘다.
　　　　影沈雲夢澤　光照岳陽城　　　(민시원)
산속의 방은 더 맑고 찬데 화려한 집은 더욱 화려해져,
　　　　山室愈淸冷　華堂亦麗英　　　(민구서)
수풀을 모두 밝게 비추니 까마귀 까치가 저절로 놀라 버린다.
　　　　樹林同一照　烏鵲自多驚　　　(정효종)

섬돌 밑엔 쓰르라미가, 소나무 가지 위에선 학이 외롭게 운다.
    砌下寒螿咽　松梢別鶴鳴　　　(이수령)
숲 밖에선 두견새 우는 소리, 골 안에는 원숭이 울음소리.
    鵑聲林外送　猿叫壑中聆　　　(이인)

드디어 밤이 절반이 지나갔다. 이번에 다시 경호가 분위기 반전을 시도하여, 그동안 달을 둘러싼 움직임을 묘사하던 시심詩心이 이제는 밤과 우주로 넘어갔다.

고요한 이 밤도 반이 지나가고, 맑은 이슬이 방울방울 맺히네.
    寂寂良宵半　湛湛白露零　　　(경호)
산이 비니 메아리도 시원하고, 풍경 소리는 공중의 거문고 같네.
    山空靈籟爽(뢰상)　風警挂琴鏗(갱)　(김사문)
깊은 건물 속으로 달빛 들어오고, 창문으로는 맑은 기운이 오네.
    堂迥淸光透　囱虛灝氣迎　　　(이인)
글을 읽을 정도가 되었지만, 기왓장 줄은 헷갈리네.
    分明尋蠹簡　暗淡錯連甍(맹)　　(온계)

네 사람이 돌아가자 경호가 다시 받아 말문을 여는데, 이 구절을 받는 형 온계가 익살을 부린다. 바로 자신의 이름자를 운으로 맞춘 것이다.

이것이 세상의 절경이요, 꿈에 보는 신선의 경지인 것을!
   絶境寰中得　瑤臺夢裏經　　　(경호)
가슴에는 북방의 찬 기운이, 옷소매에는 시원함이 스미네.
   胸懷傾沆瀣　襟抱襲淸泠　　　(온계)

 온계 자신의 이름인 해瀣 자가 등장한다. 원래 해瀣는 바다의 기운, 또는 이슬의 기운을 뜻하는 글자이다. 해瀣 자가 들어간 단어 중에 위에서 나온 '항해沆瀣'는 한밤중의 이슬 기운氣運, 북쪽의 야반夜半의 기운氣運을 뜻한다.

황홀한 것이 청허부 같고, 환하기는 옥황상제의 궁전일세.
   怳惚淸虛府　依俙白玉京　　　(이인)
풍경 속에 아득한 생각들, 뻗치는 기운은 검푸른 바다를 감는다.
   遙思飄碧落　逸氣遶滄溟　　　(김사문)
완적이 소문산에서 불던 휘파람 소리요, 자진의 생황 소리 같네.
   似有蘇門嘯　如聆子晉笙　　　(경호)
청학의 잔등에 오르려는 듯, 자색의 구름 수레를 부릴 만하네.
   將騎靑鶴背　可馭(어)紫雲軿(병)　(온계)

※ 완적: 소문산에서 휘파람을 불던 완적은 죽림칠현의 한 명이다. 《삼국지》〈완적전〉에, 완적이 어렸을 때 소문산에 노닐었는데 은자가 한 명 있어 완적이 그를 쫓으면서 더불어 태고의 무위지도

를 논했는데, 오제삼왕의 도의를 논함에 이르러 소문생은 소연히 주의 깊게 듣지 않았다. 완적은 마침내 그를 대해 길게 휘파람 불었는데, 소리가 청량했고 소문생은 편안하게 웃었다. 소문생도 휘파람을 불었는데, 마치 난새나 봉황의 울음소리 같았다.

곤륜산 꼭대기에 올랐나? 서왕모의 병풍 속에서 노는 듯,
   訝陟崑崙頂　疑遊王母屛　　　　　(민구서)
항아를 궁전으로 불러서 우객이 봉래와 영주산에서 맞아들이네.
   仙娥邀玉府　羽客揖(읍)蓬瀛(영)　　(온계)
허물을 벗는 것은 어렵지 않으나 황당함은 어이 극복하겠나?
   脫蛻(태)非難遂　荒唐奈(내)爾(이)縈　(김사문)
모름지기 뜻한 바를 닦을 뿐, 신선들을 뭐 하러 부러워하겠나!
   要須修志業　何必羨喬彭　　　　　(민구서)

 네 구절은 도교에서 나오는 신선과 달의 전설을 인용해서 달 속의 궁전으로 절세의 미녀 항아를 모시는 것을 비유해서 묘사한다.
 이제 시심은 달밤의 정경을 묘사한 소동파蘇東坡의 적벽부赤壁賦로 흘러간다. 동파東坡 소식蘇軾이 적벽에서 배를 띄우고 달을 향해 술잔을 기울일 때에 세월의 무상함을 슬퍼한 고사를 인용하고, 주선酒仙이라고 일컫는 석경石卿, 곧 송나라 사람 만경曼卿 석연년石延年이 죽어서 신선이 되어 부용성芙蓉城의 주인으로 행세하며 유쾌해하더라는 전설을 집어넣는다.

적벽에서는 소동파가 울었지만, 석경은 부용성에서 웃었네.
　　　　　赤壁悲蘇子　芙蓉笑石卿　　　　(경호)
어떤가, 달을 마주하고 함께 기둥에 기대에 보는 것이.
　　　　　何如對明月　共自倚風楹(영)　(온계)
지극한 즐거움 어디서 얻으랴, 고상한 심회가 스스로 생겨나네.
　　　　　至樂何求得　高懷自在贏(영)　(김사문)
고요한 기운을 진실로 안다면, 이익만을 쫓는 마음 생겨날 텐가?
　　　　　固知夜氣靜　無復利根萌(맹)　(민구서)

여럿이 모여서 연구시를 지으니, 소동파蘇東坡나 석연년石延年이 부럽지 않다는 뜻일 것이다.

모인 친구들이 서로 도움이 되는 친구들이란 사실을 깨닫게 된다. 《논어》〈계씨〉 제4장에,

"孔子 曰 益者三友 損者三友 友直 友諒 友多聞 益矣, 友便辟 友善柔 友便佞 損矣."

공자 말씀하시되, "유익한 자 세 벗이고, 손해되는 자 세 벗이니, 벗이 정직하며 벗이 믿음직하며 벗이 들음이 많으면 유익함이오, 벗이 편벽하며 벗이 매우 부드러우며 벗이 말을 잘하면 손해이니라." 라고 했는데, 정직하고 믿음직하고 학식이 많은 친구들이 서로 앞으로도 도움이 될 터이니, 이런 곳은 마음을 잘 지키라는 뜻을 담고 있다. 공자가 말한 세 가지 이익을 다시 부연 설명하면,

호연함에 이르는 높은 경계여, 맑은 대화가 옥구슬처럼 굴러가네.
   浩致生風標　淸談碎屑(설)瓊(경)　(온계)
하늘이 오늘 모임을 만들어주어, 우리의 마음이 깊고 꼿꼿하네.
   天敎成會合　心許必幽貞　　　(경호)
세 가지 이익이 있어 서로 도우니, 오로지 한마음을 지켜나가자.
   輔善存三益　堅心守一誠　　　(김사문)
돈독한 노력 부단히 하고 간절하게 서로 권고하자는 뜻이 아닌가.
   偲偲敦勉意　切切眷懃情　　　(온계)

※ '돈독敦篤한'이란 말의 뜻은 다음의 두 줄에서 더욱 확실히 드러난다. 어려울 때 서로 돕는 절의를 상징하는 소나무와 잣나무처럼, 서로 아끼고 사랑하며 지극히 수준 높은 사귐을 뜻하는 지초와 난초의 사이를 앞으로 서로 약속하는 것이다. 자신들이 공부해서 이룬 학문의 수준에 대한 자부심을 갖고 선비의 마음을 잃지 말자는 다짐이다.

소나무와 잣나무는 절개를 약속하고, 지초 난초도 향기를 나눈다.
   松柏相期節　芝蘭共託馨(형)　　(민구서)
때때로 소동파의 흥을 펼치고, 이태백의 술잔을 여러 번 드네.
   時乘坡老興　屢擧謫仙觥(굉)　　(다 함께)

스스로 공부한 데 대한 자부심도 높았던 것 같다. 노자 장자와 같이 세상을 등지는 도교를 따르지 않고 오로지 공자와 맹자의 바른 가르침을 따르되, 부귀와 공명만을 탐하지는 않겠다는 것이다.

필진은 귀신을 놀래고, 시 쓰는 붓끝의 힘은 군대를 깨트린다.
　　　　筆陣驚千鬼　詩鋒破萬兵　　　　　(이인)
백 년을 책과 살면서 백구처럼 세상을 살겠다는 맹서를 하노라.
　　　　百年靑簡業　萬事白鷗盟　　　　　(경호)
속세 밖에 흥취가 많은데, 먼지 속에서 이름을 구할 것인가.
　　　　物外多成趣　塵間肯聘名　　　　　(김사문)
부귀는 뜬구름 같은 것, 고관대작도 초개와 같다.
　　　　浮雲同富貴　草芥等簪纓(잠영)　　(민시원)
높은 베개 베고 임금 은혜 생각하고, 빈 마음으로 도를 즐긴다.
　　　　高枕懷堯澤虛心樂道亨　叔蕃○孫公藟字 (손류)
정이천과 주자의 가르침을 좇을 뿐, 노자 장자는 따질 것 없다.
　　　　只希伊洛旨　何論老莊評　　　　　(민구서)

※ 갱賡이란 글자는 운을 맞춰 계속 시를 지어가는 일을 뜻하는 듯하다. 갱가賡歌, 곧 남의 노래에 화답하여 부르는 노래란 말이 나왔고, 임금이 짓는 시에 신하가 운을 맞춰 시를 지어 올리는 것을 갱진賡進이라고 하며, 남이 지은 한시漢詩의 운에 맞춰 화답하는 것을 갱운賡韻이라고 한다.

아호鵝湖는 중국 강서성에 있는 옛 절로서, 주자가 육구연 형제와 학문을 논하던 곳인데, 최근에 복원되었다. 연악蓮岳은 아호와 관련된 산 이름으로 보이는데, 성리학을 공부하던 선비들은 이 아호가 학문 토론의 대표적인 장이었기에 이를 부러워한 것으로 보인다.

달의 골짜기에 누가 지나갔나, 하늘 나루에 시구가 이어지지 않네.
　　　　玉磵(간)人誰過　天津詠未賡(갱)　　　(경호)
사람 생각하니 한숨이 나고, 옛일 생각하니 마음이 편치 않네.
　　　　懷人增慨歎　憶古每怔怦　　　(온계)
어찌 부러워만 할 것인가, 나를 바로 닦을 뿐.
　　　　豈但徒欽羨　要當會我靈　　　(이인)
아호에서 학문 토론 배우고, 연악의 좋은 명성을 사모할 것이네.
　　　　鵝湖師格論　蓮岳慕嘉聲　　　(김사문)
백록동에서 주자의 뜻을, 용문에서 사마천의 역사를 배우고 싶다.
　　　　鹿洞思深省　龍門味大羹(갱)　　(민구서)

※ 녹동鹿洞은 주자朱子가 학생들을 가르치던 백록동서원白鹿洞書院을 말하는 것이다. 대갱大羹이란 말도 제사를 지낼 때에 제사상에 올리는 고깃국을 말한다. 쇠고기나 돼지고기 등의 육류와 무를 반듯하게 썰어 함께 끓인 국으로, 양념을 하지 않는 것이 특징이다.
　용문龍門은 낙양洛陽 근처에 있는 석굴 이름인데, 잉어가 구름과 비를 따라 거꾸로 거슬러 올라 이곳을 뛰어넘으면 번갯불에 꼬리

가 타 버리고 용이 된다고 한다. 사마천司馬遷이 이곳에서 태어났으므로, 용문은 곧 사마천을 의미한다고 볼 수 있다.

어느덧 달이 서쪽 하늘로 넘어갔다. 곧 밤이 지나고 새벽이 올 것이다. 밤을 새며 시구를 다듬고 운을 맞추던 청년들도 이제 졸음이 오지만, 그들의 생각을 대강 정리해야 한다.

아득아득하지만 다시 그립고, 깜빡깜빡하지만 다시 생생해지네.
   悠悠更戀戀 耿耿復惺惺   (온계)
아니 벌써 형창이 밝았나? 머뭇거리던 세월도 기울었네.
   感激螢囱晩 徘徊歲月傾   (경호)

젊을 때에 열심히 하자, 나이 들면 후회하느니.
   勞勤須壯日 悔恨奈衰齡   (김사문)
옛 학문은 서로 익히고, 새 지식은 서로 깨우쳐 준다.
   舊學相溫理 新知互發硎(형)   (온계)
성인의 말씀 간절하고, 현인의 가르침 역시 공손하고나.
   聖言多懇至 賢教亦丁寧   (이인)
하늘과 사람 사이 알 듯하네, 의리가 공평함을 추구하리라.
   庶辨天人際 將窮義理平   (정효종)

마지막엔 온계가 매듭을 짓는데, 이날 보름날 모임은 온계가 주도한 것으로 보인다. 이 연구시도 온계의 집에만 남아있는 것을 보면, 더욱 그런 생각이 든다.

> 남긴 글을 이어가는데, 오묘한 소리 들리는 듯하네.
> 　　　　遺編如可續　妙響若爲聽　　　(온계)
> 서로 아끼고 격려하면서 행동도 신중하게 오래오래 닦아나가세.
> 　　　　珍重交須勉　藏修愼勿輕　　　(경호)
> 깨우치는 운율을 나란히 하니, 옛 반명이 나온 듯하네.
> 　　　　共聯玆警律　聊擬古盤銘　　　(김사문)
> 달이 지자 손잡고 모임 파하니, 벌써 오경이 되어 썰렁하구나.
> 　　　　月落相携罷　凄涼到五更　　　(다 함께)

※ 고반명古盤銘(옛 반명)이란 단어도 무척 함축적인 말이다. 반盤은 은殷나라 탕왕湯王이 쓰던 세숫대야를 말하고, 거기에 쓰인 글(銘)을 반명이라고 한다. 탕왕은 매일 세수를 하면서 거기에 새긴 글(銘)을 읽고 스스로 노력했다고 한다.

"苟日新　日日新　又日新"
진실로 날로 새로워지고 날마다 새로워지며 또 날로 새로워진다.

용수사 완월에서 읊은 운韻이 무려 73줄에 이르는 긴 연구시聯句詩는 결국 마지막에 나오는 구절로 그 의미가 분명해진다.

그날 밤 젊은 서생들이 함께 모여서 달을 보며 그동안 배운 학문과 지식을 동원해서 시를 겨루었는데, 그 뜻은 자연과 인생의 참 도리를 잘 새기고 서로 격려해서 처음 마음을 끝까지 가져가서, 꼭 벼슬에 올라 출세하려 한다기보다는 서로의 학문을 통해 세상에 밝은 모범이 되자는 것이다.

조선의 선비들은 경서經書 공부의 긴수작緊酬酌뿐 아니라, 시문과 예술, 취미와 여행 등 한수작閒酬酌도 향유하였다. 선비들의 한수작閒酬酌 중에 시회가 있었으며, 시회詩會에서 시흥詩興을 나누는 연구시聯句詩를 빼놓을 수 없다.

정조 임금은 따스한 봄날의 경치에 감발되어 각신閣臣 및 그들의 가인家人을 초청하여 연구聯句를 짓는가 하면, 광릉光陵을 참배하고 돌아오는 길에 각신들에게 연구聯句를 명하였고, 초계문신抄啓文臣의 친시親試와 무신武臣의 시사試射 과정에서 그들과 연구를 지었다.

전국의 장수하는 백관과 사서인士庶人들에게 벼슬을 내리면서 그 명단을 기록한 《인서록人瑞錄》 간행을 기념하여 규장각의 신하들과 승지와 사관, 시위하는 신하들은 율시律詩를 지었으며, 기신의 아들과 손자들 가운데서 6, 7세 이상 되는 자에게도 시를 지어 바치게 하였다.

율시의 운율은 압운押韻(rhyme)과 율격律格(meter)을 포괄하는 시 언어의 음악적 효과를 나타내는 구조이다. 압운押韻(rhyme)은 운의 소리가 반복되는 현상으로 두운頭韻, 요운腰韻, 각운脚韻으로 구분되며 한시漢詩나 영시英詩에서 나타낸다. 율격律格(meter)은 시적 리듬이 규칙적으로 나타나는 것으로 음절 수가 규칙적인 음수율, 강약이 규칙적인 강약율, 소리의 길고 짧음이 기준이 되는 장단율 등으로 구분한다. 이처럼 시의 언어는 규칙성과 반복성이라는 소리의 구조에 의하여 형성되며, 운율은 소리 패턴의 규칙적인 순환이다.

연구시聯句詩는 혼자 읊음(獨吟)과는 달리 상대방의 시에 화답하는 상대 읊음(相代吟)으로 작가(我)와 상대방(彼)이 서로의 생각과 감정을 형상화 하되 운율에 맞춰 화답하는 가운데 저절로 흥이 상승하는 효과가 나타나게 된다.

용수사 시회詩會를 주선한 것으로 보이는 온계는 당시 29살이었고, 경호는 24살이었다. 이때 경호는 허씨 부인과 첫아들을 데리고 청춘기를 보내는 중이었는데, 청춘기는 누구나 말이 詩가 되고 노래가 될 수 있다.

이자李子는 청량산 자하문 아래 보문암에 있었는데, 경서經書 공부보다는 《주역》과 《시경》에 심취해 있었다. 《시경》에는 그 시대를 살았던 사람과 사회의 생각과 생활, 꿈을 노래한, 더할 나위 없이 귀중하고 빛나는 시가 작품이 실려 있다.

〈주남周南 관저關雎〉편에는 임을 그려 잠도 자지 못하다가 마침내 연인과 만나서 음악을 들으며 즐겁게 지낸다는 연가, 축혼가가 있다. 마름을 따려고 물가에 온 젊은이가 새들이 노니는 광경을 보고 그리운 임을 떠올렸는데, 이런 연상의 수법을 '흥興'이라 한다.

저구雎鳩(물오리 또는 물수리)의 암수가 화목하고 행실이 단정하여, 바람직한 부부상으로 보고 즐겨 읊었다.

> 꽥꽥 물수리, 물가 섬에 있구나.
> 아리따운 숙녀는 군자의 좋은 짝.
> 삐죽빼쭉 마름풀을 이리저리 찾노라,
> 아리따운 숙녀를 자나 깨나 찾노라,
> 찾아도 얻지 못해 자나 깨나 그립네.
> 그리워라 그리워, 이리 뒹굴 저리 뒤척.
> 삐죽빼쭉 마름풀을 이리저리 뜯노라.
> 아리따운 숙녀를 금과 슬로 짝하노라.
> 삐죽빼쭉 마름풀을 이리저리 고르노라.
> 아리따운 숙녀를 종과 북으로 즐기노라.

李子는 청량산을 드나들면서 늘 〈국풍〉을 흥얼거렸다. 첫아들 준의 재롱이 즐겁고, 아내의 부덕이 미뻤다. 걱정 근심이 없으니, 경서經書보다 〈국풍〉이 절로 나왔다.

그해 겨울, 청량산의 암자에 눈바람이 열흘간 계속 몰아쳤다. 북풍이 노도처럼 휘몰아치니, 만 가지 나무가 울부짖었다. 건너편 마주 보는 축융봉 산성山城에서 용이 내닫고, 만리산 호장골에서 백호가 포효하였다.

축융봉 오마대도五馬大道를 구름처럼 달리던 군마들이 밀성대 산성 아래로 우르르 무너져 내리듯 떨어지며 울부짖었다.

산 아래 골짜기 천길만길 지옥에서 흉년과 수탈, 전쟁과 전염병에 백성들이 울부짖으며 손을 뻗쳐 시인을 끌어내리려 아우성쳤다. 산사에서 게으름만 피우는 그에게 하늘이 노한 것이다.

세찬 바람은 문풍지를 울리고 뇌성벽력은 창문에 번쩍였지만, 면벽하고 무념무상의 경지에 들어갔다. 새벽이 되자 용호상박의 기세가 꺾이더니, 바람이 잦아들고 등륙騰六(눈을 내리게 하는 신)의 조화인지 싸락눈이 소금을 뿌리는 듯, 거위털이 날리듯이 함박눈이 날렸다. 굳게 닫혔던 방문을 조심스럽게 열자, 축륭봉 위로 눈부신 햇살이 화살처럼 비치면서 나뭇가지에 솜처럼 쌓인 눈으로 온 세상이 눈부시게 빛났다.

청량산 축융봉에 석축을 쌓은 산성을 오마대도五馬大道라고 한다. 삼국시대에 처음 쌓은 후 고려 공민왕이 안동으로 몽진해 왔을 때 개축되었다가, 선조 때 체찰사 이원익李元翼의 지시로 다시 보수하였다고 하는데, 당시에는 말 5필이 나란히 다닐 수 있는 넓은 도로가 성을 따라 나 있어서, 이를 오마대도五馬大道라 불렀다고 한다.

깎아지른 절벽 위에 쌓은 오마대도에 올라서면, 유다 벤허의 전차를 끌던 안타레스, 리겔, 알타이르, 알데브란 등 별처럼 빛나는 네 마리 말들이 우레같이 지축을 울리며 구름처럼 달려올 것만 같고, 그리고 오마대도 아래 천길 절벽으로 굴러떨어지는 메살라의 전차를 상상하게 된다.

청량산에도 봄이 왔다. 겨울잠에서 깨어난 곰처럼 이자李子는 봄길을 걸어 청량산에서 하산했다.

그해 봄, 아들 준을 안고 허씨 부인과 의령 가례의 처가에 갔다. 마침 삼짇날이라, 처가 권속들과 자굴산으로 답청踏靑을 나갔다.

> 산중의 곳곳에는 도화 살구꽃이 어지러이 피었으니,
> 바로 푸른 봄의 삼월 삼짇날.
> 가다가 오솔길 찾아 꽃향기 풀 밟고,
> 한 병의 좋은 술을 사람 시켜 메게 했네.
> 집집마다 많은 대나무는 대문 삼아 정성스레 키웠고,
> 뒤따른 풍광도 당해낼 곳 없이 멋있네.
> 꽃 꺾어 모자에 꽂으니 나비가 따라오고,
> 가슴엔 캔 고사리 가득하고 광주리엔 봄이 가득하네.

정해년(1527) 10월, 許씨 부인은 둘째 아들 채를 출산하였다. 허씨 부인은 출산을 위해 초곡 친정에 있었는데, 둘째 아들 출산 후 산후병에 시달렸다. 그때 경상도 향시가 있었지만, 이자李子는 향시에 나갈 수 없었다. 아내는 병통에 시달리면서도 남편에게 향시에 나갈 것을 권했다. 아내의 권유를 뿌리치지 못하고 나섰지만 불안했다.

안동부安東府에는 학처럼 하얗게 차려입은 선비들로 붐볐다. 이윽고 시관이 시제試題를 내걸었다. 진사시는 부賦와 시詩를 과목으로 하여 문장에 밝아야 하고, 생원시는 사서의四書疑와 오경의五經義의 경

전에 밝아야 한다. 문장의 형식과 내용이 시폐時弊의 대안 제술에 적합해야 하고, 경전에 능하면 목민관으로서 덕성과 통찰력이 넓고 깊어진다. 과거科擧의 목적은 앎에 그치지 않고 통찰력과 실천력을 검증하는 데 있는데, 대개 과유科儒들은 시부詩賦의 대우對偶와 압운押韻의 요령만 익히고, 경전의 뜻보다는 장님이 경 읽듯 외워서 합격하고자 하였다.

향시는 진사시와 생원시 중 1개 과를 선택해서 응시하지만, 이자李子는 진사시와 생원시 양 과에 응시했다.

과장에는 기침 소리 하나 없이 침묵이 흘렀다. 이자李子는 집을 떠나올 때 꼭 입방入榜하라고 당부하던 아내의 퀭한 눈과 메마른 입술이 눈앞에 어른거렸다. 향시 결과, 진사시에 1등, 생원시에 2등을 하였다. 아들 출생, 향시 합격이 호사다마好事多魔인가?

그는 양손에 행운을 거머쥔 것이 도리어 불안했다. 해가 소백산 너머로 자취를 감추고 심술부리듯 먹구름 잔뜩 낀 밤하늘은 별 하나 없었다. 어둠 속에서 하얀 길을 더듬어 불안한 생각으로 초곡 입구에 들어섰을 때, 서천강 건너 처가 대문에 사람들이 우왕좌왕하며 들락거렸다. '아, 이럴 수가…….'

희미한 조등弔燈이 바람에 흔들리고 있었다. 악령이 조등 위에서 저주詛呪의 굿판을 벌이고 있었다. 그 자리에 쓰러져 땅에 눈물을 뿌렸다. 태어나 일곱 달 만에 아버지를 여의고, 학문의 길을 몰라 헤맬 때 길을 터주시던 숙부님도 떠나고, 겨우 칠 년을 함께한 아내마저 떠났으니……. 오호통재嗚呼痛哉! 일곱 해 답청놀이 호접몽이었구나.

삼우제를 지낸 후 도산으로 돌아왔으나, 며칠 후 굴건제복屈巾祭服에 대지팡이를 짚고 다시 아내의 묘소를 찾아 나섰다. 주자가례에 철저한데다가 침식을 겨우 연명하는 자학적自虐的 복상으로 초췌한 얼굴에 충혈된 눈은 쓰러질 듯 지쳐있었다.

아내의 묘소는 고향 도산에서 영주로 통하는 도중途中에 있다. 상주의 애곡哀哭도 걸쭉한 상엿소리까지도 죄다 묻어버린 듯, 서늘한 솔바람 소리만 이따금 몰려왔다 회오리쳐 흩어질 뿐, 산꿩도 알을 품은 채 새내기 무덤을 조심스럽게 지켰다. 스물일곱 해를 살다간 여인이 흙내가 알싸한 진붉은 황토 이불을 덮어쓴 채 깊은 잠에 빠져들어 있었다.

아내의 머릿결같이 피어오르는 향연香煙을 망연히 바라보다가, 가슴속에 가뒀던 울음이 저절로 터져 나왔다. 만남이 있어 이별이 있고 산다는 것은 떠난다는 것이라지만, 너무 짧은 만남, 너무 빠른 이별이었다.

'하필, 왜? 우리가…….'

슬픔을 애곡으로 토해내며 무덤을 빙빙 돌았다.

'다만, 외롭지는 않을까?'

부질없는 생각에 주위를 둘러보니, 아내의 무덤 바로 아래쪽에 처외조부 창계의 묘소가 보였고, 묘소 초입에 오래된 마애삼존불상이 모여 불경을 합창하며, 좌청룡 우백호 형상의 산울타리 낮게 둘러쳐진 그 가운데 오도마니 솟은 동산에 자리한 망자의 음택陰宅이 산 자의 재사齋舍같이 아늑하였다.

묘소 주위의 분위기가 마치 '하늘에 소리개 날고 강에 물고기 뛰는 형상'으로, 온갖 생명체가 활기에 넘치는 느낌이었다.

'땅의 영기靈氣가 살아있는 생물을 진화·쇠퇴·소멸시킬 수 있듯이, 생명이 다한 것에도 땅과 화합하게 하는 환경을 길지라 한다?'

〈설심부雪心賦〉에서 산천의 형세로 길흉화복을 설명하는 것은 "평탄한 것은 기울게 되고, 가는 것은 돌아오지 않는 것이 없다."라는 물극필반物極必返의 자연 현상을 인간 사회 현상으로 유추·해석한 것일 뿐, 유족들이 속사俗祀하기 편하도록 한 창계 문경동의 묘소야말로 명당이라는 생각이 들었다.

시선視線을 더 먼 곳으로 돌리니, 황금빛 들녘이 펼쳐지고 들녘을 가로지르는 내성천이 햇빛에 눈부시게 반짝였다. 내성천 건너 동산골로 들어서면 봉화 황전마을로 통하고, 산을 오른쪽으로 돌아서 구천을 지나면 도산으로 가는 길……. 시선이 멈춘 곳은 강가 언덕의 버들과 모래톱이었다.

도산과 영주를 오가면서 강물에 발을 담그기도 하고, 아내를 업어서 강을 건너기도 하고, 어느 날 아이들처럼 송사리 떼를 쫓아다니다가 물속에 엎어지던 그를 보고 까르르 웃던 아내, '수물총새와 암물총새가 어울려서 시끄럽게 날갯짓하는 翠羽刺嘈感師雄' 장면을 연상하면서, 무심코 아내를 돌아보았다. 그러나 아내가 늘 앉았던 그의 옆자리는 허탕이었다. '아, 아내가…….'

삶과 죽음, 자신과 아내가 '이승과 저승'이란 서로 다른 공간에 존재한다는 현실을 처음으로 깨닫는 순간이었다.

許씨 부인은 남편을 사랑하고 사랑받는 것 외에 다른 생각이 없을 정도로 부부의 정은 깊었다. 아내가 죽은 것은 두 사람의 사랑을 시기한 악령이 그녀를 자신에게서 빼앗아 차갑고 어두운 무덤 속에 가두어버렸다는 생각에 이자李子는 절망했다.

어느 때부터인가 그의 노래는 흥興이 사라지고, 당唐나라 이태백의 〈장상사長相思〉를 흥얼거렸다.

한없이 그리운 임은 장안에 있어,	長相思 在長安
귀뚜라미 우물가에서 우는 가을	絡緯秋啼金井闌
엷은 서리 쌀쌀하여 대자리 빛이 차다.	微霜凄凄簟色寒
외로운 등불 희미하여 애간장 끊어지네.	孤燈不明思欲絶
휘장 걷고 달 보며 긴 한숨 나오고,	卷帷望月空長歎
꽃 같은 그대는 구름 끝 저 멀리 있네.	美人如花隔雲端
위로는 푸른 하늘이 아득히 뻗혀 있고	上有靑冥之高天
아래로는 파랗게 넘실거리는 물결 일어	下有淥水之波瀾
아스라한 하늘 저편에 넋이 날아 괴로운데,	天長路遠魂飛苦
꿈속에도 가지 못할 험난한 관산길이여,	夢魂不到關山難
한없는 그리움에 애간장 끊어지네.	長相思 摧心肝

※ 장상사長相思: 《雜曲歌辭》의 이름으로, 남녀나 친구 간의 이별가이다.

낙위絡緯: 귀뚜라미 날개 떠는 소리가 실 잣는 소리와 흡사하여 귀뚜라미를 낙사랑絡絲娘 또는 방직랑紡織娘이라고도 한다.

금정란金井欄: 장식이 화려한 우물의 난간을 말한다.

사욕절思欲絶: 그리움이 극에 다다르다.

미인美人: 그리운 사람을 지칭하는데, '임금'을 비유하기도 한다.

황혼이 스러질 때 꽃은 안개를 머금었고,	日色已盡花含煙
달빛은 명주같이 밝아 잠 못 이루네.	月明欲素愁不眠
조의 비파는 잠깐 봉황주에 멈춰두고,	趙瑟初停鳳凰柱
촉의 비파로 원앙현을 타려 하오.	蜀琴欲奏鴛鴦絃
이 노래 담은 뜻을 전할 사람 없소만,	此曲有意無人傳
바람에 실어서 연연 땅으로 보내고저.	願隨春風寄燕然
푸른 하늘 너머 아득한 임 생각하네.	憶君迢迢隔靑天
옛날의 곱게 흘기던 그 눈매가	昔日橫波目
지금은 눈물의 샘이 되었소.	今成流淚泉
저의 애끊는 마음을 못 믿으시면,	不信妾腸斷
돌아와 거울 앞 내 모습 보시옵소서.	歸來看取明鏡前

※ 소素: 깁(생명주), 달빛을 흰 깁에 비유한 표현임.

조슬趙瑟: 조나라의 현악기인 슬[瑟]. 촉금蜀琴: 촉나라 거문고.

봉황주鳳凰柱: 봉황을 조각한 악기인 금주瑟柱.

연연燕然: 몽고의 항애산杭愛山. 석일昔日: 옛날.

노벨문학상 수상자 중에는 쉴리 프뤼돔, 라빈드라나트 타고르, W. B. 예이츠, T. S. 엘리엇, 파블로 네루다, 옥타비오 파스, 셰이머스 히니, 비슬라바 심보르스카, 밥 딜런, 루이즈 글릭 등 시인들도 있는데, 그중에 밥 딜런Bob Dylan은 노래하는 음유시인이다.

1964년 8월에 발생한 조작된 통킹만 사건을 계기로 미국이 베트남전쟁을 벌이자, 미국 내에서는 베트남전 반전운동이 일어났다.

밥 딜런은 통키타를 메고 베트남전을 반대하는 노래를 부르며 전국을 돌았다.

"얼마나 많이 하늘 위로 쏘아 올려야, 포탄은 영영 살라질 수 있을까? 얼마나 많은 사람들이 죽어야 깨닫게 될까? ……

친구여, 그 대답은 바람 속에 있다네."

미국 내 반전운동이 거세지자, 여론에 밀려 결국 미군은 베트남에서 철수하게 되었다.

〈불어오는 바람 속에 Blowin' in the Wind〉

> 얼마나 많은 길을 걸어야, 한 인간은 비로소 사람이 될 수 있을까?
> 그래, 그리고 얼마나 많은 바다 위를 날아야,
> 흰 비둘기는 모래 속에서 잠이 들까?
> 그리고 얼마나 많이 하늘 위로 쏘아 올려야,
> 포탄은 영영 살라질 수 있을까?
> 그 대답은 나의 친구여, 바람 속에 불어오고 있지.
> 대답은 불어오는 바람 속에 있네. …

〈길 위의 남자〉, 〈걷다 죽게 해주오〉, 〈먼 옛날 어느 먼 곳에서〉, 〈오랫동안 떠나 돌아가지 않으리〉, 〈고개 숙이는 일은 그만두세요〉 등 밥 딜런은 "위대한 미국의 전통 노래에서 새로운 시적 표현을 창조한" 공로로 2016년 노벨문학상을 받았다.

스웨덴 학술원 사무총장은 "2천5백 년 전에 써진 호메로스와 사포의 시를 지금까지 읽고 우리가 그것을 즐긴다면, 밥 딜런 또한 읽을 수 있고 읽지 않으면 안 된다."라고 수상 배경을 밝혔다.

밥 딜런의 노래(시)가 노벨평화상이 아닌 문학상을 받았으니, 노래와 시는 다르지 않다. 시는 노래에 음악성과 표현의 기반을 제공하며, 노래는 시에 선율과 리듬을 더하여 감동을 극대화하는 관계를 맺게 된다.

밥 딜런 이후 미국의 보이밴드·걸 그룹 문화가 영국으로 건너가 스파이스 걸스Spice Girls의 세계적 열풍을 불러일으켰으며, 다시 한국으로 전해져 K-Pop의 모델이 되었다.

K-Pop은 댄스 음악과 힙합hip hop, 록Rock 등 다양한 장르의 음악을 한국적인 요소와 결합하여 새로운 장르로 탄생시켰는데, K-Pop의 열풍은 단순히 음악을 넘어 유명 Pop 스타들이 K-Pop에 도전하는 글로벌 문화 현상이며, 넷플릭스의 K-Pop 판타지 애니메이션 케데헌(케이팝 데몬 헌터스)은 온라인을 타고 사막, 오지奧地, 극지極地 등 190국에서 34개 언어로 3억 3000만 뷰를 돌파했다.

K-Pop이 트로트에 비해 음악적 테크닉에서 큰 차이가 있지만, 세계인이 K-Pop에 열광하는 이유로는 고도로 기획된 콘텐츠, 독창적

인 퍼포먼스, 팬덤의 자발적인 참여, 시각적 플랫폼의 활용 등을 꼽을 수 있다. 그런데 K-Pop에 열광하는 진짜 이유는 가수와 청중이 언제 어디서나 함께 노래하고 춤출 수 있기 때문이다.

"Trade off (choo, choo) 뭘 어쩌고저쩌고 떠들어대셔? 그니까 넌 너나 잘하셔. 얼쑤 좋다", 우리말을 영어처럼 한·영 복합 랩을 번갈아 부르고 현란한 조명, 역동적인 춤, 빠른 리듬과 멜로디에 청중은 자신도 모르게 흥興이 일어나 리듬에 맞춰 힙합을 추는 순간은 모든 일상적인 문제들을 날려버리고 즐거움에 빠져들게 하기 때문이다.

K-Pop이 어느 날 갑자기 생겨난 것이 아니라면, 우리 안에서 그 연원淵源을 찾을 수 있을 것이다. 두 명 이상이 詩를 서로 주고받는 수창酬唱, 다른 사람이 쓴 원운시의 운에 화답하는 화운시和韻詩는 원운시에 서로 상응相應하는 일정한 운율이 있다.

시의 운율은 상응相應하여 화성和聲(harmony)을 이루고, 평平·상上·거去·입성入聲으로 소리를 짧게 또는 길게 읊거나(Rhythm) 크게 올리고 내림(Melody)으로써 시 읊음은 곧 음악이 된다.

용수사에서 젊은이들이 모여 보름달 아래에서 시를 수창酬唱할 때 시의 운율이 화성和聲을 이루면서 興을 돋우었으니, 연구시聯句詩가 곧 K-Pop의 원형原形이 아닌가.

연구시聯句詩의 수창酬唱 형식은 소설, 영화, 연극, 오페라, 뮤지컬, 코메디, 애니메이션 등에 적용되고, 셰익스피어의 4대 비극을 비롯하여 38편의 희곡이 넓은 의미에서 연구시 형식이라 할 수 있다.

You can call me idol (idol)

아님 어떤 다른 (다른)

뭐라 해도 I don't care (I don't care)

I'm proud of it (proud of it)

난 자유롭네. (자유롭네)

No more irony (irony)

나는 항상 나였기에

손가락질 해. (yeah, yeah, yeah, yeah)

나는 전혀 신경 쓰지 않네.

나를 욕하는 너의 (oh, what?)

그 이유가 뭐든 간에

I know what I am (I know what I am)

I never gon' change (I never gon' change)

I never gon' trade

Trade off (choo, choo)

뭘 어쩌고저쩌고 떠들어대서?

Talkin', talkin', talkin'

I do what I do

그니까 넌 너나 잘하셔. (damn it, hey)

You can't stop me lovin' myself

Hoo-hoo

얼쑤 좋다!

You can't stop me lovin' myself

Hoo-hoo

지화자 좋다!

You can't stop me lovin' myself

Oh-oh-ooh-whoa (hey)

Oh-oh-ooh, whoa-ooh-whoa

Oh-oh-ooh-whoa

덩기덕 쿵더러러 (얼쑤)

······

6. 삼짇날

三月三日出遊

산중 곳곳에 도화 살구꽃이 어지러이 피었으니,
바로 푸른 봄의 삼월 삼짇날.

이자李子는 19세 때 현량과를 보러 성균관에 갔다. 산속 옹달샘을 벗어난 가재(石蟹)와 같이 게걸음에 방향도 모르고 이리저리 헤매는 청맹과니처럼, 하늘에 떠있는 무지개가 허상임을 모르고 감동하였다.

곤룡포에 서대犀帶를 차고 패옥佩玉을 늘어뜨리고, 익선관에 홀笏을 잡은 조광조趙光祖가 중종과 함께 문묘에 알성하던 위엄은 하늘 높이 떠있는 봉황鳳凰이었다.

백성을 덕과 예로 다스려야 한다는 조광조의 왕도 정치, 하늘의 밝은 명을 따라 윤리와 기강을 세워 구악을 일소하되, 자연 질서 속에서의 인간 존엄성에 대한 확신이었다.

위로 하늘의 밝은 명을 더럽힘이여,　　　　上褻天之明命兮
아래로 사람의 윤리와 기강에 게으르도다.　下慢人之倫紀

기묘사화가 터졌다. 벌레 파먹은 '走肖爲王' 주초위왕의 파자破字로 용의 눈을 가리고, 눈면 군주는 정正과 사似를 가리지 못했으며, 충성스런 신하의 가슴에 비수匕首를 휘두르자, 사림의 면류관은 가을바람에 낙엽이 되었다.

눈보라 치던 날, 능성綾城으로 간 조광조는 죽음을 앞에 두고 도사都事에게 간절히 말하기를, "임금 사랑하기를 아비 사랑하는 것과 같이 하였고, 하늘의 해가 나의 속마음을 비출 것이다.(愛君如愛父, 白日臨下土.)"라고 하였다. 그러나 능성綾城의 해는 숨어 버렸다.

기묘사화의 광풍은 봉황의 비상을 막았으나, 황혼을 준비하는 올

빼미들까지 멈추게 할 수는 없었다. 서른한 살의 李子는 영지산 기슭에 달팽이같이 작은 와사蝸舍를 지어서 권씨 부인과 두 사람만 따로 나와서 살게 되었다. 비록 달팽이 같은 작은 집이지만,

    아침저녁 문안 인사 드리기 가까우니,   但得朝昏宜遠近
    달 보고 산 바라보는 꿈 이뤘다.   己成看月看山計

현실에서 도학 정치를 펼칠 수 없을 바에는 차라리 '달 보고 산 바라보며 산속에 묻혀 살겠다.'라는 태도를 소극적으로 볼 수 있지만, 보다 적극적인 관점에서는, 성리학의 오묘한 세계에서 그 원두처가 존천리알인욕存天理遏人慾의 삶이라는 것을 깨닫게 된 것으로 볼 수도 있다.

    하늘을 우러러 한 점 부끄럼이 없기를
    잎새에 이는 바람에도 괴로워했다.

공자의 제자 안회의 생각과 일맥상통하는 것으로 볼 수 있다.
"저는 벼슬하지 않겠습니다. 저에게는 성 밖의 밭 오십 이랑이 있어서 죽을 공급하기에 충분하고, 성안의 밭 열 이랑이 있어서 명주와 삼베를 만들기에 충분하며, 거문고를 타고 즐기기에 충분하고, 선생님께 배운 도는 자신을 즐겁게 하기에 충분합니다."
공자는 안회가 어리석지 않았다고 했다.

임진년(1532) 가을, 곤양군수 관포 어득강의 편지를 받았다.

"그대, 내년 산벚꽃 피는 계절에 삼신산 쌍계사를 저와 함께 유람하시기를 바라고 바랍니다."

어관포를 만나러 당장 곤양으로 달려가고 싶었다. 쌍계사를 유람하며 청학동의 자연에 빠져들고 싶기도 하고, 〈산음십이영山陰十二詠〉을 읊은 시인 어관포와 수창할 수 있는 기회이기 때문이다.

처마 사이로 산빛을 마주하니 여위었고,	軒對山顔瘦
창으로 눈 덮인 산을 머금으니 차가워라.	窓含雪嶺寒

어관포의 진주 단속사斷俗寺 〈유산대설楡山對雪〉을 차운하여, 용재 이행李荇이 어득강의 〈산음십이영山陰十二詠〉을 읊었다.

솔가지의 눈은 아침 햇살에 밝고,	松雪明新日
산의 구름은 엷은 추위를 빚누나.	山雲釀薄寒

李子는 곤양까지 먼 길을 여행할 처지가 못 되었으니, 서른세 살인데도 아직 대과에 급제하지 못했으며, 속현으로 권씨 부인을 맞이하여 지산와사에 따로 나왔고, 대죽리 외가에서 셋째 형 언장 형이 별세하여 아직 상喪 중이었고, 조카들을 가르치고 있었기 때문이었다.

어머니 춘천 박씨가 아들을 불러 앉혔다.

"우물 안 개구리는 바다를 알지 못하느니라."

"때가 아닌 듯합니다."

"기회는 새와 같으니라."

"아직, 글을 더 읽어야 합니다."

"독만권서 행만리로讀萬卷書 行萬里路라 하지 않느냐, 여행도 공부니라. 네 어찌 백면서생白面書生만 할 것이냐?"

여행은 목적지에 도착하는 것만 목적이 아니다.

"버리고 떠나야 채울 수 있느니라."

"……."

장인 허찬은 딸이 죽은 후 의령 백암촌으로 돌아갔고, 영주 초곡의 문전文田은 그의 아들 허사렴이 맡았다.

"의령 처가에 가서 준篤이 외조부도 뵙고……."

어머니는 아들의 마음을 꿰뚫고 있었다.

지산와사를 나와서 새벽길에 낙동강 강변 농암聾巖 언덕의 애일당愛日堂에 들어갔다. 농암 이현보는 부친 상喪으로 여묘廬墓살이를 끝낸 후 당시 부제학으로서 경주 부윤으로 나가는 도중途中에 고향에서 근친覲親하고 있었다.

농암은 추위에 달아오른 얼굴로 들어서는 李子를 반겼다. 훈훈한 방 안에서 따끈한 녹차를 홀홀 마시며 몸을 녹였다.

"바깥에서 진정한 '나'를 찾고자 합니다."

농암은 이자의 남행 계획을 듣고 이에 감탄하였다.

"자신이 보고 싶은 것만 찾으면 참 나를 발견할 수 없느니."

이자가 자유를 위해 여행을 떠나는 것에 감동하였다.

"무릇 자유는 원하는 자만이 진정한 자유를 가질 수 있느니."

이자는 머뭇거리다가 자신의 문제를 털어놓았다.

"과거科擧에 얽매여 학문에 자유로울 수 없습니다."

"과거 준비를 그만두겠다고? 생각은 옳으나, 쉬운 일은 아니네. 나는 과거를 권하지만 마땅하지 않음을 잘 알고 있다네."

또, 출사와 진퇴에 대하여 물었다.

농암은 단호하게 말했다.

"반드시 벼슬을 그만두고자 마음먹을 필요가 없느니. 벼슬하되 벼슬에 빠지지 말라는 것일세."

1월 29일, 풍산에서 예천으로 향했다. 지나온 풍산들의 마을들이 부유하고 가축들까지 살이 쪘으나, 예천에 가까워질수록 가뭄으로 폐농한 마을이 눈 속에 떨고 있었다. 추위에 얼어 죽고, 굶주림에 처자식조차 내다 버렸다.

강물이 말라서 모래만 수북한 내성천을 건너서, 그날 저녁 양양襄陽(예천)의 한 민가에서 잤다. 흉년 때문에 비참한 백성들이 불쌍해서 쉬 잠을 이룰 수 없었다.

시 〈예천 가는 길에서〉를 지었다.

내 예천의 길을 지나가는데,
때는 초봄의 하순이어서
봄바람에 관아의 버들이 흔들리고
거위와 오리는 시내와 못에 흩어져 있구나.
예천 관아 성곽은 높이가 아득하고,
누각은 빽빽하고 들쭉날쭉한 나무에 둘러싸여 있구나.
집집마다 고쳐 정돈하기를 좋아해,
발과 장막은 반공에 겹으로 쳐있구나.

이곳은 꼭 이렇게 화려함만 추구하지만,
흉년에 오히려 이렇게 화려함만 추구하다니…….
말 타는 재주 익힌 저 사람은 어느 집 사내인고?
말을 타고 몸을 자유자재로 뒤집었다가 또 달리는구나.

방탕하게 노는 젊은 계집애,
환대하며 웃는 모습 구불거리는 뱀 같구나.
너희들은 헛웃음으로 남을 속이는 것을 삼가야 하지만,
하늘의 재앙(흉년)을 어찌 모른단 말이냐.
(살년殺年에 나그네를 헛웃음으로 유혹해서 될 말이냐.)

부자들도 끼니를 겨우 때우고,
가난한 자들은 이미 떠돌이가 되었네.
길 가운데 엎어 넘어진 사내, ……

예천을 지나면 용궁이다. 용궁 대죽리에는 외가가 있었다. 어머니 춘천 朴씨는 대죽리의 박치朴緇의 딸이다. 할아버지 계양에게는 식埴과 우堣 두 아들이 있었다. 식埴이 초취 부인 의성김씨가 3남매를 낳고 죽자, 춘천박씨가 계실로서 4형제를 낳아 7남매를 길렀다.

李子는 어릴 때, 이름이 '서홍瑞鴻'이었으나, 어머니는 언제나 그를 '황滉'이라고 불렀다. 어머니는 그가 말을 채 알아듣기도 전부터 어르고 노래했다.

아들아, 나의 아들아,
하늘에 빌어 낳은 아들아.
저 대문은 뉘 대문인고,
성인聖人이 들어온 성림문이지.
아들아, 나의 아들아,
하늘에 빌어 낳은 아들아.
어사화에 홍패 두르고,
성림문 들어오소.

어머니의 〈베틀노래〉는 고통을 견디는 노동요勞動謠이었지만, 자식들에게는 자장가요, 안심가요, 희망의 노래였다. 어머니의 뱃속에서 느끼고, 베틀 아래에서 잠자고 놀았다. 철거덕, 탁탁! 바디와 북, 끌신과 잉앗대의 움직임이 시적 운율로 들려왔다.

아들의 기침이나 미열微熱에도, 아픈 자식보다 어머니가 더 고통스러웠고, 홍역紅疫은 누구나 한번은 건너야 할 유년幼年의 강, 다섯 살 서홍에게도 천역天疫은 피해 가지 않았다. 유년의 강을 건너지 못하고 삼 동네에 곡성이 퍼지고, 사흘 후 새벽에 서홍의 얼굴에 열꽃이 피었을 때, 대나무 상자에 역청을 발라 강을 건너게 한 어머니가 옆에 쓰러져 있었다.

서홍은 여섯 살이 되어서 비로소 글을 배우기 시작했다. 이웃에 《천자문》을 가르치는 노인이 있어, 가르치기보다 시제時祭에 거르고 동네 잔칫날 취흥에 젖었다.

"서홍아, 외어보련?"

서홍은 좌우로 흔들면서 외우기 시작했다.

> 시비종일유是非終日有라도,
> 불청자연무不聽自然無니라.

낭랑한 목소리는 베 짜는 어머니의 귀에도 낭랑하게 들려왔다.

"오늘은 무엇을 배웠느냐?"

서홍은 몸을 좌우로 흔들면서 외웠다.

| 是非終日有 | 옳고 그름을 따지는 일이 종일 있더라도, |
| 不聽自然無 | 듣지 않으면 저절로 없어지니라. |

"남의 말을 듣고도 시비를 말하지 않는 이유는 무엇이냐?"
"서로가 자기 생각이 옳다고만 하면 말싸움이 됩니다."

어머니는 친정 마을의 '말 무덤' 이야기를 해주었다.

대죽리(한대마을)에는 '말 무덤'이 있는데, 말[馬] 무덤이 아니라, 말[言]을 묻어둔 무덤이란다.

사소한 말 한마디가 씨앗이 되어 싸움이 그칠 날이 없었다.

"말 무덤[言塚]을 만드시오." 하는 과객의 말을 듣고, 시비의 단초가 된 말을 그릇에 담아 깊이 묻으니, 마을이 평온해지고 두터운 정을 나누게 되었다. 서홍은 어머니의 이야기를 듣고 나서,

"말을 삼가서 해야 하는 뜻을 이제야 알겠습니다."

서홍의 배움은 길게 가지 않았다. 《천자문》, 《동몽선습》, 《명심보감》, 《통감》을 겨우 넘어서자, 글을 가르치던 노인이 돌아가셨다.

1월 30일, 용궁 지보에서 얼어붙은 강을 건너서, 의성 다인을 지나 단밀에서 낙동관수루에 올랐다. 군위에서 시작한 위천渭川이 단밀에서 낙동강으로 흘러든다. 낙동관수루에 올라서니, 얼었던 강물이 풀리면서 철새들이 떼를 지어 날고 물고기가 몰려다니는 연비어약鳶飛魚躍의 장관이 눈앞에 펼쳐져 있었다.

관수루에 걸린 이규보李奎報 시 〈낙동강을 지나며〉를 차운하였다.

풀이 깊어도 길은 나 있고,	草深猶有露
솔밭 고요하니 바람 없어라.	松靜自無風
가을 물은 청둥오리 머리같이 푸르고,	秋水鴨頭綠
아침노을은 성성이 핏빛처럼 붉어라.	曉霞猩血紅

관수루 난간에 기대어 석양 속 주위를 둘러보며, 이규보의 시를 차운하여 〈그믐날 관수루에 올라〉를 지어서 읊었다.

> 낙동강 위에 갈매기 떼 져 날아 푸른 바탕에 흰 점이며,
> 봄의 풍광은 채색구름 병풍을 마주하는 듯하구나.
> 관수루 난간에 기대어 머리 돌려 석양 속 주위를 둘러보니,
> 크고 작은 정자 여럿이 잔잔히 흩어져 있구나.
>
> 萬傾鷗波白點靑 春風如對彩雲屛
> 倚欄回首斜陽裏 默數長亭與短亭

2월 1일경, 야은冶隱 길재吉再가 살았던 선산 봉계리(고아면 봉한리)를 지나게 되었다. 선산 해평의 들판에 우뚝 솟은 태조산이 있다. 이 산에 절을 지을 때 그 산허리에 복숭아꽃·배꽃이 만발한 것을 보고, 절 이름을 도리사桃李寺라고 불렀다.

길재는 도리사에서 처음 글을 배웠고, 개경에서 이색李穡·정몽주鄭夢周·권근權近 등의 문하에서 학문을 연마한 후 김숙자金叔滋 등 많은 학자를 배출하여 사림파의 학통으로 이어졌다.

길재는 띠집을 짓고 가난하게 살았다. 그가 사는 곳이 외지고 농토가 척박해 살기에 마땅하지 못하다 하여 오동동의 전원으로 옮겨 풍부한 생활을 누리도록 하였다. 그러나 그는 필요한 만큼만 남겨두고 나머지는 모두 돌려보냈다. 길재는 선산 봉계 시냇가에 띠집을 짓고 살아가는 은둔자로서 자신의 삶을 노래한 〈술지述志〉를 썼다.

시냇가 띠집에 한가롭게 홀로 사니,	臨溪茅屋獨閑居
밝은 달 맑은 바람 흥취가 넉넉하다.	月白風淸興有餘
바깥손님 오지 않고 산새만 지저귀니,	外客不來山鳥語
대숲으로 상을 옮겨 누워 책을 읽는다.	移床竹塢臥看書

이자는 그가 은거한 것이 현실을 도피한 것이 아니라, 자신의 대의大義를 지키고자 했기 때문이라고 보아, 길재를 엄자릉嚴子陵의 기풍氣風에 빗대고 있다.

2월 2일, 선산에서 금오산을 비켜서 성주 땅으로 들어섰다. 별티[星峙]를 넘고 두리티재를 또 넘어야 안언역이다. 초이틀 밤하늘에 달은 지고, 별인 양 반짝이는 장학리 주막의 등불이 반가웠다.

2월 3일, 가천을 건너며 시 〈삼일도가천三日渡伽川〉을 지었다.

사방이 아득하고 비가 오려는 날씨인데도,
남행이 이제 시작되니 가천을 건너는도다.
땅의 신령스런 기운은 날씨에 비하면 오히려 선경仙境인데,
날은 더워 일찍 가뭄이 드는 해인 줄 차라리 알겠노라.

四野滄茫欲雨天　南行今始渡伽川
地靈猶是神仙境　歲熱寧知早

발년魃年 2월 3일, 가천을 건너 고령 땅에 들어서면서, 산천이 잠에서 기지개를 켜는 듯 가야산 무흘구곡 골짜기마다 봄풀이 파르라니 생기가 돌았다.

대가야의 성지聖地 고령 향교에 오르니, 맞은편 주산主山 능선에 신령스런 고분들이 올록볼록 엎드려 길손을 헤아린다.

'왕과 함께 묻힌 순장자殉葬者들의 천년 한이 지금쯤 삭아졌을까?'

고분은 왕국의 부침浮沈을 표상하는 시간의 상징이다. 가실왕嘉實王이 만든 가야금 12줄이 천년을 울리고 있으니, 왕국과 인걸은 간데없으나 예술은 땅 위에 영원히 전승된다.

2월 4일 저녁에, 협천 황강의 남정(함벽루)에 올랐다. 협천陝川은 서쪽 백제와의 접속지로서, 신라는 이곳에 40여 개의 성읍을 관할하는 대야성 도독부를 두고 김춘추의 사위 김품석 장군을 성주로 삼았다. 견고한 성城일수록 성안에서부터 무너지는 법, 김품석의 방탕함 때문에 성주에게 불만을 품었던 검일과 모척의 모반으로, 백제의 윤충 장군의 공격에 난공불락의 대야성이 무너졌다. 신라군은 체념했지만, 죽죽 장군은 끝까지 맞서 싸우다 최후를 맞았다.

대야성 산성에 올라 황강의 강변에 앉은 남정으로 내려갔다. 가야산에서 흘러내린 황강이 풀리면서 나룻배가 정박한 모래톱에 기러기 무리 지어 날아오르고, 봄비 맞으며 풀과 나무들이 싹을 틔우니 물빛 또한 연둣빛으로 찰랑이었다.

황강 적벽의 남정 난간에 앉아 흐르는 강물 굽어보는데, 정자 지붕의 빗물이 죽죽竹竹 장군의 눈물처럼 황강의 강물 위로 죽죽 하염없이 떨어졌다.

남정에는 마치 시화전詩畵展 열 듯이 시인들의 시가 걸렸는데, 그중에 처남 허사렴許士廉의 〈협천 남정〉도 있었다. 처남의 詩를 보면서, 처가가 가까워졌음을 실감하게 되었다.

> 북에서 뻗어내린 산들은 우뚝 솟고,
> 동으로 질펀하게 강물은 흘러가네.
> 기러기는 마름이 자란 모래톱에 내려앉고,
> 대숲 속 집 위로는 저녁밥 짓는 연기.
>
> 北夾山陡起 東去水漫流 雁落蘋州外 烟生竹屋頭

삼가三嘉로 가는 길, 뒤로 멀어지는 남정이 강물 위에 외롭다. 죽죽 장군의 임전무퇴의 정신이 청사에 빛나는 대야성 전투,
'김유신의 반격은 그렇다 치고, 우리 땅에 당군을 들이다니!'
'백제와 왜, 당과 신라 연합군의 백강 전투는 또 어떻고?'
천 년 전 역사를 '나'와 또 다른 자아自我가 갑론을박하니,
'세상일에 어이하여 걸핏하면 걸려드는가(奈何世事動遭牽)?'
세속의 굴레에서 벗어나지 못하는 자신을 탄식하면서, 〈삼가로 가는 도중 向三嘉途中〉이라는 詩를 지었다.

아침에는 뜨는 해 가야의 냇가에서 보았더니,	朝看旭日傍伽川
낮에는 남정 지나 보랏빛 운무 속으로 드네.	午過南亭入紫烟
세속적인 마음 모두 잡아 속박에서 벗어나려 하나,	欲把塵機渾脫累
세상일에 어이하여 걸핏하면 걸려드는가?	柰何世事動遭牽

2월 5일, 드디어 의령 가례 백암촌의 처가에 도착하였다. 장인 허찬은 예촌 허원보의 둘째 아들로서, 문경동의 사위가 되어 영주 푸실에 분가하여 살았었다. 이제 고향 백암촌으로 돌아와서 고독한 노년을 보내고 있었다.

처가의 백암정에는 시인 묵객들의 시가 걸려 있었다. 그중에 처외조부 문경동文敬소의 詩도 있었는데, 문경동은 李子가 허씨 부인과 혼인하던 그해 여름 세상을 떠났다. 처외조부가 별세하고 어느덧 12년이 지난 후, 그의 시를 차운하여 〈의령우택동헌운 宜寧寓宅東軒韻〉을 지어 나그네 신세의 안타까운 심정을 읊었다.

빗속에 매화 꽃술 옥 같은 꽃잎 떨어지지만,	雨中梅蕊落瓊英
누가 높은 하늘의 해 맬 끈 빌릴 수 있을까?	誰借長空繫日纓
새사람 부르고자 우는 소리 더욱 정답기만 하고,	鳥爲喚人啼更款
꽃은 저녁에 속이고자 어두운데도 오히려 환하네.	花因欺暮暗還明

처가의 동헌에 걸린 김일손의 시를 차운하여, 〈백암동헌탁영김
공운白巖東軒濯纓金公韻〉을 지어서 김일손의 절의를 높이 추숭하였다.
당시 백암정에 모였던 예촌 허원보, 탁영 김일손, 한훤당 김굉필, 창
계 문경동, 우랑 김영 등과 같이 시회詩會에 참석한 심정이 되어서,
간신배들을 단죄하고 영웅들에게 감개하는 기분으로 술잔을 치켜들
듯 시를 지었다.

만고의 영웅이 세상을 떠났으니,	萬古英雄逝
추모하는 생각이 눈물 되어 옷자락 적시네.	追思淚滿裳
당시에 취해 지은 글씨가 남아 있어,	當時留醉墨
오늘 봄 햇빛 속에 아름다워라.	此日媚韶陽
나라 위한 마음 철석같았고,	爲國腸如鐵
간신을 베는 칼날 서리 같았다.	誅奸刃似霜
박천 언덕에 꽃이 환하니,	花明駁川上
감개한 마음으로 술잔을 치켜드네.	慷慨一揮觴
시와 술을 좋아해 내 사람들과 어울렸더니,	詩酒我參社
풍진 세상에 누가 옷깃을 거두리오.	風塵誰斂裳
나그네 중에는 뜻이 통하는 사람이 많으나,	客中多意緖
봄날 세상은 반만 화창하구나.	春半暢陰陽
(…)	

※ '萬古英雄逝 만고의 영웅이 세상을 떠났으니': 만고의 영웅은 탁영 김일손으로, 김종직의 〈조의제문〉을 《성종실록》에 실으려다, 훈구파 이극돈 일파에 의해 무오사화戊午士禍가 일어나 처형당하였다.

'當時留醉墨 당시에 취해 지은 글씨가 남아 있어': 백암정에서 탁영 김일손·한훤당 김굉필·창계 문경동·우랑 김영이 어울려 시회詩會를 열었다.

'風塵誰斂裳 풍진 세상에 누가 옷깃을 거두리오': 사화士禍로 혼탁한 세상이니, 자기처럼 시와 술을 좋아하는 나그네는 옷깃을 거두고 세상에 나가지 않는다.

'春半暢陰陽 봄날 이 세상은 반만 화창하구나': 이미 세 번의 사화 뒤라서, 관직에 나가 서로 다투는 곳은 화창하지 못한 세상이고, 자기같이 술이나 시를 좋아하는 나그네들이 사는 세상이야말로 화창한 곳이라는 뜻이다.

2월 11일, 의령 가례 백암촌을 떠나 단암진(정암다리)을 건넜다. 지리산 계곡마다 흘러내린 남강물이 단암진을 지나 남지에서 낙동강과 만나면서 큰 강을 이루어 남해로 흘러 들어간다. 봄빛은 남에서 강물을 거슬러 올라가고, 봄꽃은 들에서 산정山頂으로 오른다.

함안은 남강이 흘러 낙동강과 만나는 곳으로, 농사를 지을 수 있는 넓은 들판, 다른 지역과 교통할 수 있는 큰 강은 초기 철기시대와 원삼국시대를 거치면서 강력한 고대국가인 아라가야로 통합 발전하게 된다. 단암진을 사이에 두고 의령과 함안 일대는 아라가야 땅이다. 고령의 대가야가 신라와 결혼 동맹을 맺고 신라에 병합되었으나, 아라가야는 오래도록 자립성을 유지하였던 곳이다.

의령에서 단암진을 건너면서 〈붉은 바위 나루〉를 지었다.

모곡의 들은 꼬물거리는 산봉우리로 갈라지고,	野分千蝶岵
강 가운데는 한 조각 나뭇잎 배도다.	江中一葉舟
경치에 취해 주위를 둘러보니 봄은 이미 한낮인데,	醉深春到午
풀이 난 모래톱엔 수심이 가득하구나.	愁滿草生州
세상 걱정, 곤양 관리 만나면 가볍게 사라지겠지만,	逅吏輕人過
헤엄치는 물고기는 해오라기가 잡아갈까 두려워하지.	遊魚怕鷺謨
남쪽에 왔다가 또 동쪽으로 가야 하니,	南來又東去
오래전 사귄 친구 만나 같이 유람하기 위함일세.	爲訪故人遊

※ 愁滿草生州: 출사出仕를 고민하는 李子의 수심이 감정이입된 표현이다.

　逅吏輕人過: 사화士禍로 혼탁한 세상에 출사出仕의 고민은 관포 어득강을 만나 이야기하다 보면 다 사라지겠지만,

　遊魚怕鷺謨: 같은 조정에 있으면서도 강자가 약자를 해치려고 호시탐탐 노리는 사화士禍로, 혼탁한 세상에 출사出仕하지는 않겠다는 자신의 의지를 함축하고 있다.

계축화옥癸丑禍獄을 풍자하고 있는 상촌象村 신흠申欽 시조는 이런 세태를 반영하고 있다.

> 냇ᄀ에 히오라바, 므스 일 셔 잇ᄂ다.
> 무심흔 져 고기를 여어 므슴ᄒ려ᄂ다.
> 아마도 흔 믈에 잇거니, 니저신들 엇드리.

'南來又東去 남쪽에 왔다가 또 동쪽으로 가야 하니': 오언의를 만나러 함안 모곡에 왔다가, 곤양으로 가야 한다.

'爲訪故人遊 오래전부터 사귄 친구를 만나서 같이 유람하기 위함일세': 쌍계사를 유람하기로 1년 전에 이미 약속이 되어 있었다.

죽재 오석복의 모곡茅谷은 함안 산인의 자양산 기슭이다. 모곡茅谷은 고려의 유민 재령이씨 모은茅隱 이오李午 선생의 모은茅隱에서 유래된 것이다. 모은茅隱 선생은 고려 유민의 절의를 지켜 두문동에 지내다가 자미화(백일홍)가 활짝 핀 이곳에 집을 짓고 고려동학高麗洞壑이라 하였다.

오석복의 죽재는 고려동의 고려교를 건너서 자미화 앞을 지나 고려동 뒤 대나무 숲속에 있었다. 푸른 대나무 숲에 이는 맑은 바람으로 죽재의 소쇄瀟灑한 정취를 알 수 있다.

종자형인 오언의의 집이 있는 함안의 모곡에 머물 때, 그의 부친 오석복은 사돈인 송재공을 만난 듯이 사하생查下生을 반겼고, 李子

또한 숙부를 만난 듯이 사장査丈 오석복에게 정이 갔다.

　숙부 송재공의 두 딸 중 둘째 딸이 오석복의 며느리, 즉 오언의의 아내이다. 두 집안의 혼인은 안동과 함안에 살면서 원혼遠婚이 이루어진 것이다. 〈전의령오공죽재前宜寧吳公竹齋〉를 지었다.

벽옥 같은 대나무 숲은 산중턱을 둘렀는데,	碧玉千竿匝翠微
유월의 맑은 바람은 창과 문으로 불어오네.	淸風六月灑窓扉
물러나 한가로이 누우니 다른 일은 없고,	退閒高臥無餘事
사방 벽 가득 저절로 도서가 둘러싸네.	滿壁圖書自繞圍

　※ 碧玉千竿匝翠微 淸風六月灑窓扉: 대나무 숲과 맑은 바람은 죽재를 둘러싼 외부 공간의 이미지로, 푸른 대나무의 이미지와 맑은 바람으로 표현함으로써 죽재의 소쇄瀟灑한 정취를 고취시킨다.

　退閒高臥無餘事 滿壁圖書自繞圍: 시선이 죽재의 내부 공간으로 이동하며, 오석복이 누리고 있는 삶의 여유로움을 죽재라는 공간을 통해 형상화하고 있는데, 작자는 시적 자아로서 드러나지 않고, 시적 대상인 오석복이 죽재에서의 자신의 삶을 이야기하고 있다.

　이 시의 시적 자아는 시인의 주관이 개입하여 만들어낸 자아라고 할 수 있으며, 李子가 인식한 오석복의 모습이다. 일반적으로 서정시는 시적 자아가 시적 대상을 자신의 내면으로 끌어와 동일성을 추구하게 된다.

한 편의 시를 창작하기 위해서는 대상(세계)을 발견하고, 이를 자신의 내면에서 가치화하는 과정을 거쳐, 이를 재구성하여 언어로 조직화한다. 오석복을 만난 후 그의 삶의 모습을 긍정적으로 가치화하여 내면화하였고, 가치의 내면화가 자아와 세계가 일체감을 추구하는 모습으로 나타나게 된 주요인이라 할 수 있다.

〈삼우대三友臺〉

내가 마시면 달이 권하고,	我飮月爲勸
내가 취하면 그림자 부축하네.	我醉影爲扶
인간 세상과 푸른 하늘의 달은	人間與碧落
있는 정을 각기 다 쏟아놓았네.	有情各盡輸
취하여 노래하고 또 손을 휘저으니,	酣歌且揮手
누가 너이고 누가 나인가?	孰爲彼與吾
영원히 막역한 벗으로 맺어져,	永結莫逆友
말은 없어도 도는 이미 꼭 맞다네.	無言道已符
봄꽃은 맑은 배에 비치고,	春花映淸竹
가을 이슬은 오동나무에 똑똑 듣네.	秋露滴高梧
걸핏하면 여기에서 서로 만났으니,	茲焉輒相邀
진짜 즐거움이 어찌 다를 수 있으리오.	眞樂豈異趣

오석복의 〈삼우대三友臺〉에서 그 자신과 세 친구를 읊었듯이, 이자는 〈계당에서 溪堂偶興, 十絶〉 중에서 자신의 여섯 친구는 '송죽매국연기위우松竹梅菊蓮己爲友'라 하여, 기는 자신을 일컬은 것이다.

베개 베고 꿈속에서 신선되어 놀고 나선,	已著游仙枕
주역을 읽으려고 창문 열어 두었노라.	還開讀易窓
천종은 손으로 잡을 것이 못 되어라,	千鍾非手搏
여섯 벗이 서로들 마음에 맞거니 소나무·대나무·	
매화·국화·연꽃과 나를 여섯 벗으로 삼는다.	六友是心降

3월 3일, 자굴산 쪽으로 오르며 답청놀이를 하였다. 아내와 처가에 근친近親 왔던 신혼 시절, 처가 권속들과 함께 자굴산 보리사로 답청했었다. 그때의 기억을 되살리며 보리사菩提寺에 가려고 했으나, 봄날 경치에 흠뻑 취해 봄 산을 헤매고 다녔다. 봄빛을 머금은 산야에 두견화 산벚꽃 산수유가 어지러이 피었으니, 바로 푸른 봄의 삼월 삼짇날이었다. 돌아오는 길에 집집마다 대나무 울타리에 모란·작약이 봄의 정취 풍기는 마을이 있어서, 그 마을을 '수성리修誠里'라 이름을 지었다.

허원보의 둘째 사위 박운朴芸의 집 앞에 누운 큰 돌에 신선이 사는 경치 좋은 곳이란 뜻의 '가례동천嘉禮洞天'을 새겼다. 이날 답청 놀이의 과정을 34운짜리 장편 고시 〈삼짇날 답청 三月三日出遊〉를 지었다.

매화는 강남에서 피려 하는데,
북쪽 나그네 처음으로 말 빌어 타고 노니네.
여관 창은 텅 비었고 세월은 지나가는데,

꽃과 버들 무르익은 봄과 다투는 줄 모르겠네.

고개 숙여 적막함을 멋 내어 글로 써보고,
말 타고 문을 나와 시내 찾았네.
시냇물 파인 골짜기 흐르다 흰 바위에 떨어지는데,
가운데 있는 한 동네는 안개로 자욱하네.

산중의 곳곳에는 도화 살구꽃이 어지러이 피었으니,
바로 푸른 봄의 삼월 삼짇날.
가다가 오솔길 찾아 꽃향기 풀 밟고,
한 병의 좋은 술을 사람 시켜 메게 했네.

집집마다 많은 대나무는 대문 삼아 정성스레 키웠고,
뒤따른 풍광도 당해낼 곳 없이 멋있네.
꽃 꺾어 모자에 꽂으니 나비가 따라오고,
가슴엔 캔 고사리 가득하고 광주리엔 봄이 가득하네.

머리 구부려 높이 읊으니 들학인 양 의심되고,
크게 웃고 박수하니 시골 아동 생각나네.
일색의 푸른 산은 나를 불러 가게 하고,
새들은 조잘조잘 사람 머물러 이야기하라네.

흥이 짙어지고 뜻대로 따르는 것도 갈 만한 경지에 가야 하니,
바람 속에 흩어지는 모발 이리저리 나부끼네.
시심의 정이 보기 좋은 것 다 시로 쓸 수 있게 된다면,
조물주도 그 탐함을 싫어할 것이리라.

농촌엔 농부들 일하기 급한데,
나무 끝엔 햇빛이 비쳐 들누에 자라네.
높고 낮은 언덕엔 자갈돌이 어지럽고,
무성한 들판엔 메추라기 숨어 있네.

온갖 모습 아름다운 꽃들은 서시西施와 모장毛嬙처럼 예쁘고,
천 그루의 고목들은 팽조彭祖와 노담老聃처럼 노숙하네.
돌들은 흩어지고 뾰족하게 쌓였고,
채색의 날짐승은 빠르게 위로 올라 어지러이 나네.
……
사슴들과 한 무리로 지냄이 내 평소 뜻이거늘,
가려 함에 할 말이 있으니 어찌 능히 말하지 않으리.
마침 우공에게 빌린 백 전 있으니,
구름 노을 쪼개 사고 초가집 얽어.
봄바람에 취해 오래오래 누웠으면,
혹시라도 신선 다니는 방향에서 옥 상자 전해줄는지.

〈삼짇날 답청 三月三日出遊〉

산중 곳곳에 도화 살구꽃 어지러이 피었으니,	山中處處桃杏亂
바로 푸른 봄의 삼월 삼짇날.	正是青春三月三
가다가 오솔길 찾아 꽃향기 풀 밟고,	行尋細路踏芳草
꽃 꺾어 모자에 꽂으니 나비가 따라오고,	折花插帽蝶隨人
가슴엔 고사리, 광주리엔 봄이 가득하네.	採蕨盈懷春滿籃

※ 是日將往菩提寺: 菩提寺의 '提'의 일반 음은 [제]이나, 불교 용어일 경우에는 [리]로 발음한다.

薄晚不果往: 보리사(절)에 가려 했으나, 약간 어두워져 가지 않았다.

〈三月三日出遊〉

梅花欲發江之南 北客來遊初稅驂 旅窓空□轉光陰 不知花柳爭春酣
低頭弄筆太寂寞 出門騎馬尋溪潭 溪從閣崛落白巖 中有一洞多烟嵐
山中處處桃杏亂 正是青春三月三 行尋細路踏芳草 一壺綠酒令人擔
家家多竹門可款 追逐風光亦不堪 折花插帽蝶隨人 採蕨盈懷春滿籃
……

오늘날 의령 가례의 백암천은 가례천으로 물길이 바뀌어, 李子가 썼던 '嘉禮洞天' 암각 유묵은 세월의 검버섯에 덮였고, 마을 앞 박천 냇가 절벽의 백암정은 태풍 매미로 유실되었으며, 230호이던 백암촌은 1942년의 대화재로 마을 전체가 소실되었으나, 이웃 도산마을에 예촌 허원보의 맏아들 허수許琇의 존저암存箸庵과 허원보의 후손들이 가문을 이어가고 있으며, 처가가 있던 터에는 의령여자 중·고등학교가 매화처럼 피어났다.

백암정은 2019년 의령군에서 박천 냇가 절벽 그 자리에 산뜻하게 복원하였다.

3월 26일 금산으로 가는 길에 월아산 청곡사를 지나면서 어린 시절을 회상하였다. 숙부가 진양목사로 계실 때, 언장 형님과 경명 형님 두 분이 어릴 때 아버지를 여의고 숙부를 따라와 이 절에서 독서할 때였다. 그때 李子는 어려서 숙부를 따라갈 수 없었다.

"형님이 보고 싶어요."

"자식 된 사람은 마땅히 글을 읽어 학업을 성취해야 한다. 형들은 이 때문에 간 것이니, 그리워할 필요는 없느니라."

어머니의 말을 들은 뒤부터 더욱 학업에 열중하였다.

"지금 27년이 지나 내가 이곳으로 와 잠시 들렀는데, 만나고 헤어지고 살고 죽는 것에 대하여 사람으로 하여금 거의 마음속으로만 편안히 품고 있지 않아서, 절구 한 수를 읊는다.

지금 언장 형님이 세상을 하직한 지도 1년이 지났고, 경명 형님은 조정에서 관직생활을 하고 있다가 이 소식을 듣고 고향을 찾아와 뵈었으나, 나는 남쪽 땅에 체류하고 있었으니 아마도 돌아가서는 보지 못할 것 같은 까닭에 이른 것이다."

〈청곡사를 지나면서 過青谷寺〉

금산 가는 도중에 저녁 무렵 비 만났는데,	金山道上晚逢雨
청곡사 앞에서는 차가운 샘물 넘쳐흐르네.	青谷寺前寒瀉泉
눈 진흙에 기러기 자취 남긴 곳처럼 되었으니,	爲是雪泥鴻跡處
삶과 죽음, 만남과 이별, 한 줄기 눈물이 흐르네.	存亡離合一潸然

3월 28일 진주에서 곤양으로 출발하였다. 곤양에 도착하여 어득강을 만났다. 어득강은 염치를 숭상하여 시골집의 가난하기가 빈한한 사람과 다름없이 청빈하였다. 공명의 득실 때문에 근심하지 않았으며, 꾸밈이 없고 순박하여 우활迂闊(물정에 어둡다)하다는 평을 듣는 분이다.

"그대 바다를 본 적이 있는가?"

일찍이 월영대와 법륜사 등에서 바다를 구경한 적이 있지만, 모두가 다 우물 안에서 하늘을 본 것 같았다.

"내일은 남산에 올라 곤양의 바다를 구경하는 것이 어떻겠소?"

관포 어득강은 곤양 남산에 올라서 하늘에 맞닿은 수평선과 고깃배들이 작은 섬 사이를 헤매고 다니는 바다의 풍광을 보는 한편, 배를 타고 작도鵲島에 건너갔다.

〈까치섬 鵲島〉

까치섬 평평하기 손바닥 같고,	鵲島平如掌
금오산은 멀리 마주 보고 있네.	鰲山遠對尊
아침나절 동안에도 깊이 헤아리지 못하니,	終朝深莫測
예로부터 이치는 그 근원을 알기 어렵네.	自古理難原
호흡하니 땅은 입이 되고,	呼吸地爲口
들락날락하니 산은 문이 되었네.	往來山作門
고금의 수많은 주장들 중에,	古今多少說
마침내 누구의 말이 맞는 것인가?	破的竟誰言

작도는 바다에 둘러싸인 작은 섬에 불과하였는데, 바다는 크고 작은 섬들이 둘러쳐져 있어 바다가 아니라 잔잔한 호수 같았다.

갈매기가 갯바위에 날아오르고, 바닷물이 쓸려나가면 아낙네들이 갯벌에 엎드려 꼬막과 조개를 캐고 낙지를 잡아 올린다.

배를 타고 외구外鳩리의 작도정사鵲島精舍에 올랐다. 석양이 바다를 붉게 물들일 때쯤, 고향에서 온 편지를 알렸다. 넷째 형 해澥가 조정에서 벼슬살이를 하다가 고향에 왔으니, 빨리 돌아와서 그를 따라 서울로 가라는 내용이었다.

"사형四兄께서 근친하러 고향에 돌아왔다는 전갈입니다."

"하루이틀 지체하시더라도 쌍계사 유람은 하고 가시지요."

"삼신산 신령이 입산을 거부하는 듯하니, 때가 아닌가 봅니다."

삼신산 쌍계사 유람을 포기한 채 서둘러 고향으로 돌아가게 되었다.

관포 어득강은 완사계浣沙溪에서 전별연을 베풀어 주었다. 완사계는 곤양 동헌에서도 수십 리 떨어져 있는 곤명의 완사 마을의 덕천강변 소나무 숲이었다. 덕천강은 지리산에서 발원하여 산청을 거쳐서 남강으로 흘러드는데, 덕천강변의 완사계는 사천시 곤명면 정곡리의 솔밭이어서, 주민들이 여름이면 강물에 먹을 감고 더위를 식히기 위해서 모여드는 숲으로서, 계契모듬을 하여 천렵을 즐기는 유원지였다. 그러나 남강댐이 건설되면서 완사계는 금성교 아래 물속에 잠기었으니, 도산의 계남溪南이 안동댐으로 수몰됨과 같은 운명이었다.

〈완사계 전별 浣紗溪餞渡〉

완사계 물은 거울처럼 맑게 빛나는데,
해 질 무렵 어느 집에서 피리 소리 들려오는가.
어 태수는 날 보내야 하고, 내 또한 (고향으로) 가야 하니,
완사계 가의 가득한 방초들도 석별의 정을 어쩌지 못하네.

浣沙溪水鏡光淸　落日誰家一笛聲
太守送人人亦去　滿汀芳草不勝情

고향으로 돌아가면서, 곤양으로 초청해 주신 어관포에게 고마움을 표하는 한편, 함께 쌍계사를 유람하려던 계획을 취소한 데 대한 아쉬움과 앞으로 자신의 삶의 자세에 대한 포부를 밝히는 詩 〈어관포 님에게 寄魚灌圃〉를 지어서 보냈다.

> 구름은 홀로 서쪽에 날고 있으나 저는 그러지 못하는데
> 봄바람은 방초가 시드는 것을 부추기니,
> 바닷가, 육지 두루 다니면서 느꼈던 객수 잊기 어렵습니다.
> 삼신산에 가고 싶은 간절한 소망이 있었으니,
> 쌍계사 경내에는 선경의 자취가 여전히 남아 있겠지요.

> 孤雲西飛我不如 東風吹老芳草歇 海天萬里愁難□
> 方丈山中宿願在 雙溪寺裏仙蹤餘

계사년(1533)의 남행 때, 李子는 아직 출사出仕 전이었고 적극적으로 시작詩作을 하지 않았는데, 남행 동안에 시 148수首를 지었다.

남행을 되돌아보며, 여행의 소회를 읊은 詩에서 도학자의 수양과 멋을 엿볼 수 있다.

> 집 떠날 땐 목말라 맑은 얼음 깨진 걸 찾았더니, 去路渴尋氷鏡破
> 돌아올 땐 말안장 위에서 시 읊으며 푸른 보리 歸鞍吟度麥波靑
> 이랑 건넜네.

남행을 마치고 넷째 형 해瀣를 따라서 성균관에 들어갔다.

가을에 경상좌도 향시에 응시하였다. 그는 향시에서, 시試 책문에 제시된 〈고금시가古今詩家〉에 대한 자신의 생각을 피력하였다.

제가 비록 불민不敏하오나, 감히 아무런 설說도 없다 할 수 있겠습니까? 시의 도리는 성정性情에 바탕하되, 뿌리가 깊으면 지엽枝葉이 무성하고 형체가 크면 소리도 크듯이, 그 사람됨이 참으로 충애忠愛의 대절大節이 있다면 그것이 저절로 드러나 시가 되는 것이 어찌 보통 사람이 미칠 바이겠습니까?

시가詩家에서 도잠陶潛을 보기를 공문(孔門 공자의 門下)에서 백이伯夷 보듯 한다고 하였으며, 한漢·위魏 이전의 시는 두보를 정점으로 하여 모여 어긋남이 없었고, 송宋·원元 이후의 시는 두보를 종앙宗仰이라고 하였습니다.

이 시험 과장의 책문策問이 〈고금시가古今詩家〉였다. 《시경詩經》의 詩 삼백三百은 詩 중의 詩, 역대의 시문詩門은 천백여 명가名家, 시문의 근본은 사람에게 있는 것. 곡진曲盡의 끝자락은 필경 사람과 나라 그리고 임금에게 충성하고 나라를 사랑하는 마음을 표현하는 근본으로 삼았으니, 晉나라에 도연명陶淵明이 있었고, 唐나라에 두자미杜子美가 있었다. 심사心事와 출처出處는 서로 다른데, 충효의 본으로 그들을 손꼽는 것은 무슨 연유인가? 어떤 이는 시가詩家에서 도연명은 유가儒家에서 백이伯夷와 겨룬다 했으니, 그렇다면 사람과 나라를 일으킨 자 가운데 시로써 집대성한 자는 누구인가?

두보를 평하는 이가 이르기를, 두자미는 시의 역사, 시의 육경이나, 두보의 팔애시八哀詩 안에 엄무嚴武를 넣은 것은 사사로운 정에 이끌린 것이라 애석하다 했으니, 그 설을 그대는 들어본 적 있는가?

당시唐詩의 폐단을 논하는 자가 말하기를, 《문선文選》을 숭상하는 것이 너무 지나쳐 집집마다 그것을 꽂아놓지 않은 곳이 없을 지경에 이르렀다 했으며, 송대宋代에 이르러 황정견黃庭堅·소식蘇軾 같은 대가는 다 같이 두보를 높였으되, 구양수歐陽脩만은 두보보다 한유韓愈를 더 높이면서 두보의 시에는 세속의 기운이 있다 했으니, 대저 어느 면을 보고서 그리 말한 것인가?

이에 시비를 가릴지라. 천 년 뒤에 태어난 자가 천 년 전으로 거슬러 올라가 어진 이를 벗 삼았으니, 여러 유생儒生이여 묻노니, 옛날로 거슬러 올라가 벗 삼을 만한 참시인은 누구인가?

이렇게 잠시 생각을 가다듬은 후, 책문策問에 대한 답안答案을 일필휘지로 써 내려갔다.

주시周詩 이후로 시로써 일가를 이룬 자가 그 얼마이며, 당·송 이래로 시가를 숭상하여 논한 자가 또 그 얼마이랴만, 능히 상론尙論하는 설로 인하여 그 사람의 시를 알 수 있다면, 그는 이미 시학에 대한 조예가 깊다 하겠습니다.

지금 책문을 내심에 특별히 시가詩家 몇 사람을 들고 다시 제유諸儒를 논한 다음 끝으로 학문의 계승에 대해 물으시니, 제가 비록 불민하오나, 감히 아무런 설說도 없다 할 수 있겠습니까.

생각건대, 시의 도리는 성정性情에 기초하여 말로써 드러내는 것이니, 실상實相을 두터이 지닌 자는 그 말이 화정和正하고, 경박하고

6. 삼짇날 *215*

조급한 마음을 지닌 자는 그 말이 겉으로만 화려합니다.

뿌리가 깊으면 지엽枝葉이 무성하고 형체가 크면 소리도 크듯이, 그 사람됨이 참으로 충애忠愛의 대절大節이 있다면, 그것이 저절로 드러나 시가 되는 것이 어찌 보통 사람이 미칠 바이겠습니까?

이런 까닭에, 한漢나라 이래로 말을 다듬고 문구를 꾸미는 시인이 많지 않다고 할 수 없지만, 능히 당대에 이름이 번개처럼 빛나고 백대에 천둥처럼 진동할 수 있는 사람은 겨우 한두 사람에 그칠 뿐입니다. 그 가운데 더러는 극치를 이루고 가끔씩은 절정에 오른 이가 있다 해도, 시 삼백에 담긴 뜻이 어려 있습니다.

비록 벼슬에 나아가고 물러남이 마음과 일 사이에 뜻 같지 않음이 있다 해도, 모두 임금에게 충성하고 나라를 사랑하는 정성에서 나왔던 것입니다. 이렇기 때문에, 여러 선비의 주장이 조금은 다르다 해도 궁극에 이르러서는 성정에서 결코 벗어나지 않았습니다.

진晉나라의 도연명은 타고난 자질이 넓고 학문은 깊고 넓으며 굳은 절개는 세속을 벗어난 본보기이며 두 왕조를 섬기지 않겠다는 결의를 지녔으니, 그 영걸英傑한 풍도와 위대한 절조가 보통 사람이 들여다볼 수 없는 바가 있었습니다.

그의 시는 충담沖澹하고 한아閑雅하며 어구의 격률格律에는 아무런 관심이 없는 것 같으면서도 말을 만드는 데는 하늘이 이루어 놓은 것 같고, 뜻을 세우는 데는 순박하고 예스러웠습니다.

이로 인하여, 읽는 이로 하여금 복잡한 세상을 벗어나 저 세상의 바깥에 홀로 우뚝 서있는 것과 같은 느낌을 지니게 합니다.

이는 절의가 두터운 까닭에, 일부러 그렇게 하지 않아도 저절로 그렇게 드러나는 것이 아니겠습니까. 그렇기 때문에, 논자論者는 시가詩家에서 도잠陶潛을 보기를 공문孔門에서 백이伯夷 보듯 한다 한 것입니다.

도연명이 시에서 홀로 청고淸高하고 순아醇雅한 절개를 얻어 그 극치를 이룰 수 있었던 것이 어찌 백이가 성인에게 홀로 그 청렴함을 얻어 그 극치를 이룰 수 있었던 것과 같지 않겠습니까.

두보杜甫는 성당盛唐 시대에 태어나 삼광오악三光五嶽의 온전함을 얻었고, 《시경》의 풍아風雅를 추종하여 굴원屈原과 송옥宋玉을 능가하였습니다. 충애忠愛의 정성이 천성에서 우러나서 시절을 걱정하고 나라를 근심함이 손에 잡힐 듯함은 당연하다 하겠습니다. 그러므로 〈북정〉편은 창졸간에 지었으나 국사國事의 염려를 호리毫釐도 놓치지 않았으니, 자은慈恩의 시는 비록 유오遊遨에서 나온 것이라 해도 그 뜻은 여전히 천보天寶 시절의 어지러운 나랏일에 있었다는 것이 결코 빈말이 아닙니다. 그러므로 당사唐史에서 그를 일러 시사詩史라 칭찬하고, 선유先儒는 육경六經에 비겼습니다. 그런즉, 여러 시가詩家의 좋은 점을 모으고 여러 유파를 하나로 통일한 것이 어찌 여기에 있지 않겠습니까. 이러한 까닭에, 소식蘇軾이 시를 논하면서 집대성集大成이란 말로 일컬었음이 어찌 옳다 하지 않겠습니까. 그럼에도 후대에 선배를 논하는 자가, 두보가 〈팔애시八哀詩〉에 엄무嚴武를 포함시킨 것이, 어찌하여 사사로운 인정에서 나왔다고 생각하는 것입니까. 평생의 절개를 헤아리지 못한 마음에 말조차 생각 없이 함부로 드러낸 것입니다.

두보처럼 추상과 같은 절개를 가지고 의연히 절의를 지키는 사람이 권속眷屬을 거느리는 사사로운 마음으로 구차하게 엄무를 인용하여 칭송하였겠습니까. 《문선文選》을 숭상하는 것에 대해서 또한 할 말이 있습니다. 태산을 쌓고자 하는 자는 작은 흙덩이도 마다하지 않고, 하해河海를 깊게 하려는 자는 작은 시냇물도 사양하지 않습니다.(泰山不辭土壤, 河海不擇, 細流.) 더구나 《문선》은 위로는 서한西漢에서 아래로는 위魏·진晉까지의 문장을 모은 것이기에, 좋고 나쁨을 가리지 않고 갖추어 실은 것입니다.

이는 두보가 《문선》을 주로 하려 했던 것이 아니라 오로지 그 장점을 취하려 했던 것이니, 《문선》이 당나라 시에 폐해를 끼친 것이 아니라 당나라 사람이 스스로 폐단을 만든 것입니다.

"여러 사람의 장점을 겸하면 반드시 대성하게 된다."라는 말은 바로 이를 두고 하는 말입니다. 그러므로 한漢·위魏 이전의 시는 두보를 정점으로 하여 모여 어긋남이 없었고, 송宋·원元 이후의 시는 두보를 종앙宗仰으로 함에 다른 말이 없었습니다.

이런 까닭에, 비록 소식·황정견 두 대가는 굴원家에서 발흥하였지만 두보의 시를 으뜸으로 삼아 그것을 칭찬하는 데 말을 아끼지 않았고, 그것을 흠모하기를 그만둘 수 없었습니다. 다만 구양수만이 두보의 시에 세속의 기운이 있다 논하였는데, 그 뜻을 알 수 없습니다.

"노부가 이른 새벽에 흰머리를 빗질한다."라는 구절을 들어 유중원劉仲原의 말에 굽힌 것이 보인다 하였는데, 이는 구양수가 한유韓愈

의 시에 탄복하여 우연히 한 말에 불과합니다.

배우는 자는 이 때문에 두보를 헐뜯고 깎아내릴 수 없습니다. 시를 짓는데 덕행에 바탕을 두지 않는다면 반드시 부박浮薄한 폐단이 있을 것이니, 이는 고금의 공통된 우환憂患이며, 세상 사람들이 욕하는 병통이라 하겠습니다.

시 삼백 편에서 성인의 성정을 보고 그 큰 근본을 뚜렷이 세우지 못한다면, 아무리 빼어나고 어여쁜 문장이라도 모두 그 찌꺼기를 표현한 것에 불과합니다. 그런즉, 세상에 시를 공부하는 자가 충애로써 어찌 근본을 삼지 않을 수 있겠습니까.

문제의 말미에서 "여러 유생이 옛날로 거슬러 올라가 벗 삼을 만한 참시인은 누구인가?"라고 물은 데 대하여, 저는 어리석음에 감격을 일으킵니다. 저는 경학을 연구하는 여가에 시의 문호를 엿보았을 뿐이어서, 아직 그 깊은 뜻을 헤아려보지 못하였습니다. 그러니 어찌 감히 선현先賢의 고하高下를 논하여 이를 취하고 버리고 하겠습니까. 그러나 일찍이 회암晦菴은 말하기를, 시를 배움에는 모름지기 도연명과 유종원의 문중을 거쳐 와야 한다 했으니, 도연명의 시를 배우지 않을 수 없음은 분명합니다.

시를 배우는 법은 학문하는 도리와 같습니다. 맹자가 학문을 논하면서 백이伯夷와 이윤伊尹으로 자처하지 않고 말하기를, "원하는 바는 곧 공자를 배우는 것이다." 하였습니다. 그런즉, 여러 유생들이 마땅히 법으로 삼고 스승으로 우러러 본받아야 할 것은 시단詩壇의 성인을 제쳐두고 누구라 하겠습니까.

만일, 인품과 절의를 공경하고 그리워하는 것으로 시의 근본을 삼는 자라면, 세 번 목욕하고 세 번 말릴 겨를이 없겠습니다. 도연명과 두자미 두 분에 대하여 어찌 선후를 매기겠습니까. 삼가 대답합니다.

李子의 '고금시가古今詩家론'은 조선시대 '시평詩評'인 홍만종의 《소화시평》, 허균의 《성수시화惺叟詩話》, 양경우梁慶愚의 《제호시화霽湖詩話》, 장유張維의 《계곡만필谿谷謾筆》, 김득신金得臣의 《종남총지終南叢志》, 남용익南龍翼의 《호곡만필壺谷漫筆》, 임방任埅의 《수촌만록水村謾錄》, 임경任璟의 《현호쇄담玄湖瑣談》 등의 원전元典이 되었다.

계사년(1533) 남행 때 李子가 직접 쓴 의령 가례의 '嘉禮洞天' 암각서, 李子가 개명改名한 가례면 수성리修誠里와 거창 수승대搜勝臺, 경호景浩(이자의 字)가 다녀갔다는 기념비 경도단景陶壇(함안군 산인면 모곡리의 문암초등학교 교문 앞), 고려동 유적지 마을 뒤편의 죽재竹齋 오석복吳碩福의 삼우대三友臺 언덕의 화강암 표지석, 어관포와 함께 올랐던 곤양군 서포면의 까치섬 작도정사鵲島精舍 입구 돌계단 앞의 '퇴계이선생장구지소退溪李先生杖屨之所' 표지석, 《남행록南行錄》의 詩 109수와 함께 500년 전 李子의 발자취이다.

7. 영호루에 올라서

映湖樓

홀로 누대 올랐다가 해 져야 돌아와   獨自上樓還盡日
다만 술로써 집 생각 잊을 수 있다네.   但能有酒便忘家

갑오년(1534) 34세에 식년문과에 합격한 李子는 승문원承文院 부정자副正字(종9품) 권지權知(인턴)에 임명되어, 그해 10월 문신 정시庭試에서 차석하여 통사랑通仕郎(정8품)에서 계공랑啓功郎(종7품)으로 한 품계品階 특별 승진되었으며, 그해 12월에 승문원承文院 박사博士(정7품)로 승진됨으로써, 출사出仕 1년 만에 정칠품正七品으로 품계가 올랐다.

그 후 선무랑(종6품)에 오른 때부터 어머니를 모시기 위해 지방 고을 수령을 희망하였으나 소망을 이루지 못하자, 벼슬을 버리고 고향으로 돌아가고 싶다는 심경을 노래하였다.

> 즐거워라, 산촌의 고향 사람들이여.　　　　　樂哉山中人
> 나도 사직을 청하고 돌아가 술잔이나 나누리라.　言歸謀酒奠

李子는 대과 급제 후 첫 휴가를 받고 7월에 고향으로 내려와 어머니 춘천박씨께 홍패紅牌를 올렸다. 생원 진사 때 백패白牌를 받았으나, 이번에는 붉은 종이에 합격자의 직위와 성명, 합격 등급과 순위를 쓴 홍패를 받았기 때문이다.

어머니를 모시고 꿈같은 시간을 보내고, 10월에 승문원承文院 저작著作(정8품)으로 승진되어 다시 조정으로 돌아왔다.

10월 21일부터 문신 정시庭試가 시작되었다. 문신 정시는 문신의 학문을 장려하기 위하여 시행된 시험으로, 당상堂上 정3품 이하의 문신을 대상으로 왕의 특별한 명이 있을 때 전정殿庭에서 행하였는데, 제술 시험 과목은 증광문과增廣文科 전시殿試와 같았다.

임금이 사정전思政殿에 직접 나와서 우선 '기영회도耆英會圖'란 제목으로 문신들에게 배율排律을 짓게 하였는데, 李子는 배율에서 1등을 하였다.

이때부터 11월 1일까지 사정전에서 임금이 임장한 가운데 계속 시험이 치러졌다. 23일에는 책策과 율시律詩, 24일에는 표表와 제소制詔, 25일에는 부賦와 잠箴, 29일에는 송頌·서序·명銘, 마지막에는 설說과 고시古詩를 짓게 하였다. 문신이라면 대과에 급제하고 나름대로 내로라하는 선비들이 아닌가. 李子는 전체에서 차석을 하여, 계공랑啓功郞으로 특별 승진되었다.

35세의 李子는 왜인倭人 호송관으로 차출되어 동래에 가게 되었다. 삼포왜란이 있은 뒤 조정에서 왜의 납관을 불허하자, 왜는 수차에 화해를 애걸하였다. 왜인倭人을 호송하여 동래 가는 길에 여주를 지나며, 그곳 목사 이순李純, 훈도 이여李畬와 신륵사에서 《황극경세서皇極經世書》의 〈관물내편〉과 《주역참동계周易參同契》의 수련법에 대해 논하였는데, 그때의 감회를 詩로 적어 두었다.

> 서울의 풍진이란 한바탕의 꿈처럼 아득한데,   京洛風塵一夢悠
> 나리들 따라서 고요한 곳 찾아와 놀아보네.   從公聊作靜中遊

동래에서 한양으로 되돌아가던 길에 성주에 들어갔다. 신라의 알천양산촌閼川楊山村 촌장 이알평李謁平에서 시작한 경주李씨가 신라말 성산星山(성주)에 자리 잡은 이능일李能一을 시조로 하여 성주星州의 육이六李, 즉 성산星山·성주星州·벽진碧珍·경산京山·광평廣平·가리加利 李氏를 통일하여 관향을 성산星山李씨라 한다.

성산星山은 본래부터 영웅의 덤불이라 불렀다. 성주의 호족 이장경李長庚의 아들 이백년李百年, 이천년李千年, 이만년李萬年, 이억년李億年, 이조년李兆年 5형제가 모두 과거에 급제하였다.

　　이화梨花에 월백月白하고 은한銀漢이 삼경三更인 제
　　일지춘심一枝春心을 자규子規야 아랴마는
　　다정多情도 병病인 양 하여 잠 못 드러 하노라.

대제학 이조년李兆年의 시조이다. 그의 손자 이인임李仁任은 공민왕의 유일한 아들인 모니노를 우왕으로 추대하여 정권을 잡았다.

명나라의 《대명회전大明會典》에 이인임을 이성계의 부친(실제 부친은 쌍성총관부의 이자춘)으로 기록되어 있었다. 이를 바로잡는 종계변무宗系辨誣가 200년간 계속되었다.

李子는 임풍루臨風樓에 올랐다. 이행李荇이 편찬한 《신동국여지승람》에 "임풍루는 주州의 청사가 서로 붙어있어 관리가 막히고 답답한 것을 풀거나 가난하고 소박하더라도 안빈낙도安貧樂道의 흥을 얻을 것이요, 묵객墨客들이 시를 읊조리어 호탕浩蕩한 기운을 얻을 것이다."라고 하였다.

임풍루에는 목계木溪 강혼姜渾의 시가 걸려 있었다. 강혼은 비 온 뒤 성주 임풍루에 올라 시를 지었는데, 홍수가 불어서 물결이 이천 강둑을 완전히 쌌다고 읊었다.

〈임풍루臨風樓〉

비 온 뒤 강물 불어서 노[篙]가 빠져서 오는데,	雨餘江漲沒篙來
기둥에 기대어 물결을 보니 장하기도 하다.	倚柱觀瀾亦壯哉
첩첩한 물결은 푸른 풀 강둑을 완전히 쌌고,	疊浪全籠靑草堤
연이은 봉우리의 반은 흰 구름 무더기에 들었네.	連峯半入白雲堆

李子는 칠석에 성주를 지나면서 임풍루에 올라서, 강혼姜渾이 지은 시를 보고 차운하여 〈임풍루 칠석臨風樓七夕〉을 지었다.

좋은 일은 본래 하늘이 아끼는 바이나,	勝事由來天所慳
바람 맞는 누각에서 잠깐 한가로움을 훔치네.	臨風樓上且偸閒
숲이 낮의 열기를 차단하니 바람이 헌함에 생기고,	樹遮午熱風生檻
구름이 초가을 그늘을 걷어내자 해가 산에 비치네.	雲破秋陰日映山

※ 차투한且偸閒: 한가로움을 훔쳐본다. 李子는 감흥이 일어나면 언제 어디서든 잠깐의 여가를 차투한且偸閒으로 시 짓기를 여사餘事로 여겼다.

이튿날, 이른 새벽에 말에 올라 이천 강둑을 지나 성주 관아의 후원을 거닐었다.

〈성주마상우음星州馬上偶吟〉

새벽까지 노닐다 찬란한 해가 솟아오르니,	曉天霞山初昇日
대자연이 그림같이 그 모습을 펼치고,	水色山光畫裏誇
새벽 향이 말머리에 눈처럼 흩날리며,	馬首吹香渾似雪
야당화에 맺힌 이슬이 눈물처럼 흐르네.	泣殘殊露野棠花

태양이 솟아오르자, 어둠이 걷히면서 여명에 성산星山의 윤곽이 희미하게 드러나고, 흐르는 강물 위로 물안개가 서서히 걷히면서 백화가 햇빛에 반짝이기 시작하였다.

시의 묘사 범위가 먼 데서 가까운 데로, 넓은 데서 점점 축소되어 마지막에 이슬 맺힌 야당화의 꽃잎에서 멈춘다.

'효천하산초승일曉天霞散初昇日'에서 새벽노을에 떠오르는 태양의 찬란한 빛이 느껴진다면, '수색산광화이과水色山光畵裏誇'는 수묵화 같은 경지를 느끼게 한다. 설雪, 수로殊露, 야당화野棠花에서 색채라는 말이 없으면서 색채나 빛의 감각을 일깨워 주고 있다.

그해 7월, 왜인 호송을 마치고 서울로 돌아온 후 선무랑宣務郎에 임명되었다. 벼슬이 점점 높아지지만, 벼슬이 원래 소망하는 것이 아닌데다가 실제 여러 가지 문제로 환멸감만 더해지게 되었다.

맑은 날 새벽, 마침 다른 일 없어, 옷을 걸쳐 입고 서쪽 마루에 앉았다. 일하는 어린 종이 뜰을 쓸고 간 뒤 닫힌 문에 적막이 다시 찾아왔다. 섬돌에 가는 풀 돋아나고 향기로운 나무들이 정원에 흩어져 있었다. 서울살이 세 번째 봄을 맞으니, 삶이 옹졸해져 멍에 진 당나귀 같으며, 아득한 세월 동안 무슨 보탬이 되었는지 날마다 나라의 은혜에 부끄럽기만 하였다.

새벽에 일어나 거닐다가 우사寓舍 정원에 초목과 조수鳥獸들이 봄날을 다투는 모습을 보고 시를 지어서 〈감흥感興〉이라 제하였다.

보드라운 풀 그윽한 섬돌에 돋아나고,	細草生幽砌
아름다운 나무는 동산에 향기롭네.	佳樹散芳園
살구꽃은 비 오기 전에 성글게 피더니,	杏花雨前稀
복사꽃은 어젯밤 비 뿌린 뒤 활짝 피었다.	桃花夜來繁
붉은 벚꽃 향기가 눈처럼 휘날리고,	紅櫻香雪飄
바람에 하얀 자두꽃이 은빛 바다 물결 일으킨다.	縞李銀海飜
붉은 앵두꽃은 향기로운 눈처럼 나부끼고,	紅櫻香雪飄
하얀 오얏꽃은 바다인 양 출렁이네.	桃花夜來繁
예쁜 새들은 아름다움을 제각기 뽐내며,	好鳥如自矜
새들의 지저귐은 아침햇살을 노래하네.	間關哢朝暄
(…)	
이웃들은 봄이 되면 들로 나가고,	隣里事東作
닭과 개가 울타리를 돌며 집을 지킨다오.	雞犬護籬垣
책을 펴고 조용히 책상에 앉으면,	圖書靜几席
안개와 노을이 강과 들을 감돌리라.	烟霞映川原
냇가엔 물고기와 새들이 노닐고,	溪中魚與鳥
소나무 아래엔 학과 원숭이가 노는구나.	松下鶴與猿
즐거워라, 산촌의 고향 사람들이여.	樂哉山中人
사직을 청하고 돌아가 술잔이나 나누리라.	言歸謀酒奠

장인 허찬許瓚이 의령에서 별세하였다. 의령으로 가는 길에 고향에 들러서 어머니를 뵙고, 안동의 애련당愛蓮堂에 들렀다.

숙부가 안동부사였을 때 연못 가운데 정자를 짓고 '애련정'이라고 하였는데, 그곳에 걸려 있는 숙부의 詩 〈비 온 뒤…… 蓮亭〉를 차운하여 〈안동애련당安東愛蓮堂〉을 읊었다.

대나무 바람 소리 가늘어서,	竹因風細笑無聲
연잎은 가을 기운에 다시 맑아졌네.	荷爲秋涼韻更淸
푸른 대숲에 붉은 촉규화 보이지 않고,	不見西牆紅間綠
주옥같은 시구詩句만 주렴 사이를 비추네.	空餘珠玉映簾旌

숙부 송재공께서 안동부사로 계실 때 애련당을 지어서 자질들을 가르쳤다. 그때 시를 지으셨는데, "거문고 소리 빗소리에 섞여 있고 琴韻泠泠雜雨聲, 줄기 시들어 연잎 처량하나 여전히 맑은 기상 지니고 있네 敗荷無藕尙含淸. 촉규화는 대나무 사이로 옮기어 서녘 담 아래 심으니 移葵間竹西墻下, 붉고 푸름 분명하게 제각기 드러내네 紅綠分明各自旌."라고 하셨다. 그 후 안동부사 농암 이 선생께서 정자를 당으로 고쳐 짓고 여전히 송재의 시를 벽에 걸어두었는데, 대는 북쪽 담장 아래로 옮겼으나, 촉규화蜀葵花는 간 곳이 없어졌다.

애련정을 나와서 낙동강 강둑의 영호루映湖樓에 올랐다. 역동易東 우탁禹倬의 詩 〈題 安東映湖樓〉가 걸려있었다. 우탁은 역학易學 연구에 뛰어나, 이자는 그를 존경하여 '역동 선생'이라 불렀다.

충선왕이 국정을 돌보지 않고 숙비의 교태에 빠지자, 숙비는 방자하고 사치하여 백성들이 못마땅히 여겼으나, 조정에는 간諫하는 신하가 없었다. 감찰규정監察糾正 우탁은 죽음을 각오하고 흰옷의 상복을 입고 거적자리 짚방석을 어깨에 메고 부월斧鉞(도끼)를 들고 대궐로 들어가 왕의 비행을 직간하는 과감한 소를 올렸는데, 이를 지부상소持斧上疏라고 하였다. 우탁은 본래 단양 사람이었으나, 도산으로 옮겨 살았다.

훗날 李子는 도산에 역동서원易東書院을 세웠는데, 서원의 명칭은 우탁이 주역을 해득하여 안동 선비들에게 강학한 것을 기념한 것이다.

우탁禹倬의 詩 〈안동영호루 題 安東映湖樓〉

영남에서 호탕하게 여러 해 놀았건만,	嶺南遊蕩閱年多
영호의 좋은 경치 가장 사랑하였네.	最愛湖山景氣加
방초 짙은 나루터엔 나그넷길 나뉘고,	芳草渡頭分客路
푸른 버들 우거진 언덕엔 농가가 있네.	綠楊堤畔有農家
바람 잔 수면에 안개 비끼니,	風恬鏡面橫烟黛
해묵은 담장머리 이끼도 무성해라.	歲久墻頭長土花
비 갠 들판에서 들리는 격양가,	雨歇四郊歌擊壤
수풀 끝엔 차가운 삭정이가 자라네.	坐看林杪漲寒槎

역동易東 우탁禹倬의 詩 〈題 安東映湖樓〉를 차운하여, 지난해 세상 떠난 맏형 잠潛의 죽음과 장인 허찬許燦의 죽음을 애도했다.

〈영호루映湖樓〉

빗속에 깊어지는 나그네 시름	客中愁思雨中多
가을바람 불어대니 더욱 심란해,	況值秋風意轉加
홀로 누대 올랐다가 해 져야 돌아와	獨自上樓還盡日
다만 술로써 집 생각 잊을 수 있다네.	但能有酒便忘家
은근히 벗을 불러 돌아가는 제비와 더불어	慇懃喚友將歸燕
쓸쓸한 정을 품고 저녁 꽃을 마주하고 싶네.	寂寞含情向晚花
한 곡조 맑은 노래 수풀을 울리는데,	一曲清歌響林木
이 마음 어찌 마른 등걸 될 수 있나.	此心焉得似枯槎

※ 치추풍値秋風: 이백의 "장한림 강동으로 떠나는 배, 때마침 가을 바람 부는 철 만났네 張翰江東去 正值秋風時."에서 따온 듯하다.

주편망가酒便忘家: 술로써 집 생각을 잊는다.

의령에서 장인 허찬許瓚의 영전靈前에 곡哭하고 돌아오는 길에 시 〈신번현에서 비를 만나서 하룻밤을 묵으면서〉를 지어서 읊었다.

이미 팔월대보름 달 한쪽이 허물어져 가는데,
남쪽 지방의 과객은 아직도 돌아갈 길 느리고 끝없네.
붉은 구름 감도는 북쪽의 궁궐은 삼천 리나 멀리 있고,
늙으신 어머니 고향에 계시니 종일토록 생각나네.
취하여 옛 친구와 이별할새 바람이 소매를 끌어당기고,
외로운 객관에 홀로 읊조리니 빗소리 시심을 재촉하네.
지친 종을 부질없이 배 곯리고 목마르게 하였구나.
돌아갈 길 손꼽아 이틀을 하루 잡아 기약해 보네.

已見中秋月欲虧　南州行客尙透遲　紅雲北闕三千里　白髮高堂十二時
醉別故人風挽袖　愁吟孤館雨催詩　徒令倦僕知飢渴　屈指歸程倂日期

※ 위지透遲: 길이 멀어서 끝이 없는 모양.

고당高堂: 부모의 높임말.

우최시雨催詩: 두보의 "응당 비가 시를 재촉하네."(應是雨催詩)

권복지기갈倦僕知飢渴: 한유의 "노복들이 배고프고 목마른 것 알게 하여"(長令倦僕知飢渴)

병일倂日:《예기》"이틀에 하루 치의 음식을 먹다."(倂日而食)에서 온 말로, "이틀 걸릴 거리를 하루로 계산하다."라는 의미이다.

첫 구 끝의 虧는 평성, 3구의 里는 상성, 5구의 袖는 거성, 7구의 渴 자는 입성이어서, 平·上·去·入의 四聲이 모두 갖추어져 있다.

서울로 돌아왔다. 이때 정6품 승의랑承議郞이 되었다. 정6품에 해당하는 관직으로는 좌랑·감찰·사평司評·정언正言·검토관·수찬修撰·전적典籍·기사관·교검·별제別提·종사관從事官·평사評事 등이 있다. 현행 직급과 일치하지 않지만, 사무관급이라고 볼 수 있다.

10월 15일, 어머니의 부음을 듣고 고향에 돌아와 거상居喪 중에는 너무 슬퍼한 나머지 몸이 회초리같이 말라 병을 얻게 되었다. 특히 이때, 어려서부터 고질병이 되었던 심질心疾이 다시 도져 거의 죽을 뻔하였다. 〈선비 증정부인 박씨 묘갈문先妣贈貞夫人朴氏墓碣文〉에서 어머니에 대하여 다음과 같이 기록하고 있다.

기해년(1539)에 어머니의 삼년상을 마치고, 홍문관 수찬(정6품)·지제교 겸 경연經筵 검토관檢討官으로 승진되었고, 41세가 되면서 홍문관 교리(정5품)로서 경연經筵(어전회의)에 입시하였다. 사가독서賜暇讀書에 선발되어서 드디어 동호 독서당에서 자신이 좋아하는 독서를 하게 되었다.

사가독서賜暇讀書는 학습 과정이 자유로운 재교육 제도였다. 대제학이 관리 감독을 맡아서 월과나 삭제와 같이 그들을 독려하기는 했지만 그것은 부차적인 것이었고, 독서의 핵심은 스스로가 알아서 처리하는 것이었다.

삼각산 아래 진관사津寬寺를 독서당으로 하였다가 성종 때에는 경치가 아름다운 한강변 용산의 폐사廢寺를 수리하여 썼는데, 연산군 때에 이를 허물었으며, 중종 때 왕실 여인들이 출가하여 수도修道하던 정업원淨業院을 독서당으로 삼았다가 도성都城의 동남 방향의 한강 두모포豆毛浦 월송암月松庵 근처에 독서당을 새로 건립하여 동호東湖라 했으며, 동호 독서당을 줄여서 호당湖堂이라 하였다.

독서는 강서講書와 제술製述이 주를 이루었는데, 강서講書는 책을 읽고 문답을 하거나 토론하는 것이고, 제술製述은 시나 글을 짓는 것으로, 이를 아울러 '강제講製'라 하였다. 사가독서 제도의 운영 방식은 오늘날 교원의 연구년제, 공무원 재교육, 사원 재교육 등과 같다.

동호의 두모포豆毛浦는 중랑천이 청개천과 합수하여 흘러드는 곳이라 하여 두뭇개라 하였는데, 두뭇개가 변하여 두모포가 된 것이다.

중랑천 건너엔 뚝섬이 있고, 두모포 앞 한강에는 저자도楮子島(닥나무섬)라는 큰 모래섬이 있어 방풍도 되고 유속流速의 조절도 해주어 포구로서 좋은 조건을 갖추고 있었다.

두모포는 경치가 좋아서 권세가들이 정자亭子를 지었다. 한명회는 두모포 맞은편 강안江岸에다 압구정鴨鷗亭을 지었으며, 예종의 둘째 아들 제안대군은 두모포 언덕에 유하정流霞亭을 지었고, 연산군은 거기에 황화정皇華亭을 세워 연회宴會를 즐겼으며, 김안로金安老는 보락당保樂堂, 조대비가 태어난 쌍호정雙虎亭, 정유길의 몽뢰정夢賚亭 등이 있었다. 정유길鄭惟吉은 영의정을 지낸 동래정씨 정광필의 손자이며, 그의 외손자가 청음 김상헌金尚憲이다.

옛사람들은 한강을 호수로 여겨서 동호東湖, 서호西湖, 남호南湖라 하였다.

한강은 시인 묵객들의 문화 공간이자 교류의 장이었다. 중국 사신이나 과거 보러 상경한 선비들이 동호東湖 제천정에서 배를 타고 저자도를 돌아서 남호南湖의 용산강을 거쳐 서호西湖의 양화진으로 내려가면서 풍류를 즐겼다.

동호東湖에는 저자도와 독서당, 입석포(선돌개), 두모포(두뭇개), 제천정과 천일정, 압구정 같은 명승지가 즐비했으며, 서호西湖는 마포와 선유봉, 양화진 잠두봉(절두산)을 아우르는 지역으로, 오늘날 서강西江이라 한다. 남호南湖는 용산강의 다른 이름으로, 여의도와 밤섬을 품은 동작에서 노량진까지의 구간이다.

선비들 중에 사가독서에 선택된 자는 영광스럽기가 선관仙官에 비교되기도 하였는데, 이자李子는 동호 독서당에서 함께 사가독서를 하던 최연·엄흔·송기수·임열·윤현·임형수·나세찬·김주·정유길·김인후·민기·이홍남 등 12인과 수계修契를 하였다.

독서당 관원은 윤번으로 돌아가면서 교대로 그곳에서 독서하였는데, 관례상 다른 관직을 가진 채 선발되었기 때문에 그곳에 오래 머물면서 독서하는 사람은 없었다.

궁궐의 벼슬보다 사가독서가 즐거운 李子는 항상 단정하게 앉아서 독서에 주력하였으며, 간혹 다른 관원들과 유상遊賞하는 경우에도 방종하는 데까지는 이르지 않았다. 독서당 남쪽 다락 왼편의 작은 집을 '회문당會文堂'이라 하였는데, 이곳에서 독서당 친구들과 주고받은 시문들이 여러 편 있었다.

김응림金應霖은 李子와 하서 김인후, 금호 임형수 등과 동호에서 독서하였는데, 李子는 독서당에서 김응림의 시 〈가을 느낌〉을 차운하였다.

〈가을 느낌 書堂 次金應霖秋懷〉

가을이 와서 오동나무가 한 해를 흔들어 놓아
오랫동안 빚지고 있다는 생각에 산천을 등지고 있으니,
병고에서도 맑은 술을 성인이라 불렀다는 말이 생각나네.
가난해도 달게 여기겠나? 돈을 형님같이 여긴다는 것을.
자줏빛 기운 띤 신선은 함곡관 밖으로 나갔고,
노란 관 쓴 도사는 거울처럼 맑은 못 곁에서 놀았다네.
평소에 잘못 끼었네, 금마문 드나드는 선비들 틈에.
미치지 못하네, 제집에서 한 촌 마음밭 잘 가꾸기만은.

秋入梧桐撼一年 黷思宿債負山川 病中猶憶聖呼酒 貧裏寧甘兄事錢
紫氣仙人函谷外 黃冠道士鑑湖邊 平生謬廁金閨彦 不及渠家養寸田

※ 감撼: 흔들다. 번飜: 번역할 번. 숙채宿債: 오래된 빚.
　황관도사黃冠道士: 당나라 때 문신 하지장을 말함.
　금규金閨: 금마문의 다른 이름. 문인으로서 벼슬길에 나아가는 것을 금마문으로 들어간다고 하였다. 측厠: 끼어들다.
　추회秋懷: 가을이면 느끼는 회포.

동호 독서당에서 새벽에 일어나 소식蘇軾의 시〈정혜원 달밤 定惠院寓居月夜偶出〉에 차운하여〈호당효기용동파 정혜원월야우출湖堂曉起用東坡 定惠院月夜偶出〉을 지어서 서울에 올라올 수밖에 없었던 자신의 처지를 자조自嘲하는 한편, 고향으로 돌아가고자 하는 뜻을 밝혔다.

　닭은 물가의 마을에서 울고 달은 처마에 달렸는데,
　한번 잠들어 고향 간 꿈꾸다가 새벽녘에 놀라 깨었네.
　봉관蓬觀 안의 창, 작은 창 모두 조용하네.
　꽃나무 아래 아침 햇빛 영롱하게 비치네.
　정원의 매화 반 떨어지니 향내 더욱 풍기고.

　　　　雞鳴水村月掛簷　一枕歸夢驚殘夜　窓櫳闃寂蓬觀裏
　　　　曙色蔥瓏花樹下　庭梅半落香更吹 ……

41세의 李子는 사헌부·사간원과 함께 '언론 삼사'라고 하는 홍문관의 수찬修撰으로 승진한 뒤 성절사聖節使 홍춘경洪春卿 행자行次의 자문점마관咨文點馬官이 되어 의주에 가게 되었다.

자문咨文이란 중국과 외교적인 교섭·통보·조회할 일이 있을 때에 주고받던 공식적인 외교문서이며, 점마點馬는 외교관들이 타고 다니는 마필을 점고하는 일이다. 승문원은 외교문서를 관장하는 기관이며, 李子는 승문원承文院 교리校理(종五品)로서 점마관을 겸하고 있었다.

한양 도성을 떠나서 관서 지방 여행은 초행이었다. 황해도와 평안도는 고구려와 고려의 옛 영역으로서, 영남 사람으로서는 미답未踏의 땅이었다. 미답의 땅에 들어서려면 누구나 미지의 세계에 대한 호기심과 함께 일상에서 벗어나는 자유도 만끽하게 될 것이다.

그러나 젊은 시절에 무관無冠으로서 어관포를 만나러 남행을 감행했던 자유로운 방랑객이 아니라, 공무를 수행하는 관리의 입장에서 긴장의 끈을 놓을 수 없는 처지였다.

무악재를 넘어 영은문을 지나 모화관을 나서면, 의주대로가 시작된다. 고양, 파주를 지나 장단에서 나룻배를 타고 임진강을 건너면 개성이다.

개성은 918년 왕건王建이 고려를 건국하여 정한 왕도이다. 궁궐터인 만월대, 조선 태조가 즉위했던 수창궁, 사신의 숙소인 태평관, 정몽주鄭夢周가 피살된 선죽교善竹橋, 고려 유신 72인의 절의를 기리는 만수산 남동의 두문동비각杜門洞碑閣, 활을 쏘던 관덕정觀德亭, 정몽주·서경덕 등을 배향한 숭양서원 등 500년 역사를 지닌 이곳은 송악松嶽, 송도松都, 개성開城 등으로 불리고 있다.

조선이 건국되자 72인의 고려 유신들이 광덕산 서쪽 기슭의 두문동杜門洞으로 들어갔다. 태종은 고려 유신들을 회유하기 위하여 경덕궁에 과장科場을 열었으나, 아무도 응시하지 않고 고개를 넘어 가버렸다. 이들은 자신들이 사는 곳을 부조현不朝峴, 두문杜門이라 하였으며, 두문불출杜門不出이란 말도 이에서 파생되었다.

궁궐과 사적지를 둘러볼 여유도 없이 개성을 지나서 예성강을 건너 황해도 땅에 들어섰다. 평산, 황주, 중화를 지나서 대동강을 건너서, 고구려의 도읍지이며 고려의 서경이었던 평양성에 들었다.

평양은 기성箕城·낙랑樂浪·서경西京·서도西都 등 다양한 이름으로 불렸는데, 그중에 '기성箕城'은 고대 기자조선箕子朝鮮의 역사적 터전이었음을 의미하며, '서경'과 함께 평양의 별칭으로 가장 많이 사용되었다.

평양에서 다시 출발하여 순안, 숙천을 지나, 안주에서 청천강을 건넜다. 청천강은 물줄기가 거세고 강이 깊어서 '살수薩水'라고 불렀으며, 612년 을지문덕 장군이 수나라 양제煬帝의 100만 대군을 물리친 곳이다. 청천강을 건너서 정주, 곽산, 철산, 용천을 지나서 의주성에 들어갔다. 의주성에서 압록강을 건너면 명나라 땅이다. 임란 당시 의주까지 파천했던 선조가 압록강을 건너 도망할 궁리를 할 때, 영의정 서애 류성룡이 선조의 앞을 가로 막아서서, "안 됩니다. 王께서 우리 국토 밖으로 한 걸음만 떠나면 조선朝鮮은 우리 땅이 되지 않습니다."라고 하니, 선조도 차마 강을 건너지는 못하였다.

의주로 가는 길에 죄인을 감시하여 데리고 가는 압해관押解官 신순申洵 등이 당물唐物을 사오기 위해 은냥銀兩을 가지고 간다는 정보를 듣고 그 일행의 마두馬頭인 임손林孫을 고문한 결과 은냥을 가지고 있다는 사실은 밝혀내지 못하였다. 그러나 복물卜物을 13바리씩이나 가지고 간다는 사실은 밝혀내어서, 이 사실을 문서로 작성하여 조정에 보고하였다.

6월 5일, 중종은 부경 사신의 행차가 돌아올 때 적간摘奸하는 일에 대해 전교하기를, "단련사의 일행이 돌아올 때에 당물을 사가지고 오는 자에 대해서는 이미 점마를 시켜 조사·수색하라고 하였다……. 이황李滉의 서장을 보건대, 은냥을 가지고 갔다는 일은 풍문만 있을 뿐이요 현장에서 적발한 것이 아닌데, 풍문만 가지고 추고推考한다면 나중에 공사公事를 꾸밀 때 처리하기가 어려울 것이다. 반드시 후일에 그것을 전례로 끌어대게 되어 폐단의 단서가 열리는 것도 염려하지 않을 수 없다."라고 하였다.

李子는 의주에 있는 동안 의주 주변의 경관을 읊은 연작시 12수 〈義州雜題十二絶〉을 지었다. 〈압록강 천연 요새 鴨綠天塹〉

해 저무는 국경의 성에 올라 홀로 난간에 기대어,	日暮邊城獨倚闌
한 소리 북쪽의 피리, 수루 위에 들리네.	一聲羌笛戍樓間
그대에게 알고자 하니 중국과 경계가 이디쯤인가.	憑君欲識中原界
웃으면서 손짓하네, 긴 강 서쪽 언덕의 산을.	笑指長江西岸山

백두산 천지에서 발원하여 803.3km를 흘러서 황해로 들어가는 압록강은 마자馬訾, 청하青河 또는 용만龍灣이라고도 하며, 그 물빛이 오리의 머리처럼 파랗다고 하여 '압록鴨綠'이라 붙여진 이름이다.

압록강은 예나 지금이나 중국과의 국경이다. 만리장성이나 멕시코 장벽처럼 강자의 월경越境은 합법이요, 약자는 불법이니 다툼이 있기 마련이다.

의주는 고구려 멸망 후 당·발해·거란의 영토였다가 고려시대에 수복된 곳으로, 오랫동안 외적과 싸운 곳이어서 통군정統軍亭과 취승정聚勝亭·객사·사직·남문·서문·북문·동문과 성내에 삼지三池 29정井이 있으며, 통군정에서 압록강 건너를 조망할 수 있는 구련성九連城이 있다.

〈의주잡제 州城地利〉

> 성벽과 성가퀴 높이높이 치솟고 지세도 웅장한데, 雉堞峨峨地勢雄
> 요동 땅과 경계를 그어 북쪽 오랑캐를 눌렀도다. 分疆遼左壓山戎
> 나라의 관문 잠그기는 하느님의 자물쇠 같으니, 國門鎖鑰如天設
> 오래도록 평화 얻어 저녁마다 무사함을 보고하네. 長得平安報夕烽

※ 치첩雉堞: 치雉는 면적 단위, 첩堞은 성벽 위에 덧쌓은 성가퀴.
　평안보석봉平安報夕烽: 매일 초저녁에 하나의 봉화를 올리는 것을 편안을 알리는 불이라고 한다 夕烽來不近 每日報平安.

압록강은 의주 북쪽 경계에 이르러 강물이 몇 갈래 길로 나뉘었다가 합치기를 반복한다. 강에 위치한 크고 작은 섬들 때문이지만, 이 섬들은 여름과 가을에는 강물이 불어나 잠기기도 하고 섬이 육지와 연결되기도 하는 등 변화가 많았다.

의주는 무역도시이다. 중강 개시(국경무역)를 통해 조선은 곡식·나귀·노새 등을 명나라에서 수입했는데, 그 무역 대금을 은화·말·면포 등으로 결제하였다. 화약을 밀수입하는 한편, 인삼·수달 가죽 등을 밀수출하였다.

조선 상단으로는 서울의 경상, 개성의 송상, 의주의 만상이 있었는데, 명나라와의 중강 개시는 밀무역 활동과 국가 기밀 누설 등을 이유로 혁파가 논의되었고, 후금이 성장하면서 중단되었다.

압록강변에 물건을 모아두고 기다렸다가 개시일에 상인을 거느리고 중강으로 나갔다. 그곳에서 봉황성의 통관通官 장경章京과 더불어 값을 정하고 서로 교역하게 하였다.

〈압록강 도하금지 斷渡〉

값진 구슬 감추려는 자들은 제 살 갈라서 넣고 다니려 하는데,
산만하게 내왕하는 배들만 보고서 나루 사이 오고 감을 막았네.
미묘한 간상배들 온갖 방법으로 나라의 법망을 속이려 하나니.
나라의 시책 오히려 너그럽네, 쥐새끼같이 몹쓸 놈들에게.

懷璧貪夫欲剖身　譏將舟楫斷通津
微姦百計欺疏網　國是猶寬鼠輩人

※ 단도斷渡: 중국과의 사무역 금지를 위하여, 도강자는 사형에 처하고 관할지의 지방관은 귀양을 보내었다.

회벽懷璧: 주나라의 속담에, "평범한 지아비는 죄가 없고, 구슬을 품은 것이 죄이다.(匹夫無罪, 懷璧其罪.)"라는 것이 있다.

욕부신欲剖身: 서역 땅 장사치들은 구슬을 얻으면 배를 가르고서 그것을 저장하였다고 한다.(剖身以藏之.)

자문점마관 李子는 의주 취승정에서 성절사 홍춘경과 작별하였고, 돌아오는 길에 평양에서 잠시 머물렀다. 이때 감사 상진尙震을 모시고 대동강 덕암 언덕의 연광정練光亭에서 베풀어진 밤 연회에 참석하였다. 관서關西가 본래부터 번화한 곳으로 일컬어지다 보니, 이곳에서 구렁텅이로 빠져드는 선비가 있었지만, 李子는 자문점마로 의주에 한 달간 머물면서도 절대로 여색女色을 가까이하지 않았다.

상진이 아름다운 기생을 치장시켜 수청을 들게 하였으나, 끝내 돌아보지 않고 詩를 지어서 도의를 소중히 여기는 사군자士君子의 풍도를 유지하였다.

평양 기생이 수청 드리는 것을 李子가 거부한 것은 당시 선비들에게 큰 울림을 주었는데, 안동부사 홍경창洪慶昌의 손자 홍순언洪純彦은 종계변무宗系辨誣 통역관으로 연경燕京에 갔다가, 부모의 장례비용 마련을 위해 기방으로 팔려왔다는 남경의 호부시랑 류모의 딸을 구해준 인연으로, 그녀의 남편이자 당시 예부시랑이었던 석성石星의 신뢰로, 200년간 해결하지 못했던 종계변무 문제를 해결하고 임진왜란 때 명나라 군대의 파병을 이끌어내기도 하였다.

〈연광정練光亭〉

멀리 아득한 성 머리에 날 듯 펼쳐진 기와지붕들 가지런한데,
올라와 보니 유독 깨닫겠네, 먼 산들 한결 낮아 보임을.
초저녁 조각구름과 석양은 처음 연회 자리 펴는 것을 환영하고,
옥저와 구슬 장식한 금 소리는 새벽닭 운 뒤까지 이어졌네.
하늘의 달은 가까웁기가 사다리를 타고 올라가면 될 듯,
명나라 사신 당고공이 정자 이름을 '연광' 두 자로 이었네.

縹緲城頭翼瓦齊　登臨唯覺遠山低　殘雲返照迎初席
玉笛瑤琴逶早雞　檻外長江橫似練　空中明月近堪梯
唐公此意眞先得　恰把亭名二字題　亭名唐公皐所命

※ 익와제翼瓦齊: 날 듯이 펼쳐진 지붕의 기와. 두보의 〈子規〉 "골짝 안에는 구름 편안하게 걸려 있고, 강가 누대에는 날듯한 기와 가지런하네."(峽裏雲安縣, 江樓翼瓦齊.)
　반조返照: 석양 무렵 해가 반사되어 비치는 것.
　명월근감제明月近堪梯: 당나라 장두張讀의 〈선실지宣室志〉에서, 주생은 구름을 타고 올라가서 달을 가져올 수 있었다고 했다.(周生有道術能梯雲取月.)

당공唐公: 조선에 왔었던 명나라 사신 당고唐皐로, 연광정에 대한 기문인 〈연광정기〉를 지었으며, 귀국길에 선물을 압록강에 던졌다고 한다.

서울에 돌아온 후, 자문점마관으로 의주를 다녀오는 동안 지은 詩들을 묶어 수본手本 시집 《관서행록關西行錄》을 엮었다.

신축년(1541)에 전국적으로 흉년이 들었는데, 경기도에는 수해가 특히 심했다. 9월에 경기도 재상어사災傷御使에 임명되어, 영평·삭녕 등 경기도 동북부 지방을 돌아보고 왔다.

삭령朔寧(연천)에 이르렀다. 삭녕은 임진강의 지류인 우화강羽化江변의 산간분지에 있어 장현場峴을 넘어 안협安峽과 우화정진羽化亭津을 건너 마전麻田·적성積城과 연결되었다. 서쪽으로는 석현席峴·동점東岾을 지나 토산兎山과 이어지고, 동쪽으로는 철원의 갈마현渴馬峴을 통하여 철원과 연결된다. 〈삭령에 이르다 到朔寧〉

슬프고 슬프도다, 흉년에 마음 편치 못하여,	惻惻荒年意未寧
강가에 말 세우니 쓸쓸하고 고달파 보이네.	江邊立馬影玲竮
나뭇잎은 밤새 내린 서리에 붉게 물들었는데,	葉從霜夜濃全赤
산에 드니 가을 하늘은 잘리어 절반만 푸르다네.	山入秋空割半青
관사 은은한 구름 속에 숨어 절에 온 듯하고,	官舍隱雲如到寺
관리들 땅 밟는 것이 병풍 위를 걷는 것 같네.	吏人踏地似行屏
종이 찾아 시구 적으려 한들 무슨 소용 있으랴만,	索牋題句知何用
뜰에 가득한 달빛이 아까워 부질없이 읊어본다네.	新月間吟愛滿庭

※ 진전陳田: 토지대장에 있으나 실제로는 경작하지 않는 진전陳田을 백성들이 한번 경작한 뒤로는 도로 묵힌다 해도 백지징세白地徵稅라는 세금을 내야 하기 때문에 감히 경작하지 못했다.

경기도 재상어사災傷御使를 마치고 석강에 나아가 영평현의 수재 상황을 아뢰기를,

"신이 어사御史의 명을 받들어 영평현永平縣에 도착하니, 그곳의 수재水災가 매우 심하여 산골의 밭은 모두 무너지거나 엎어졌고, 물가의 논은 떨어져 나가 거의 없었으며, 수심에 싸인 백성은 생업生業을 잃고 떠돌았습니다. 신이 돌아올 때에 사람들이 몰려와서 말하기를, '가뭄이 들었던 땅은 오는 해에는 희망을 걸 수 있으나, 우리 같은 궁민窮民은 앞날의 희망마저 없다. 연한을 정하여 농사지어 먹도록 한 경내境內 강무장講武場의 땅을 영구히 경작하게 하면 유민流民들이 생업에 돌아가 소생할 수 있겠다.' 하였습니다."

"조종조의 강무장을 경솔히 처리할 수는 없다. 대신들과 의논하라."

"지금 이 기근 때문에 휴가를 못 받아 지방에 있는 자녀들을 혼인시키는 일도 못 하게 되었는데, 폐단을 제거하려는 뜻이기는 합니다. 《주례周禮》의 황정荒政 12조에, 혼례에 예절을 갖추지 않는 경우도 많습니다. 그것은 남녀가 시기를 잃으면 화기和氣를 상하기 때문에 그 시기를 잃지 않게 하려는 것입니다."

"흉년에 역말을 타고 가게 되면 폐단이 있겠기에 이렇게 한 것

이다. 사사로이 가는 경우는 폐단이 되지 않을 것이니, 다시 논의하라."

경기도 재상어사災傷御使를 다녀온 이듬해(1542)에 충청도 구황적간어사救荒摘奸御使로 임명되었다.

온양군과 전의현을 거쳐 밤에 공주목으로 들어갔다. 전의현은 연기군에 병합되었다가, 지금은 세종특별자치시에 흡수되었다.

전의현 남쪽을 지나가다가 산골짜기에서 기민을 만났다. 흉년에 굶주려 떠도는 백성들을 불쌍히 여기는 마음을 표현하는 시를 지었다.

〈전의현 남쪽을 가다가 산골에서 굶주린 사람들을 만나다 全義縣南行, 山谷人居遇飢民〉

집은 헐고 옷은 때에 절었으며 얼굴엔 짙은 검버섯 피었는데,
관아 곡식 떨어졌으니 들에는 푸성귀마저 드무네.
사방 산에 꽃만 비단같이 곱게 피어 있으나,
봄 귀신이야 어찌 알리오, 사람들 굶주린 것을.

屋穿衣垢面深梨　官粟隨空野菜稀
獨有四山花似錦　東君那得識人飢

※ 동군東君: 봄 귀신 배[梨]. 껍질이 쭈글쭈글해진 배의 껍질에는 때도 끼고 노인들의 살결 같다 하여 봄 귀신이라 하였다.
　속粟: 밭곡식인 조. 곡식의 뜻으로 黎(검을 여)도 많이 쓴다.

李子의 형 이해李瀣는 진휼어사로 영남에, 李子는 기근 구제하고 나쁜 관리들 조사하는 어사로 호서에 가 있었다.

〈형님을 생각하며 思兄〉

군의 성문 앞에서 호각을 불어 밤의 성문을 열게 하니,
오직 임금 명령 받드는 일, 급히 역마 갈아타고 달리네.
덜 깬 꿈결 안장에 묶인 채 몸은 얼얼한데,
떠도는 빛 바다에 연하였고 달빛만 흰하네.
인기척에 놀란 학은 빙빙 돌다가 외딴 섬으로 날아가고,
비 오는 틈을 탄 밭갈이꾼들은 먼 마을에 나타나네.
영남과 호서가 바라보지만 천릿길이나 떨어져 있으니,
알지 못하겠네, 어디에서 달리는 수레를 조심하고 있나.

郡城吹角夜開門　祗爲王途急馹奔　殘夢續鞍身兀兀　游光連海月痕痕
驚人別鶴投孤嶼　趁雨耕夫出遠村　湖嶺相望隔千里　不知何處戒征轅

※ 일분馹奔: '일馹'은 역의 소식을 전하는 수레 또는 말.

올올兀兀: 얼얼하게 정신을 차리지 못하는 것으로, 피로를 풀지 못한 상태(勤勞不解的樣子)를 뜻한다.

월흔흔月痕痕: 송 담지유譚知柔의 "바람 앞에 매화꽃 천 송이나 한스러워하고, 모래 위에는 사람 없는데 달만 덩그러니 빛나네."(風前有恨天點紅, 沙上無人月一痕.)에서 따온 표현인 듯하다.

李子는 충청도 곳곳에서 백성들이 굶주린 모습에 마음 아파하였다. 서울로 가는 길에 천안 동헌에 들어갔다.

〈천안동헌 四月初一日〉

    이리저리 떠도는 백성들 많은데 나만 편안함을 얻어,
    길에서 굶주린 사람들 만나면 오래도록 머뭇거리네.
    피로가 극에 달해 옛 환성歡城 땅에 몸을 내맡기니,
    높은 산 깊은 골짝 두루두루 다 지나왔다네.
    동백꽃 고운 보랏빛은 붉은 꽃을 모은 듯하고,
    옥매는 맑은 향기 풍기며 이슬 맺혀 흔들리네.
    빈 뜰에 해 지고 꽃 시샘하는 바람 불어오니,
    늦은 봄 난간에 기대어 오히려 추위를 걱정하네.

        民多流離我得安　道逢餓者久盤桓
        疲極來投古歡城　歷盡山顚與水干
        山茶紫艶攢花然　玉梅素香飄露溥
        日暮空庭妬花風　春後憑欄猶怕寒

※ 환성歡城은 천안의 옛 지명으로, 환영한다는 뜻을 지녔다.
    투投는 피로한 몸을 내어던지듯이 기진맥진하여 여사旅舍(東軒) 방에다 몸을 던져버린다고 표현하였다.
    산다화山茶花: 동백꽃.

8월에 다시 강원도 재상어사災傷御史가 되어 평창·춘천·원주 등지를 둘러보았다. 8월 23일 주천현의 주천석에서 강진산이 지은 시의 각운자를 그대로 사용하여 〈주천현주천석 강진산운姜晉山韻〉을 지었다.

> 신령스러운 술 '酒' 자 벼락에 갈라져 하늘로 올라갔으나,
> 지금도 술 '酒' 자를 넣어 그 샘 이름 '주천'이라고 부른다네.
> 사람들은 말하네, 토속적 이야기는 허황하고도 괴이하다며,
> 호사가들이 덧붙인 것은 진실을 전하는 것이 아니라고.
> 나는 의심하노니, 조물주의 이치는 헤아리기 어렵다는 것을.
> 아득한 옛날 일 어찌 알겠는가, 이런 일이 있었으리라고.
> 당시 좋은 술 빚는 법 세상 사람들의 솜씨가 아니어서,
> 酒 자에서 나날이 흘러나와 신령스런 물결 빈 땅에 넘치네.
> 만정봉의 무지개다리에는 참된 신선 친구 내려오고,
> 바다로 바리 삼고 산을 안주 그릇 삼으니 돈은 거론 못 돼.
> 관청의 일 오랫동안 폐지되었네, 옥황상제 앞에서는.
> 한시 원문이 빠져 있는 듯합니다.

※ '강진산姜晉山'에서 '晉山'은 강희맹의 호이며, 강희안은 문인화가 인순 부윤 강희안의 동생이다.
　주천석은 둘로 갈라져서 술통처럼 생긴 바위 위에서 술을 마시면 아무리 마셔도 술이 줄지 않는다는 신기한 바위이다.

오대산에서 발원한 서강이 마지막으로 청령포를 한 바퀴 돌아서 영월에서 동강과 만난다. 태백산에서 발원하여 정선아라리를 돌고 돌아온 동강이 금강정 앞을 흘러서 서강과 합수하여 남한강이 되어 흐른다.

영월 금강정에 올라서 〈금강정에서 錦江亭〉

두견새 울어 산이 갈라지니 어찌 끝날 해가 있으리오,
촉 땅에도 물 이름이 같은 것이 우연한 일이 아닐세.
명멸하는 새벽 처마는 바다에서 떠오르는 햇볕을 맞이하고,
산뜻한 저녁 기와는 가을 기운을 깨끗하게 쓸어놓는구나.
짙푸른 소에 바람이 이니 고기들 노니는 게 비단 같고,
파아란 절벽에 구름 생기니 학이 담요 털을 밟는 듯.
다시 도인들과 약속하네, 쇠피리를 가지고
여기 와서 늙은 용의 잠을 깨게 하기를.

鵑啼山裂豈窮年 蜀水名同非偶然 明滅曉簷迎海旭 飄蕭晚瓦掃秋烟
碧潭楓動魚游錦 青壁雲生鶴踏氈 更約道人攜鐵笛 爲來吹破老龍眠

※ 견제산렬鵑啼山裂: 두견새가 울자 단종端宗이 "너 괴롭게 우니, 나 듣기에 괴롭다."라고 하였다 한다.
촉수명동비우연蜀水名同非偶然: 왕위를 빼앗기고 두견새로 변했다는 두우가 살던 촉나라에도 '금수강'이라는 강이 있으니 우연이 아니다.
학답전鶴踏氈: 소식의 〈新年五首 1〉에 "외로운 배는 학이 밟아

뒤집히네.(孤舟鶴踏翻)"에서 따온 표현인 듯하다.

  도인휴철적道人攜鐵笛: '鐵笛'은 쇠피리.

  취파노룡면吹破老龍眠: 저녁 북소리는 용의 꿈을 깨우네. 도인은 작자 자신을, 노룡은 단종을 암시한다. 이 시를 어떤 마음으로 썼는지 후학들의 논란거리가 되었다.

 오래전에 형님을 따라서 서울에서 고향으로 돌아가는데, 죽령에 이르니 마침 가을 경치가 무르익었다. 형님이 말 위에서 한 수를 읊으셨는데, "단풍 숲 푸른 절벽 채색 병풍을 펴놓은 듯, 그 가운데 푸른 시냇물 돌층대를 끼고 흐르네. 바쁜 벼슬길 잘못 가까이하였음을 불행하게 아노니, 도무지 노는 발걸음 푸른 이끼 가까이할 수 없구나."라고 하셨다. 내가 지금 늘 단풍과 푸른 산골짜기 물을 볼 때마다 문득 이 시를 외운다. 이에 화답하는 시를 적어 회포를 풀어본다.

〈홍천의 삼마현에서 洪川三馬峴〉

 산골짜기 물과 단풍 숲은 서로 비추고 있는데,
 채색 병풍 같다고 읊은 아름다운 구절 형님을 기억케 하네.
 내가 지금 바로 되어 버렸네, 벼슬길에 바쁜 나그네가.
 아름다운 곳에서 어떻게 돌이끼 밟아보랴.

      澗水楓林相映開　彩屛麗句憶銀臺
      我今正作忙途客　佳處何緣步石苔

사화土禍는 혹독했고, 성변星變도 있었다. 문정대비의 수렴청정과 이기李芑 등의 농간을 비난하는 양재역의 벽서 사건을 계기로 을사사화乙巳士禍의 피바람이 불었는데, 왕실의 외척인 대윤大尹 윤임과 소윤小尹 윤원형의 반목으로 소윤이 대윤을 몰아내는 과정에서 사림이 화를 입었던 사건이다.

중종은 제1계비 장경왕후 윤씨에게서 인종을 낳고, 제2계비 문정왕후 윤씨에게서 명종을 낳았다. 그런데 장경왕후의 오빠 윤임尹任과 문정왕후의 아우 윤원형이 대립하기 시작했다.

중종을 이어서 인종이 겨우 재위 8개월 만에 승하하고 12세의 명종이 즉위하여 왕대비인 문정왕후가 수렴청정하면서 윤원형이 득세하여, 윤임의 대윤 일파를 제거하게 되었다.

인종이 승하할 당시 윤임이 경원대군의 추대를 원치 않아서 계림군桂林君을 옹립하려 하였다는 등의 소문을 퍼뜨렸다. 봉성군과 계림군은 유배지에서 사사되었다.

윤원형은 윤임 일파를 배제하기 위해 평소 이들에게 원한을 가진 정순붕·이기·임백령·허자 등을 심복으로 삼아 계책을 꾸미는 한편, 자신의 첩 난정蘭貞으로 하여금 문정대비에게 대윤 일파가 역모를 꾀하고 있다고 무고하게 하여, 역모죄로 몰려서 처형 및 유배되어 대윤은 몰락하였다.

이기李芑가 아뢰어 이황·이천계·권물·이담·정황 등을 파직하라고 청하였다. "김저 등은 벌써 삭탈관작을 하였으나, 이황 등은 어찌해야 되겠습니까?" 명종은 거침없이, "모두 삭탈관작하라."

이기李芑의 조카 이원록李元祿이 간청하고 또 이기李芑의 당인이었던 임백령林百齡도 부당함을 간하여, 이기李芑가 잘못되었음을 사죄하고 명령을 거두어주기를 청하였다. 며칠 후 직첩職牒을 되돌려받았다. 이원록李元祿은 용재 이행李荇의 넷째 아들이다.

동호 독서당에 있다가 성균관 대사성에 임명되었다는 소식을 듣고 저물녘에 바삐 도성으로 돌아가게 되었다. 이때 걱정되는 심사를 담은 詩〈동호에서 七月十一日自東湖暮入城(是日 有成均館之命)〉을 지었다.

해 천 리에 비껴 두 눈 찌르는데,	斜陽千里眼穿雙
산들산들 가을바람 한강으로 불어오네.	嫋嫋秋風吹漢江
쪽배 향하지 못하니 곧 흥취 사라지고,	不向扁舟尋去興
야윈 말 채찍질하니 둥둥 북소리 울리네.	强鞭羸馬踏逢逢

임인년(1542)은 바쁜 한 해였다. 형조정랑에 승진하고 그해 6월에 자문점마관이 되어 평안도 의주에 다녀온 후, 재상어사災傷御使로 경기도·충청도·강원도 지역을 검찰하고 돌아왔다.

그해 섣달 그믐날, 단성에서 둘째 아들 채采의 혼례가 있었다.

당시 채采가 16세가 되어 단성에 살고 있는 柳씨 집안의 동갑의 신부를 맞이하게 되었다. 집안의 경사가 생긴 것이다. 맏아들 준寯에게 보낸 李子의 편지에 혼사에 간다고 하였다. "采의 혼사는 저쪽 집에서 이달 그믐으로 정했으므로 바꿀 수 없다. 그래서 20일 의령으로 가기로 했다."

겨울철은 한강이 얼어붙어서 수운을 이용할 수 없으니, 눈보라 속에 천릿길을 말을 타야 하지만, 빙판길에서는 도보로 이동하게 된다. 아무리 길이 멀고 엄동설한의 노정이지만, 아들의 혼례식에 상객으로서 아비가 참석하지 않을 수 없었다.

12월 20일 휴가를 받아서 단성으로 출발했다. 단성 가는 길에 문경에서 폭설이 내렸다.

〈문경으로 가는 길에서 눈을 만나다〉

눈은 어지럽게 날리어 산을 덮으려 하고,	亂雲吞吐欲埋山
급한 눈 미친바람이 말안장에 휘몰아치네.	急雪驚風撲馬鞍
수많은 나무가 은이 섞여 떨어져오듯 하고,	千樹望來銀錯落
한 시내 끝나가는데 옥 같은 물굽이가 둘러있네.	一溪行盡玉彎環

정유년(1537년)에 의령에 가서 장인 허찬許瓚의 영전靈前에 곡哭하였는데, 지금 임인년(1542년)이니 (그 사이가) 6년이 지났다.

백낙천白樂天의 詩, "고향으로 가는 만릿길은 늘 그대로인데, 6년 만에 이제 비로소 돌아왔네. 내가 지나온 곳에 구관이 많았지만, 태반은 옛날 그 주인이 아니었네.(萬里路長在, 六年今始歸. 所經多舊館, 太半 主人非.)"와 비슷한 상황이 펼쳐진 것이다.

12월 24일, 안곡현(구미시 무을면)에서 모진 추위로 고초를 겪는 나그네를 보고 연민하는 마음을 표현하는 詩 〈안곡역고한安谷驛苦寒 憫行旅〉을 지었다.

성난 듯한 바람 소리에 창문이 요란하고,	風聲叱吸窓扉語
연기는 빠르게 날리고 객사는 춥다.	烟氣飄蕭客舍寒
피부는 얼어 차라리 본성이 달라질 정도,	受凍肌膚寧異性
너를 가련히 여겨 호구狐裘를 벗어주노라.	狐裘憐汝訴衣單

※ 호구狐裘: 여우 털가죽으로 만든 갖옷. "가련히 여겨 양피를 벗어주니, 얇은 옷을 사양하는구나.(狐裘憐汝訴衣單, 薄衣單裳辭讓.)"

엄동설한에 찬바람이 살을 에는 얼어붙은 강을 건너고 응달진 산고개의 빙판길을 넘어서 당도한 숙소는 구멍이 숭숭 뚫린 방문이 바람에 덜컹거리고, 새벽녘이면 냉랭해진 방바닥에 뭇 여행객이 덮는 퀴퀴한 이불은 얇기도 하지만, 쌀알만 한 이[蝨]가 사정없이 살점을 파고드는 주막의 형편은 당시 한양에서 단성까지의 노정에서 모든 역원驛院에서 겪을 수 있었던 일반적인 형편으로 짐작할 수 있다.

추위에 떨고 있는 빈자에게 기꺼이 호구를 벗어주었으며 그 또한 자신의 겉옷을 양보하였으니, 李子의 측은지심惻隱之心이 발동한 것이다.

李子의 사단칠정론四端七情論은 책속에 박제된 이론이 아니라, 살아있는 실천의 철학이었다. 그래서, 엄동설한의 주막이지만 훈훈한 情이 소통하는 공간이었다.

12월 28일, 의령 처가에 도착하였다. 당시 寀가 의령의 외종조부 허경許瓊의 시양손侍養孫으로 그의 집에 있었다. 허경許瓊은 예촌禮村 허원보許元輔의 셋째 아들로서, 딸 셋을 두었는데, 맏딸은 황해도 관찰사 곽월郭越(곽재우의 아버지)의 처가 되어 의병장 곽재우郭再祐를 3살 때부터 길렀으며, 임란 당시 곽재우의 의병 군자금을 지원하였다.

12월 30일, 채의 혼인날이어서. 의령에서 단성으로 갔다. 단성은 지리산에서 발원한 맑은 경호강이 함양 산청 산골을 흐르다가 단성 배양리를 지나서 남강으로 흘러 들어가는데, 단성 배양리는 목화木花 시배지始培地이다. 문익점이 원나라에 사신으로 갔다가 면화씨를 붓통에 숨겨와서 고향인 단성 배양리 경호강가에 심어서 3년 만에 전국으로 전파를 시켰다. 목화에서 솜을 타서 실을 만들고, 그것으로 베를 짜서 옷감을 만든다. 당시 사람들은 구멍 숭숭 뚫린 삼베옷을 입었다.

문익점의 손녀가 단성 배양리에 살았던 이원李源의 할머니이다. 李子와 이원은 처가가 의령 가례에 있고 나이와 학문의 지향점이 같아 두 사람은 일생 동안 친구가 되었는데, 李子가 1526년(중종 21년) 봄 의령 가례의 처가에 갔을 때 단성현 배양리의 이원李源을 방문하였으며, 권씨 부인이 별세하였을 때 이원은 예안까지 문상을 다녀가기도 하였다.

그해 섣달 그믐날, 단성에서 둘째 아들 寀의 혼사가 있었는데, 전날 신부용 채단과 혼서婚書를 넣은 혼수함을 보내놓고, 처남 허사렴과 동행하여 혼례식에 참석하였다.

경호강이 하얗게 광목을 깔아놓은 듯 얼음이 지폈고 지리산에서 불어오는 북풍은 살을 에는 듯했지만, 신부집 마당에는 차일을 치고 사랑방에 상객을 모셨다.

차일 아래 초례청醮禮廳이 차려졌다. 독좌상에는 촛대 한 쌍에 불을 밝히고 장닭과 암탉을 올려놓고, 소반에 청홍실을 맨 술잔과 주전자가 놓여졌다. 촛대에 촛불이 켜지자, 얼굴에 연지곤지 찍고 금박 자수 활옷에 화려하게 칠보단장한 화관을 쓰고 용잠龍簪 비녀에 채색댕기를 늘어뜨리고 원삼에 두 손을 가린 신부가 꽃신을 신고 초례청에 섰다.

이윽고 사모관대 차림의 신랑이 목안木雁을 들고 전안청으로 들어서니 안부雁夫가 기러기를 받아서 탁자에 놓고 신랑신부가 재배再拜하였다. 청실홍실로 묶은 표주박에 든 술을 서로 교환해 마시는 순간 강풍이 차일을 찢듯이 휘몰아치자, 촛불이 꺼지고 독좌상에 차려진 진설물들이 난장판이 되었다.

바람이 진정되자 식장을 수습하여 혼례는 끝났으나, 李子는 불길한 기억을 떨칠 수가 없었다. 악령이 굿판을 벌이던 허씨 부인의 초상初喪 때의 불길한 기억이 되살아난 것이다.

혼례식을 마치고 함양으로 갔다. 함양에서 군수 김중수와 옛날이야기를 하다가 동헌에 걸린 시를 차운하였는데, 중수仲晬는 김윤석金潤石의 字이다. 〈함양동헌咸陽, 與主人金仲晬話舊, 次東軒韻, 贈之〉

함양[天嶺]은 이미 봄기운이 무르익는데,	天嶺逢春氣已酣
옛 친구와 즐거이 고향 이야기를 나누었다.	故人喜作故鄕談
나는 지금 병이 많고 그대는 더욱 심하니,	我今多病君猶甚
귀향의 꿈을 소백산 남쪽에 같이 걸어두세.	歸夢同懸小白南
방장산은 높아 푸른 안개에 닿았으니,	方丈山高接翠烟
황폐한 성의 교목은 나이를 알 수 없구나.	荒城喬木不知年
닭 잡는 묘한 기술을 응당 터득했을 것이니,	割雞妙術君應得
김계온(점필재)의 맑은 향기와 더불어 전하세.	詩老淸芬與共傳

※ 방장산方丈山: 지리산의 다른 이름으로, 방장方丈은 우두머리.

시노詩老: 김계온을 지칭하는데, 계온은 김종직의 字이다.

아금다병我今多病: 한양에서 함양까지 무리한 여정이었고, 한파寒波 속에 털옷까지 벗어주어 감기 몸살로 고생하였다.

故人喜作故鄕談 옛 친구와 즐거이 고향 이야기를 나누었다: 함양군수 김윤석이 경직에 있을 때 사헌부 장령이고, 李子는 사간원 정언이었으며, 김사문, 금보 등과 영주의 옛 친구들이다.

詩老淸芬與共傳 김계온(점필재)의 맑은 향기와 더불어 전하세.: 김중수의 아버지 낙금당樂琴堂 김흠조金欽祖는 영주군수를 지냈으며, 예문관 관원들과 함께 상소하여 무오사화 때 화를 당한 김종직·김일손 등의 신원伸寃과 유자광의 처벌을 주청하여 중종의 비답을 받아내었는데, 김흠조는 송재松齋 공과 중종반정 때 함께 있었다.

영주 이산면 신천리 사해 마을은 '내성천 모래가 바다 같다.' 하여 사해沙海라 불렀다. 1997년 사해 마을의 김흠조 부부 분묘에서 500년 전 만사輓詞, 도자기류, 복식류 등 총 134점의 유물이 나왔다.

무신년(1548) 1월 李子는 단양군수로 나갔다. 그해 2월에 둘째 아들 채寀의 부고를 받았다. 채寀의 혼인날 강풍에 촛불이 꺼지듯이 채는 21살의 젊은 나이에 별세하였다. 허씨 부인의 초상初喪 때 굿판을 벌이던 그 악령이 되살아난 것이 아닐까.

둘째 아들의 부음은 李子의 일생 동안 가장 큰 슬픔이었는데, 그는 이런 심정을 "몸이 쪼개지듯 아프다. 지탱하기 힘들다. 원통함을 이루 다 말할 수 없다."라고 표현하였다.

사람의 인생살이 아침 이슬 같은데,	人生如朝露
희어는 한순간도 쉬지 않고 몰아대네.	羲馭不停驅

8. 서림원
西林院

옛 절 거듭 온 느낌 헛되이 품었지만,	空懷古寺重來感
숲속의 오랜 마음 누가 어찌 알리요.	詎識林中萬古心

송재와 농암은 용수사에서 함께 공부하고 무오년 식년문과에 동반 급제하였다. 李子는 농암의 맏아들 이문량과 글공부를 함께 하였으며, 넷째 아들 이중량과 동반 급제하였다.

농암은 李子가 자신의 아들들과 친구이면서 송재의 조카이니, 34세의 차이가 있는 李子를 '경호景浩'라 부르며 서로를 존중하여 직접 왕래하거나, 〈경호와 영지정사에서 노닐다 與景浩遊靈芝精舍〉, 〈이경호가 새 책력을 보내오다 和李景浩寄新曆〉, 〈경호와 분천에 배를 띄워 경호의 시를 차운하다 至晚泛舟汾川 次景浩〉 등의 시문詩文을 나누었다.

농암은 무오년(1498년)에, 송재松齋 이우李堣 공과 함께 과거길에 올라서 동반 급제하였다. 권지 교서관 정자가 되고, 영흥부 훈도를 거쳐서, 국왕의 언행과 정사를 기록하는 기사관記事官이 되었다.

임술년(1502)에 농암이 사관史官으로서 폭군 연산에게 아뢰기를, "사관은 임금의 언동言動을 기록하는데, 탑하榻下에서 멀리 떨어져 엎드려 있습니다. 청컨대, 탑전榻前 가까이 엎드려 기주記注에 소루함이 없게 하소서." 하니, 연산은 마음에 거슬렸지만 그래도 허락하였다.

사간원 정언正言이 되었을 때, 세자 교육을 담당한 빈객賓客이 대사헌을 겸하고 있어 세자가 글 읽기에 퍽 마음을 쓰지 않는다고 했더니, "세자는 나이 아직 어리니, 글 읽기에 마음 쓰지 않는다고 할 수 없으니, 이현보李賢輔의 말은 세자를 시비하는 것이다."라고 했다.

연산이 왕세자일 때 조지서趙之瑞가 세자시강원이었다. "조지서는 서연관書筵官이 되어 이상한 속임수로 위를 능멸하였으니, 조지서의 머리를 베어 철물전 앞에 효수梟首하고, 시체는 군기시軍器寺 앞에 두라." 하며, 죄명으로 "제 스스로 높은 체하고 군상君上을 능멸한다."라는 찌를 써서 달아매고, 백관들이 보게 하였다.

오늘날 학생이 교사의 교권을 침해하는 문제가 심각하지만, 연산은 하늘 같은 스승을 직접 효수하였으니 폭군이 틀림없다.

을축년(1505)에 전前 대간들을 논계論啓하면서, 3년 전 임술년에 이현보李賢輔가 "정청政廳에 사관史官이 들어와 참석하게 하소서."라고 아뢴 일이 있다고 하자. 언관言官을 원수처럼 보다가 세자가 글 읽기에 마음을 쓰지 않는다는 말에 버럭 화를 내면서,

"간관은 듣고 본 것이 있으면 즉각 아뢰어야 할 것인데, 지체하다가 이튿날에야 이를 아뢰는 것이 옳은가." 하며, 안동부의 안기역安奇驛에 정배定配하라고 명하였다.

농암은 일을 당하면 강직하고 동요되지 않으므로 당시 사람들이 '소주두루미[燒酒陶瓶]'라고 불렀으니, 외모는 거무스레하나 속은 맑고 냉엄하다는 뜻이다. 성품이 고상하고 일단 목표가 설정되면 실천에 과감하고 결단력이 있으며, 어리석고 천한 자라도 차별하지 않았다.

중종반정으로 지평에 복직된 후 형조정랑, 영천군수, 충주목사, 안동부사 등 지방관을 거쳐서 76세 때 지중추부사에 제수됐으나, 병을 핑계로 벼슬을 그만두었다.

농암 이현보가 살았던 분천汾川은 낙동강 상류여서 산색山色이 밝고 물이 맑아 숲과 계곡이 깊고 수려하였다. 물가에 열 장이나 높이 솟아있었는데 우뚝하고 기괴한 바위가 있어, 그 위에 집을 짓고는 어버이를 모시고 애일당愛日堂이라 하였다. 이로 인해 스스로 '농암聾巖'이라 호를 삼았다.

벼슬에서 물러나 한가해진 후로는 더욱 자연 속에서 자유롭게 지내서, 흥이 날 때마다 문득 가서 놀면서 돌아올 것을 잊었다. 마음에 드는 사람이나 물 하나 돌 하나라도 제법 맑고 그늘진 곳을 만나면 반드시 자리를 깔고 앉아 흐뭇하게 여겼고, 술은 불과 두서너 잔만 마시면서 종일토록 싫증을 내지 않고 담소가 끊이지 않았다.

계사년에 李子가 남쪽으로 여행할 때, 농암에 들러서 자신의 문제를 털어놓았다.

"과거에 얽매여 학문에 자유로울 수 없습니다."

"반드시 벼슬을 그만두고자 마음먹을 필요가 없느니, 벼슬하되 벼슬에 빠지지는 말라는 것일세." 하며, 시 〈홀부笏賦〉를 건네주었다.

처음 만든 뜻을 살펴보면,	原制作之初意兮
법에 맞게 형상을 본뜬 것이 아름답네.	嘉象形之合則
혹은 옥을 사용하고 상아를 사용하여,	或以球而以象兮
신분과 위의에 분별이 있음을 밝혔고.	昭等威之有別
물고기를 사용하고 대나무를 사용하여,	或以魚而以竹兮

위아래의 제도가 다름을 밝혔네.	著上下之異制
위를 둥글고 아래를 모나게 하였으니,	矧圓上而方下兮
하늘과 땅을 본떠 체를 삼았네.	象天地以爲體
이에 손에 잡고 몸가짐을 바로 하니,	爰手持而整容兮
엄연히 마음이 공손하고 정성이 한결같네.	儼心恭而誠一
(…)	
홀이 바른 것은 고금이 같지만	笏之正兮古猶今
사람의 사특함은 어찌 그리 많은가.	人之邪兮何萬萬也
내가 홀의 이름 됨을 생각하고	余思笏之爲名兮
옛 법을 우러러 거듭 감탄한다네.	仰古制以重歎也

※ 홀笏: 임금에게 아뢸 말이나 명령을 기록하기 위해 손에 쥐던 물건으로 벼슬을 뜻하며, 홀부笏賦: 성왕聖王이 홀의 제도를 제정한 취지가 '정기正己'에 있음을 밝히고, 홀에 가탁하여 '수신修身'에 힘쓸 것을 경계한 글이다.

일찍이 李子가 과거에 응시하러 서울에 가 있을 때 농암이 격려시를 보내왔다. 〈경호 황에게 부치다 寄李上舍景浩 滉 赴試在京〉

하늘 그물 넓고 넓어 많은 선비 부르니,	天網恢恢多士徵
농서의 인재도 성명이 뛰어나네.	隴西才子姓名騰
용문교에 모여 가을에 이미 징험했으니,	龍門橋會秋曾驗
묻노니 지금 몇 층이나 올랐는고.	爲問如今躡幾層

※ 농서재隴西才: 시문詩文에 뛰어난 자질의 소유자를 가리키는 말로, 이백李白이 〈여한형주서與韓荊州書〉에서 자신을 '농서포의隴西布衣'라고 빗댄 데에서 기인한 말이다.

농암은 고향에 내려 온 후 서울에서 사환 중에 있는 李子에게 편지 〈여퇴계서與退溪書〉를 인편에 보냈다.

그대가 언제 남쪽으로 돌아올지 기약하기 어렵고, 나는 늙어 숨소리가 날로 가늘어지니 더욱 그리움만 더하네. 다만 더욱 평소 절개를 가다듬어 백성들의 기대에 부응하기를 바랄 뿐이네.

南還久近難期 老我氣息 日益奄奄 尤增戀念. 只冀益礪素節 以副民望

농암은 송재공의 후임으로 안동부사가 되었을 때, 송재공의 시가 적힌 편액은 그대로 걸려 있었다.

〈애련당을 차운하다 次愛蓮堂〉

바람이 연잎 흔들어 살랑이는 소리 나고,	風搖荷葉颭爲聲
마루 가득한 향기가 코에 맑게 스미네.	香滿軒堂擁鼻淸
더구나 경치 매우 빼어난 곳에	剩得十分奇絶處
밤 창문 밝은 달은 주렴 끝에 걸려있네.	夜窓明月掛簾旌

李子가 고향에 돌아오자, 농암은 자신이 살고 있는 부내〔汾川〕의 농암聾巖에 초대하였다. 농암은 애일당을 중건을 설명하였다.

　　"바위가 집에서 동쪽으로 1리쯤에 있는데, 높이는 몇 장 남짓 되고 위에는 20명이 앉을 수 있다. 앞에는 큰 냇물이 있어 여울이 세차게 흐르면 부딪치는 소리가 귀에 울려 말소리가 잘 들리지 않을 정도인데, 아마도 '농암聾巖(귀먹바위)'이라는 것은 이 때문에 붙여진 이름이라 여겨진다. 만약 숨어서 세상의 출척黜陟을 듣지 않는 자가 산다면 이름과 뜻이 더욱 부합하니 참으로 아름다운 경계이다.

　　선대부터 터를 잡아 산 뒤로 아름답고 좋은 계절이면 자제들을 데리고 이곳에서 놀았는데, 정자와 누대를 만들어 아름답게 꾸미고 싶었으나 이루지 못한 지가 여러 대이다. 나의 선친 대에 이르러 더욱더 염두에 두었으나 미루다가 이루지 못한 채 노년에 이르렀다.

　　내가 선친께서 이루지 못한 뜻과 아름다운 경계가 황폐해지는 것을 안타깝게 여겨 바위로 주춧돌을 삼고 돌을 쌓아 대를 만들고 그 위에 당을 지어 부모님께서 건강히 살아계실 때 그 안에서 모시고 놀면서 여생을 즐겁게 보내실 수 있게 하려고 하였다. 이에 이름을 '애일당愛日堂'이라 하였으니, 그 마음과 뜻이 어찌 다급하지 않을 수 있겠는가."

부모님 연로한데 어찌 도성을 그리워하랴,	親老那堪戀帝鄕
임금 섬길 날은 많다고 옛사람 말하였지.	古人猶說事君長
대대로 이어온 평천의 가업 분천 굽이,	平泉世業汾川曲
바위 옆에 새로이 구경당을 지었다오.	新作巖邊具慶堂

※ 임금 섬길 날: 진晉나라 이밀李密이 어려서 부친을 여의고 모친은 개가改嫁해서 조모 유씨劉氏의 양육을 받고 자랐는데, 무제武帝가 태자 세마太子洗馬의 벼슬로 부르자, 96세의 조모를 봉양할 수 있게 해달라며 〈진정표陳情表〉를 올려 "제가 폐하에게 절의를 다 바칠 날은 길고, 조모 유씨의 은혜에 보답할 날은 짧습니다.[臣盡節於陛下之日長, 報劉之日短也.]"라고 한 것을 말한다. 《文選 卷19》

평천세업平泉世業: 당唐나라 이덕유李德裕의 별장 평천장平泉莊을 말한다. 하남성河南省 낙양현洛陽縣의 남쪽에 있었는데, 기이한 화초와 수석이 많기로 유명하였다. 여기서는 애일당을 평천의 경관에 견주어 말한 것이다.

李子가 고향에 돌아오자, 자신이 살고 있는 부내[汾川]의 농암聾巖에 초대하였다. 이자가 〈애일당愛日堂에 올라서〉라는 시를 지었다.

바위는 강물 소리에 절로 귀가 먹었고,	巖帶江聲自作聾
바위에 사는 선백은 본래 총명했지요.	巖居仙伯本眞聰
증삼이 어찌 삼부를 슬퍼하지 않겠으며,	曾參可不悲三釜
소광도 애당초 만종을 깔보지 않았지요.	疏廣元非傲萬鍾
새로 꾸민 물가 헌함에 달빛은 더욱 밝고,	月色想添新水檻
옛날 서리 내린 떨기에 가을꽃은 피었겠네요.	秋香行發舊霜叢
어찌 이곳에 기문 써서 걸 필요 있겠나요.	何必題名向此中

※ 증삼가부비삼부曾參可不悲三釜 : 《장자》의 〈우언寓言〉에 증자가 "내가 부모가 살아계실 때 삼부三釜의 녹봉으로 봉양해도 마음에 즐거웠는데, 뒤에 삼천종三千鍾의 녹봉을 받아도 부모를 봉양할 수 없으므로 마음이 슬펐다."라고 하였다. 삼부는 박봉薄俸을 의미한다.

소광疏廣 : 한나라 선제 때 사람으로, 태자태부太子太傅가 되어서, "벼슬이 높고 이름이 떨치면 후회할 일이 있을까 한다."라고 하고는 사직하고 고향으로 돌아갔다. 《漢書》〈雋疏于薛平彭傳〉

농암은 이자의 시 〈애일당愛日堂〉에 차운하였다.

바위 귀먹음이 주인 귀먹음과 어떠한고,	巖聾孰與主翁聾
기보 총명하지 못함을 혐의하지 말게나.	祈父休嫌亶不聰
세월이 많이도 흘러 백발만 남았고,	閱世已多餘鶴髮
생계도 졸렬하여 팔자에 맡겼네.	謀生亦拙任龍鍾
대 앞에 흐르는 물은 은이 천 이랑이고,	臺前流水銀千頃
집 뒤의 우뚝한 봉우리는 옥 한 떨기네.	堂後孤峯玉一叢
깊은 밤 잠 못 이뤄 난간에 의지하니,	夜久倚欄淸不寐
밝은 달빛에 산 그림자 강에 기울었네.	倒江山影月明中

※ 기보祈父 : 《시경》〈소아〉 기보祈父에 "기보여, 그대만 정말 듣지 못했구나. 어찌하여 나를 전쟁터로 내몰아 모친이 집에서 밥을 짓게 하는가.(有母之尸饔)"라고 한 것을 말한다.

李子의 농암聾巖 방문에 대한 답례로 이현보가 한서암을 방문했다. 李子가 〈이 선생이 한서암에 왕림하다〉를 지었다.

맑은 시내 서쪽 가에 오막살이 지었으니,	淸溪西畔結茅齋
속객이야 사립문을 두드릴 일 있으리오.	俗客何曾款戶開
고마워라 산 남쪽에 살고 계신 늙은 선백,	頓荷山南老仙伯
견여 타고 꽃 숲속을 뚫고서 오셨다오.	肩輿穿得萬花來

이날, 농암은 〈어부사〉 장·단가를 엮어서 시중드는 시아侍兒에게 노래하게 하고, 李子에게 〈발문跋文〉을 지어줄 것을 부탁하였다.

귀밑털이 흰 어부가 갯가에 살며,
물에서 사는 것이 산에 사는 것보다 낫다고 하네. 빗떠라 빗떠라
아침 썰물 빠지고 나면 저녁 밀물 오는구나.
찌그덩 찌그덩 엇샤!
배에 기댄 어부 한쪽 어깨가 솟았구나.
푸른 향초 잎사귀에 시원한 바람이 불고,
붉은 여뀌꽃 가에 흰 해오라기 한가롭구나.
닻 들어라 닻을 들어라.
동정호 속으로 바람 타고 들어가리라.
찌그덩 찌그덩 엇샤!
돛대 급히 올리니 앞산이 문득 뒷산이 되는구나.

종일토록 배를 띄워 안갯속으로 들어가니, 때때로 노를 저어 달빛 아래 돌아온다.
이어라 이어라.
내 마음 가는 곳 따라 기심을 잊었노라.
찌그덩 찌그덩 엇샤!
돛대 두드리며 물결 타고 정처 없이 흘러가노라. 세상만사에 마음 없이 낚싯대 하나 드리우니 삼공 벼슬도 이 강산과 바꿀 수 없어라.
돛 디여라 돛 디여라.
(…)

〈어부사 단가 短歌〉

이런 속에 시름없으니 어부의 생애로다
일엽편주 一葉扁舟를 만경파 萬頃波애 띄워두고
人世를 다니젯거니 날가는 주를 알랴.

구버는 천심녹수 千尋綠水 도라보니 만첩청산 萬疊靑山
십장홍진 十丈紅塵이 언매나 マ롓는고
강호 江湖애 月白ᄒ거든 더옥 無心ᄒ얘라.

청하 靑荷애 바볼 ᄡ고 녹류 綠柳에 고기 ᅄᅦ여
갈대와 억새풀이 우거진 곳에 비미야 두고
이런 자연의 참된 뜻을 어닉 부니 아ᄅ실고.

산두山頭에 한운閑雲이 起ᄒ고
水中에 白鷗이 飛이라 사심 없이 다정한 것은 이두거시로다.
일생一生애 시르믈닛 고너를 조차 노로리라.

長安을 도라보니 北闕이 千里로다.
어주漁舟에 누어신들 니즌스치이시랴
두어라 내시름아니라 제세현濟世賢이 업스랴.

농암은 〈어부가〉를 지은이를 알 수 없다고 하면서, 그 경위를 설명하였다.

"내가 늙어서 전원에 물러나 마음이 한가하고 일이 없어 옛사람들이 술 마시며 읊은 것 중에 노래 부를 만한 시문 약간 수를 모아 비복에게 가르쳐 때때로 들으며 무료함을 달랬다. 아들 손자들이 늦게 이 노래를 얻어와서 보이기에 내가 보니, 그 노랫말이 한적하고 의미가 심원하여 읊조리던 나머지 사람으로 하여금 공명에서 벗어나게 하고 표연히 세상 밖으로 벗어나게 하는 뜻이 있었다. 이것을 얻은 뒤로는 전에 감상하고 기쁘게 노래하던 가사는 모두 버리고 오로지 이것에만 마음을 두게 되었다.

손수 책에 베껴 꽃 피는 아침과 달 뜨는 저녁에 술잔을 잡고 벗을 불러 분강汾江의 조각배 위에서 읊게 하니, 흥미가 더욱 진솔하여 끊임없이 하면서도 지겨운 것을 잊었다. 다만 가사가 대부분 두서가 없고 혹 중첩되었는데, 전해 쓰는 과정에서 잘못됨이 있었을 것이다.…"

李子는 그 발문跋文으로 〈서어부가후書漁夫歌後〉를 지어 보냈다.

「전에 안동부의 늙은 기생이 어부가의 노래에 능통하여 숙부 송재 선생이 이 노기로 하여금 노래하게 하여 수연을 돕게 한 적이 있다. 그때 기뻐서 그 대개는 기록해 두었으나, 전조를 얻지는 못하였다. 그 후 서울에서 이 곡을 두루 찾았으나, 비록 늙은 창기娼妓 라도 이 곡을 아는 사람이 없었다. 이것으로, 이 곡을 알고 좋아하는 자가 없음을 알았다. ……

우리 농암 선생은 벼슬을 버리고 분수가로 염퇴恬退했다. 부귀를 뜬구름처럼 여기고 회포를 물외物外에 붙였다. 항상 조각배를 타고 물안개 낀 강 위에서 즐겁게 읊조리거나 낚시 바위 위를 배회하며, 물새와 고기를 벗하여 망기지락忘機地絡했으니, 그 강호지락江湖之樂의 진眞을 터득한 것이다. 사람들이 이를 바라보면 그 아름다움은 신선과 같았다. 아! 선생은 이미 그 질락眞樂을 얻은 것이다.」

경상도 관찰사 조사수趙士秀가 찾아와서 이현보를 모시고 조사수와 함께 달밤에 뱃놀이를 했는데, 농암이 〈퇴계의 시에 차운하다 閏六月 望泛舟賞月次退溪〉라는 시를 지었다.

질탕하게 춤추고 노래하며 흠뻑 취하고,	亂舞狂歌期盡醉
심양과 적벽 구절 소리 높이 읊조리네.	潯陽赤壁入高吟
나루 찾아 떠나는 두 손님 멀리서 그리니,	遙憐兩客尋津去
달 밝은 물가에 물새가 날아오르네.	月白汀洲飛水禽

조카 교矞와 손자 안도安道, 덕홍과 함께 달밤에 탁영담에 배를 띄워 강물을 거슬러 올라가서 반타석에 배를 대고 역탄에 이르러 닻줄을 풀었다. 술이 세 순배가 돌자 李子는 옷깃을 여미고 심신心神을 집중하여 〈적벽부赤壁賦〉를 읊었다.

　"소공蘇公이 비록 병통病痛은 있지만, 그 마음의 욕심이 적었던 것은 '진실로 나의 소유가 아니면 비록 털끝만 한 것도 취하지 않는다.'라고 한 구절에서 볼 수 있다. 일찍이 귀양갈 때에 관棺을 싣고 갔으니, 그가 속세에 구속받지 않는 모습이 이러했다."

푸른 물 달빛 아래 밤기운 맑은데,	水月蒼蒼夜氣淸
바람이 쪽배 밀어 빈 강 거슬러 오르네.	風吹一葉泝空明
박 술통의 막걸리 은잔에 오가고,	匏樽白酒飜銀酌
삿대는 물결 저어 옥횡성을 끌어올리네.	桂棹流光掣玉橫
채석강의 미친 짓은 뜻에 맞지 않으나,	采石顚狂非得意
낙성호에서 시 짓던 일이 마음에 걸려라.	落星占弄最關情
모르겠네, 백 세 뒤에 통천 땅에서	不知百世通泉後
다시 어느 누가 바른 소리 이어갈지.	更有何人續正聲

　※ 소동파의 적벽부赤壁賦: 소식蘇軾 동파東坡가 1082년 귀양을 가서 쓴 부賦. 벗 양세창과 뱃놀이를 하면서, 조조와 오나라가 일전을 겨룬 적벽대전을 회상하고 인생의 허무함을 노래하였다. 淸·風·明·月로 운을 나누었는데, 明 자 운을 얻어 詩를 지었다.

을묘년(1555) 6월, 농암이 위독해서 문병 갔다. 이때 호남에 왜구가 성을 함락시킨 사실을 보고하자, 농암이 벌떡 일어나서,

"나라의 일이 이 지경에 이르렀으니, 어떻게 할 것인가." 하였는데, 李子는 농암의 병이 더칠까 걱정스러워 권사權辭로 풀어주었다.

"전라도 도순찰사 이준경李浚慶이 군사를 거느리고 달려가 왜적을 쳐서 무찌르도록 했습니다. 지금쯤 왜적들이 죽거나 바다로 달아났을 것이니, 염려하지 마십시오."

"그대 말대로라면, 내가 조금 마음이 놓이오."

농암이 향년 89세에 서거逝去하였다. 명종이 농암 이현보에게 '효절공孝節公'이라는 시호諡號를 내렸는데, 인자하고 은혜로우며 어버이를 사랑한 것을 '孝'라 하고, 청렴을 좋아하고 스스로 극복한 것을 '節'이라 한다 하였다.

李子는 〈만사輓詞〉를 지어서 농암댁을 찾아가서 조문하였다.

세 조정에서 총애 두터웠고,	寵眷三朝厚
한 시대에 풍류 드높았네.	風流一代尊
벼슬은 뜬구름처럼 여겼고,	浮雲等軒冕
임천에 좋은 일이 많았네.	勝事極林園
남여 멘 것이 얼마나 다행인가,	幾幸藍輿擧
갑자기 학의 꿈이 깨고 말았네.	俄驚鶴夢騫
양담처럼 한없이 애통하여,	羊曇無限慟
차마 서문을 지날 수가 없네.	不忍過西門

李子는 낙강변 경치 좋은 곳에 집을 지으려다 어량魚梁이 있어 집짓기를 중단하였다. 은어는 바다에서부터 거슬러 올라와서 토계의 낙강에 서식하는데, 동네 아이들이 멱을 감으러 가면 은어를 잡기도 하였다.

"임금님께 진상하는 은어를 잡으면 안 된다."

지나가던 노인이 듣고,

"여름철에 아이들이 멱을 감다 보면 물고기를 잡는 것은 자연스런 이치인데, 그것을 못 하게 법을 만든 나라가 더 나쁘지 않나요?"

그 노인이 말이 틀리지 않음은 李子 자신도 잘 알고 있다.

"지당하신 말씀입니다. 그러나 나라에서 법으로 정한 것은 백성은 지켜야 마땅하지 않겠습니까?"

노인은 버럭 화를 내면서 반박했다.

"당치도 않은 그런 법은 지키지 않아도 됩니다."

"잘못된 법이라고 해서 지키지 않는다면, 좋은 법이라고 해서 잘 지켜질까요? 법을 만들 때는 다 까닭이 있는데, 법이 지켜지지 않는다면 나라가 어떻게 되겠습니까?"

노인은 더 이상 말을 걸지 않았고, 아이들은 계속 은어를 잡았다.

그 후에도 잘 지켜지지 않게 되자, 하계 마을에 집짓기를 멈추고 낙동강에서 떨어진 골짜기에 옮겨지었다.

〈계당에서 우연히 흥이 일어 절구 열 수를 짓다 溪堂偶興 十絶〉의 十절 中 제七절

뻐꾹새는 뻐꾹뻐꾹 농사일을 재촉하고,	布穀催田務
사다새는 객에게 시름을 자아내네.	提壺勸客愁
더더욱 어여쁜 건 구름 밖의 학이어라,	更憐雲外鶴
소나무 꼭대기에 말도 없이 서 있구나.	無語立松頭

월란암月瀾庵에서 《心經》을 읽었다. 이때 은거하여 살 뜻으로 〈寓月瀾僧舍書懷二首〉를 지었다.

열다섯 해 전에 이곳에서 글을 읽었지,	十五年前此讀書
세상풍진에 분주하다 끝내 어떻게 되었나.	紅塵奔走竟何如
병든 몸에 내단內丹의 비결 잊어버렸으니,	只今病骨迷丹訣
옛날처럼 여울물 소리 창공에 사무치고,	依舊灘聲上碧虛
인간으로서 다시 팔을 꺾게 할 수 없네.	不用人間更折肱

※ 홍진紅塵: 소식의 "연분홍 먼지는 오히려 수레바퀴 따르는 것 그리워하네.(軟紅猶戀蜀車塵)"에서 따온 표현이다.

단결丹訣: 불로장생(丹)의 비결.

절굉折肱:《좌전》에서, 팔을 세 번 분질러봐야 양의良醫가 될 수 있다고 하였다.

월란암月瀾庵: 도산서원 앞 낙동강 건너편 원천리 내살메[川沙] 마을에 있는데, 내살메는 태백에서 발원하여 청량산을 돌아 나온 낙강이 왕모산 발치에 하얀 모래를 쌓아놓은 아름다운 강변 마을이다.

의성 사촌沙村의 先 안동金씨(김방경 장군 후손) 만취당晩翠堂 김사원金士元이 22세 때 도산서당에 입문하여, 이곳에서 10여 년간 수학하였다. 사촌의 안동金씨 문중에서 만취당의 학덕을 추모하여 월란암 옛터에 정사를 지었으며, 1909년 다시 중건하였다. 정사 주위에 관리 건물과 위토位土가 있었으나, 지금은 '월란정사'와 '월란암칠대기적비'만 있다.

정사의 대문에서 30여 m 앞쪽에 흙으로 쌓아 올린 월란대에서 보는 낙동강 건너의 풍경은 눈에 익은 정경이었으니, 겸재 정선이 그린 천원권의 〈계상정거도〉를 보는 듯하였다.

간재 이덕홍의 《계산기선록溪山記善錄》에 기록하기를, 선생께서 갑자기 월란月瀾에 가셨는데, 밤이 되자 묵묵히 앉았더니 술시戌時에 잠자리에 들었다가 겨우 자시子時가 되자 일어나서 아이를 불러 촛불을 밝히고 회암晦庵의 글을 읽다가 잠시 뒤 취침하고 곧 일어났다고 하였다.

명종은 거듭 불러도 이자李子가 오지 않자, 사온서에서 빚은 술을 독서당에 내린 다음, '招賢不至歎', 즉 '어진 이를 불러도 오지 않음을 탄식하노라'란 시제詩題를 주고 독서당 관원들에게 율시 한 수씩 지어올리게 하였으며, 화공들에게 도산陶山을 그리게 하였는데, 그 이후 많은 화공이나 뜻있는 선비들이 여러 형태로 〈도산도陶山圖〉를 그렸다.

강세황姜世晃은 도산서원의 실경을 그려 〈도산서원도陶山書院圖〉

라 제題하고 에 자신이 쓴 발문을 적어 넣었는데, 병중病中의 성호星湖 이익李瀷이 특별히 부탁한 사실과, 자신의 소감을 비롯하여 현지답사 내용 및 제작 시기 등을 비교적 자세히 기록하여 놓았다.

화공들이 명종에게 그려 바친 〈도산圖〉, 강세황의 〈도산서원圖〉, 겸재의 〈계상정거도〉 등이 이 월란대에서 바라본 실경을 그린 것으로 짐작된다.

월란정사 바로 앞 달빛이 강물에 비치어 반짝임을 볼 수 있는 곳에 화강암 비 〈월란대月瀾臺〉가 세워져 있다.

높은 산은 모서리[廉角]도 있고 편편[寬平]하다.	高山有紀堂
경치도 좋은 곳은 모두 강가에 있네.	勝處皆臨水
오래된 암자 저절로 적막하니,	古庵自寂寞
그윽하게 사는 이에게 있을 수 있네.	可矣幽棲子
넓은 하늘에 구름이 문득 걷히니,	長空雲乍捲
짙푸른 소沼에 바람 일 것 같네.	碧潭風欲起
바라노니 달을 즐기는 사람을 쫓아서,	願從弄月人
이 물결 관찰하는 취지에 부합하고자 하네.	契此觀瀾旨

※ 벽담碧潭: 물이 굽이진 곳에 모여서 짙푸르게 깊은 곳.
　농월인弄月人: 산골 집에 살면서 밝은 달을 즐기네.(寒棲弄月明)
　관란觀瀾: 물 구경은 물결이 일렁거림을 관찰하는 것이다.

무오년(1558) 2월, 길 잃은 사슴 한 마리가 도산에 찾아들었다. 이이李珥(자는 숙헌叔獻)가 성주 처가에 갔다가 고향으로 돌아가는 길에 그의 장인丈人인 노경린盧慶麟의 인도로 도산의 문하門下에 들어온 것이다. 떠나기 전날 밤 58세의 스승과 23세의 제자가 마주 앉았다.

"스승님께 묻겠습니다." 침묵 끝에 율곡이 입을 열었다.

"주자가 말씀하시기를, '정함(定)'과 '고요함(靜)', '편안함(安)'들은 학문하는 데 필수적 요소라 하였습니다. 주자는 '마음이 편안한 이후라야 능히 생각할 수 있다.'라며 안회만이 실천할 수 있다 하였습니다. 하오면, 소인과 같은 사람은 학문에 정진할 수 없다는 뜻이 아니겠습니까."

선생은 율곡이 아직도 자신의 마음을 평안하다고 느끼지 못하고 있음을 직감하였다. 율곡의 아버지 이원수는 승진하고자 이기李芑의 문하에 출입했으나, 부인 신사임당의 권고로 그만두었다. 이원수는 신사임당 외에도 권씨라는 첩을 한 명 더 두었다. 서모 권씨는 술주정이 심하였다.

율곡은 어머니 신사임당이 별세하여 시묘살이를 한 후 금강산으로 들어가 승려가 되었다. 환속한 뒤에도 문제 삼지 않고 받아준 것은 스승 백인걸과 오랜 친구 성혼이었다. 이때의 입산 경력은 그의 생전에도 송응개 등의 동인東人들과 남인南人, 동인, 남인, 북인 계열 유학자儒學者들에게 이단 학문에 빠졌다는 이유로 사상 공세를 당하는 원인이 된다.

이자가 허봉許篈(허균의 형)의 문목問目에 답하는 글에서,

"세상 사람들은 김매월(김시습)이 승복僧服을 입었다는 이유로 볼 것도 없다고 하지만, 봉篈의 의견으로는 매월이 세상을 피한 한 가지 일은 진실로 중용의 도리에는 합당하지 않지만 '처신處身함이 청절淸節에 맞고, 폐인廢人 노릇을 함이 권도에 맞는다.'라고 하겠으니, 이렇게 보는 것이 어떠할는지요?"

율곡이 김시습처럼 한때 승복을 입었다고 해서 문제 삼지 않았다.

"주자께서 말씀하신 것은 그대가 의심한 바와 같소. 그러나 주자의 말씀은 어떤 사람의 학문이 낮고 깊은 정도에 따라서 달라지는 것이 아니라, '평안한 뒤에 능히 사려할 수 있다.'라고 말할 수 있는 것이오. 보통 사람이라도 힘써 나아갈 수 있고, 그 정밀한 것의 극치로 말한다면 큰선비가 아니고서는 진실로 얻은 바가 있을 수 없다는 이야기인 것이오. 안회가 아니면 명덕明德을 밝힐 수 없다는 주자의 말씀이 사실이라면, 나와 같은 걸음이 느린 노마駑馬는 어찌 학문에 정진할 수 있겠소. 아니 그렇소이까. 허허 허허허허."

율곡도 따라 웃었다. 한동안 말없이 찻잔을 기울이던 율곡이 거경과 궁리는 같은지 별개의 것인지 궁금하였다. 스승은 율곡의 질정質定에 은근히 미소를 지으면서, 궁리와 거경은 비록 수미首尾 관계에 있지만 각기 독립된 공부이므로 두 가지를 병행해 나가는 방법으로 공부해야 할 것이고, 이치를 깊이 연구하는 일은 실천으로 체험해야 비로소 참 앎이 된다고 설명하였다.

"거경과 궁리는 마치 물가에서 자기 스스로 물을 마시는 격과 같

아서, 누구라도 마음을 전일쇼―하게 하면 참됨을 얻을 수 있지요."

'명불허전名不虛傳, 과연 소문이 그냥 나는 법이 없다. 일찍이 내 먼저 찾지 못해서 부끄럽네.(始知名下無虛士, 堪愧年前闕敬身.)'

젊은 율곡이 범상하지 않음을 한눈에 간파했다. 이자는 젊은 이이李珥를 격려하는 시 〈이숙헌에게 주다 贈李叔獻〉를 지어 주었다.

알곡은 쭉정이가 익어가는 것 용납하지 않고,	嘉穀莫容稊熟美
먼지들은 깨끗한 거울을 두고 보지 못한다오.	纖塵猶害鏡磨新
지나친 시구들은 반드시 깎아내고,	過情詩語須刪去
각자 열심히 공부와 친할 일이네.	努力工夫各日親

사흘째 되는 아침에 서설이 흩날렸다. 이숙헌은 강릉 외가로 갈 준비를 서둘렀다. 이숙헌이 말 위에서 스승께 시를 읊었다.

공자와 맹자의 학문으로부터 흘러나와,	溪分洙泗派
무이산 주자에게서 빼어난 봉우리 이루었네.	峰秀武夷山
살림이라고는 경전 천 권뿐이요,	活計經千卷
사는 집은 두어 칸뿐일세.	生涯屋數間
가슴에 품은 회포 비 갠 뒤의 달 같고,	襟懷開霽月
하시는 말씀 세찬 물결 그치게 하네.	談笑止狂瀾
저는 도를 구해 들으려는 데 있지,	小子求聞道
반나절도 한가로이 보내려는 게 아니오이다.	非偸半日閑

이숙헌이 스승의 학문을 무이산 주자朱子에 비유하여 칭송하자, 스승은 말없이 웃더니, 율곡의 시에 화운하여 전별餞別하였다.

〈숙헌의 시에 답하다 退溪先生和云〉

병든 몸이 이곳에 갇혀 봄맞이 못 했는데,	病我牢關不見春
그대 와서 내 정신을 상쾌하게 해 주었소.	公來披豁醒心神
명성 아래 헛된 선비가 없음을 알겠으니,	始知名下無虛士
일찍이 내 먼저 찾지 못해서 부끄럽네.	堪愧年前闕敬身
잘 자란 벼논에 피 같은 잡초 없고,	佳穀莫容稊熟美
갈고 닦은 거울에는 티가 끼지 못하는 법.	遊塵不許鏡磨新
정에 지나치는 말을랑 모두 빼어버리고,	過情詩語須刪去
학문 연마에 노력에 서로서로 정진하세.	努力功夫各自親.

김성일이 선조에게 李子의 시호諡號를 하사해 주기를 청하자,

"아무리 시호를 주고자 한들 행장이 없는데야 어찌하겠는가."

뚜렷한 업적이나 국가적으로 세운 공과 같은 행장이 없다는 이유로 허락하지 않았다. 이때 이이가 말하기를,

"이황 같은 이는, 그 언론의 풍지風旨를 들으면 옛사람의 학문을 아는 이로써 진실로 그에 비할 이가 없습니다. 그의 천품과 정신이 옛사람에게 미치지 못한 것 같으나, 전하께서는 이것을 작게 보시는 것 같습니다. 학문의 공부가 그 기질을 변화시키는 데에 이르고 옛사람의 학문에 마음을 기울여 시종 한결같이 공부를 꾸준히 계속하여 조예가 날로 깊어졌으니, 그 점을 작게 여길 수 없을까 합니다."

李子의 예술 행위는 작품만을 따로 놓고 볼 수 없는 인격 실현의 '여사餘事'였다. 그의 시·書 예술은 처음에는 시와 인간이 만나고, 다음으로 시와 인격이 만났다. 예문 일치의 예술 의식은 도문 일치의 인간 의식으로까지 승화되어 갔다.
　　이자는 〈여백공에게 답하다 答呂伯恭書〉의 첫머리에 "요 며칠 사이 매미 소리 더욱 맑아 들을 때마다 당신을 생각하게 되오."라 썼다. 이 글을 보고 남시보가 물었다.
　　"어찌 군소리[歇後語]를 취해서 되겠습니까?"
　　"그것은 군소리라고 하면 군소리요, 군소리 아니라고 보면 아니라고 할 수도 있는 것이다."
　　흔히 도학자는 도의만 찾는 냉정한 인간으로 알려져 있으나, '한수작·군소리'까지도 딱딱한 의리보다 인생의 진미를 찾고 인간을 더 깊이 이해할 수 있는 길이라고 버리지 않았다.

〈희작파자시 戲作破字詩 四絶〉

　상제께서 사람마다 양 스무 마리 내려주시니,
　입맛에 맞는 듯 마음에 기쁜 것이 속속들이 즐겁네.
　이유 없이 사물을 접속하게 되면 마음이 아자를 쓰게 되어,
　두 사람이 저절로 끔찍하게 해침 보게 되리라.

帝降人人廿口羊 悅心如口讛衷腸
無端物觸心頭亞 坐見雙人慘自戕

李子는 시에 대해 깊은 이론을 밝히거나 남의 시를 평하는 일은 하지 않았지만, 시에 대한 견해는 제자 개개인에 맞게 각각 달리 말한다. 이덕홍이 주자서를 읽으려 하자, 〈시경〉 읽기를 권하였다.
　"공자께서는 아들 이鯉에게 시경의 주남과 소남을 읽지 않으면, 담만 바라보듯 답답한 사람이 된다고 했다."
　조목에게는 시 짓기보다는 도학 공부를 하도록 하였다.
　"몸으로 행동하지 않고 입으로만 헛되이 말만 하는 것은 바로 내가 부끄러워하는 것이다."
　이덕홍은 신중하고 조용한 성격인 반면, 조목은 말을 많이 하고 지은 시를 남에게 보이기를 좋아하는 활달한 성격이었다.

　을축년(1565) 겨울, 65세의 李子는 명종의 교지를 받았다.
　"여러 번 불렀는데 늙고 병들었다면서 사양하고 있으니, 내 마음이 편치 않다. 나의 지극한 마음을 알아주어 역말을 타고 올라오라."
　폭설로 죽령길이 막혀서 풍기에 머무는 동안, 조목趙穆이 공릉 참봉 임명을 알리면서, 스승의 상경을 '그물에 걸린 새'에 비유하였다.

　〈조사경에게 답하다 答趙上舍士敬〉

어떤 새가 숲을 떠나 그물에 걸렸더니,	有鳥辭林被網羅
숲속의 다른 새가 깔깔대며 웃는구나.	林中一鳥笑呵呵
그러나 어찌 알리, 그물 가진 어떤 이가	那知更有持羅者
제 둥우리 덮쳐도 어찌할 수 없을 것을.	就掩渠巢不奈何

스승은 조목이 공릉 참봉으로 임명된 것을 詩로써 희롱하여, "우습구나, 뱁새는 대붕과 견주기 어렵나니……"라고 하였다.

〈공릉 참봉에 제수되자 선생이 절구 한 수를 보내오매 除授恭陵參奉 先生寄示一絶〉

예의 그물 만들어 현인 구하고 덕인 찾는데,	蒐賢獵德禮爲羅
못난 몸이 남들에게 비웃음을 받게 되었나.	潦倒其如衆所呵
우습구나, 뱁새는 대붕과 견주기 어렵나니,	可笑鷦鷯難比鳥
눈 하나를 더하여도 끝내 어쩔 수 없는 것.	終加一目亦無何

※ 예라禮羅: 그물로 새나 물고기를 잡듯이 예禮로써 인재人才를 맞아들여 등용하는 것을 가리킨다.

덕인獵德 찾는데: 엽덕獵德은 덕이 있는 사람을 찾는 것을 말한다. 양웅揚雄이 "도를 경작하여 도를 얻고 덕을 찾아 덕을 얻는 것이 진정한 농사와 사냥의 수확이다.(耕道而得道, 獵德而得德, 是穫饗也.)"라고 하였다.

초료鷦鷯: 뱁새이다. 뱁새처럼 작은 재주를 가진 사람은 대붕처럼 큰 뜻을 품은 사람에게 견줄 수 없고, 비록 뱁새에게 눈을 하나 더해주어도 대붕처럼 될 수 없다는 뜻이다.《莊子》의 〈逍遙遊〉편.

스승은 조목에게, "공의 시를 보니, 근래에 진보가 있었으며 취미를 터득하였음을 알게 되어 기쁩니다. 다만 그 사이에 뛰어남을 과

시하고 재능을 자랑하며 스스로 즐거워하는 모습이 없지 않고 겸허하고 염퇴斂退하며 온후한 뜻이 적으니, 이렇게 하여 그치지 않는다면 끝내 혹시 인격을 수양하고 학문을 닦는 내실에 더러 방해가 될는지도 모르겠습니다.

스승이 조사경 시의 흠으로 들고 있는 것은 誇逞矜負自喜之態(과령긍부자희지태)이며, 謙虛斂退溫厚之意(겸허렴퇴온후지의)가 부족한 점이다.

월란암에서 절요한 주자서를 선사하는 작업을 하고 있던 조목과 금난수가 선사繕寫한 원고 일부와 편지를 보내오자, 편지를 보내 그들의 노고를 치하하였다.

을축년(1565) 겨울에 조목이 퇴계로 스승을 찾아뵈러 가니, 김언순(명일)과 김사순(성일), 우경선(성전)이 《심경》과 《대학장구》에 대해서 분석하고 질의함에 간혹 마음에 들지 않는 것이 있었다.

낙수 북쪽 도산 남쪽의 스승님을 배알하니,	水北山南謁大師
벗들이 한방에서 온갖 의문 분석하네.	群朋一室析千疑
십 리 강촌으로 돌아오는 길에서	歸來十里江村路
새들은 숲에서 깃드는 것 절로 알 뿐이네.	宿鳥趣林只自知

※ 숙조취림宿鳥趣林: 친구들은 아직 하던 일을 마치지 못했는데, 자신은 일찍 마치고 집으로 돌아간다.

조목의 위의 '숙조취림宿鳥趣林' 시를 읽고 스승이 차운하여 조목에게 보냈다.

〈부기하다 퇴계 선생 附次韻 退溪先生〉

학문 끊긴 지금에 어찌 스승이 있으랴,	學絶今人豈有師
마음 비우고 이치를 보면 의심이 밝혀지리라.	虛心看理庶明疑
바람결에 보낸 시가 고마운데, 숲에 사는 새는	因風寄謝趣林鳥
절로 때를 알 뿐이니, 억지로 알려 하지 말라.	只自知時莫强知

※ 지자지시只自知時:《심경》과 《대학장구》를 늦게까지 분석하고 있는 친구들도 스스로 터득할 터이니, 억지로 알려 하지 말라.

어느 해 봄날(3월 그믐), 이덕홍·복홍 형제 그리고 금제순琴悌筍 등을 데리고 도산陶山서당으로 매화를 감상하러 가다가, 산 정상 소나무 아래에서 한 식경을 쉬었는데, 이때 산꽃은 만발하고, 숲에는 안개가 짙게 끼어있었다. 두보杜甫의 詩〈추愁〉중의 "반와로욕저심성盤渦鷺浴抵心性, 독수화발자분명獨樹花發自分明."이라는 句를 읊조렸는데, 이덕홍이 이것은 어떤 의미를 가지고 있느냐고 스승께 물었다.

"자기의 덕성을 함양하는 것을 목표로 하는 군자가 어떤 목적의식을 가지고 하는 바가 없이도 저절로 그러한 것이 바로 이 詩의 의미에 암합暗合한다."라고 대답하였다. 이덕홍이 또 물었다.

"해오라기가 목욕하는 것은 누구를 위한 것이며, 꽃이 저절로 피고 저절로 향기를 내는 것은 누구를 위해서입니까?"

"이것은 어떤 목적의식을 가지고 하는 바가 없이도 저절로 그러한 것의 한 증거일 뿐이다. 학자는 모름지기 체험하여, 그 의리를 바르게 하고 그 이익을 도모하지 않으며, 그 도道를 밝히고 그 공을 계산하지 않는다면, 꽃과 해오라기와 다름이 없어질 것이다. 만약 추호라도 목적의식을 가지고 하는 마음이 있다면, 진정한 학문이 되지 못할 것이다."

李子는 시를 여사餘事로 지었으나, 시인으로 자처하지는 않았다. 남에게 시 짓는 법을 가르친 적이 없고, 시의 이론에 대해서도 언급하지 않았다. 정자중의 시 〈和子中閑居〉에 화답하여 시를 읊었다.

〈시를 읊다 吟詩〉

　　시가 사람을 그르치는 것이 아니라 사람이 스스로 그르치는 것이니,
　　흥이 오고 정이 가면 이미 견디기 힘들다네.
　　바람 불고 구름 움직이는 곳에는 신의 도움 있으니,
　　매운맛과 비린내 없어질 때 속세의 소리 끊어지네.
　　율리의 도연명은 다 지으면 실로 뜻 즐거웠고,
　　초당의 두보는 다 고치고 나면 스스로 길게 읊조렸다네.
　　그런 것에 밝고 밝은 눈을 가지지는 못하였으나,
　　내 빛나고 빛나는 마음을 봉하지는 않았다네.

詩不誤人人自誤　興來情適已難禁　風雲動處有神助　葷血消時絶俗音
栗里賦成眞樂志　草堂改罷自長吟　緣他未著明明眼　不是吾緘耿耿心

※ 풍운동風雲動…: 당나라 왕발이 아버지를 보러 가던 중 마당산을 지나다가 신의 도움으로 바람을 얻어 〈등왕각서〉라는 시를 지었다.

훈혈葷血: 채소와 육고기. (생강처럼 맵거나, 파처럼 냄새나는 채소와 비린내 나는 고기. 매운 것과 육고기)

율리栗里: 중국 강서성江西省 구강현九江縣에 있는 지명으로, 도잠陶潛이 이곳에서 은거하였으며, 흔히 '고향'을 일컫는 말이다.

초당草堂: 두보杜甫가 살았던 중국 쓰촨성 청두에 있는 초가집과 정원인데, 두보는 완화계 부근에 초당을 짓고 200여 수의 시를 지었다.

경경耿耿: 불빛이 반짝반짝함, 마음에 잊히지 아니함.

시불오인인자오詩不誤人人自誤: 시에 대한 李子의 태도는 "시가 사람을 그르치는 것이 아니라, 사람이 스스로 그르치는 것이다."라는 이 표현에 집약되어 있는데, 이 말은 시를 너무 많이 지어서는 안 된다는 뜻이다.

흥래정적이난금興來情適已難禁: 흥이 생기면 시를 짓지 않을 수 없다. 시를 짓는 것은 감정을 적절하게 표현하는 데 있으므로, 함닉陷溺되지 않으려면 많이 지을 필요는 없다. 보통 읊조리기를 좋아하는 사람은 시에 빠지지 않을 수 있고, 스스로 잘못되는 경우는 드물다. '이난금已難禁'은 주자의 '역불방亦不妨'에 비하면 매우 강한 뜻이다.

풍운동처유신조風雲動處有神助: "바람 불고 구름 움직이는 곳에는 신의 도움 있으니"라는 뜻인데, 풍운이 움직이는 곳에서는 시상이 떠오르기 마련이다.

 훈혈소시절속음葷血消時絶俗音: 마음속에 세속적인 생각, 즉 더럽고 탁한 기운을 소제하면 정신이 맑아져서 자연히 고상하고 우아해진다.

 성진락지成眞樂志: 시를 다 지으면 즐겁고,

 개파자장음改罷自長吟: 몇 번 고쳐 완성되면 저절로 읊조린다.

李子는 시를 지은 후 '규구법도規矩法度', 즉 자구를 저울질하여 음률에 맞음을 강구해야 한다고 하였다. 〈언행록〉에 선생께서는 "비록 한 절구, 한 글자를 우연히 읊조리실 때라도 반드시 정밀하게 생각해 보시고 다시 고치시며, 가벼이 남에게 보이지 않으셨다."라고 하였고, 판각을 마친 후 오류를 발견하면 그 판각을 소각 처리하고 새로 판각하는 경우도 많았다고 한다.

어느 날 임억령林億齡이 이자를 만났을 때 시에 대해서 말했다.

"나의 시는 호탕함만 숭상하지요(吾詩尙豪宕), 어찌 교묘하게 다듬으리오(何用巧剗刪)."

"스스로 시성이 아니라면(自非聖於詩), 어찌하여 다듬어 법도에 맞추어 보려고 하지 않는가?(法度安可輟) 어찌 들었는가, 대현이 물음을(寧聞大賢人). 시법의 엄밀함을 쓰지 않았다는 말을(不用規矩密)."이라고 하였다.

정탁鄭琢에게 편지를 보내면서 스승은 시작의 단련을 다음과 같이 중시했다.

"옛날 시에 능한 사람도 여러 번 시 짓기를 단련하여 흡족하게 좋은데 이르지 않으면, 가볍게 남에게 보이지 않았습니다. 두보는 '시어가 남을 놀라게 하지 않으면, 죽어도 쉬지 않겠다.'라고 했습니다."

李子는 유명 시인의 시를 많이 읽었다. 시부詩賦에 뛰어난 정유일은 "선생께서는 시를 좋아하시어 도연명과 두보의 시를 즐겨보셨으며, 만년에는 주자의 시를 더욱 즐겨보셨다."라고 하며, 도연명의 시는 고상한 운치를 호젓하게 간직하고 '고회고치孤懷高致'하고, 두보의 시는 격조가 높고 기품이 탁월하고 담담하며, 가다듬음이 '고금독보古今獨步'이기 때문이라고 했다.

李子의 〈정유일에게 보낸 편지〉에 "두보는 시에서 표현하는 말(시어)이 사람들을 깜짝 놀라게 할 정도로 놀랍고 묘한 경지에 이르지 않는다면, 죽을 때까지라도 시에 관한 공부를 그치지 않겠노라."라고 했다고 알려주었다.

시의 언어는 일상적이고 지시적인 의미와는 달리 표현의 의미가 단일하게 한정되지 않고 문맥 속에서 다양한 의미를 암시하거나 내포한다. 즉, 시 속에서 연상되는 새로운 이미지나 분위기, 시인의 개성적인 생각 등이 원래의 지시적 의미에 추가되어 새로운 의미를 획득하게 되는 것이다.

실제로 이자의 시를 보면, 진나라의 도연명, 당나라의 한유·두보, 송나라의 주희·소식의 시를 차운한 것이 다수 있다.

차운시는 다른 사람의 시의 운을 따와서 지은 시인데, 제목 앞에 '次' 자나 '用' 자를 덧붙여 시의 성격을 분명히 하였다. 화운시는 화운하는 방법에 따라 다시, 차운次韻, 용운用韻, 의운依韻 등으로 분류하기도 하였다.

한시는 혼자 읊기도 하지만, 송별·문안·축하·위로 등의 일을 계기로 두 사람 이상이 서로 어울려 마음을 주고받기도 한다.

특정인이 먼저 지은 시에 화답하는 방식으로 짓는 시를 것을 화시和詩 혹은 상화相和라고 하였다. 화운시는 원운시에 상응相應·화성和聲한다는 의미를 지닌다.

朱子는 여산의 서림원西林院 유가 스님방에 거처하면서, 스승 이연평李延平에게 글을 배웠다. 朱子는 〈서림원西林院〉 시를 지었으며, 李子는 朱子의 시를 화운하여 〈和西林院詩韻 二首〉를 지었다.

옛 절 다시 오니 감개 깊은데,	古寺重來感慨要
조그만 헌함은 옛날에 오르며 보던 그대로네.	小軒仍是舊窺臨
전부터 오묘한 곳 지금은 한스럽게 남았으니,	向來妙處今遺恨
언제나 공허한 한 조각 마음이여.	萬古長空一片心

李子는 월란암月瀾庵에 머물 때, 주자의 이 시를 화운하였다.

〈서림원의 시운에 화운하여 이수를 짓다 和西林院詩韻 二首〇三月寓月瀾庵〉

봄 산과 함께 옛 약속 깊었듯이,	似與春山宿契深
올해도 짚신 신고 또 올라 굽어보네.	今年芒屩又登臨
옛 절 거듭 온 느낌 헛되이 품었지만,	空懷古寺重來感
숲속의 오랜 마음 누가 어찌 알리요.	詎識林中萬古心

스승 따라 도 배우러 절간에 머물면서	從師學道寓禪林
벽 위에 붙인 시구 감개도 깊은데,	壁上題詩感慨深
적막한 우리나라 천 년 지난 오늘에야	寂寞海東千載後
산 위의 달 외로운 이불 비춤 절로 안타깝네.	自憐山月映孤衾

월란암은 도산서당 앞 낙강 건너편에 있어서, 이자는 늘 강 건너 도산서당을 바라보며 주자의 서림원西林院을 생각했을 것이다.

제목의 '和' 자는 주자의 시에 상응相應·화성和聲(harmony)하였다는 뜻이다. 주자의 시에서 深·臨·心을 따와서 압운하였는데, 대표 운목자?는 侵이니, 미음 받침의 운자를 썼기에 시를 읊을 때 쉬는 부분의 소리에서 입술이 닫힘으로 쉬는 효과가 잘 이루어진다. 기구의 "봄 산과 …… 약속 깊었듯이"는 뛰어난 시적 표현이다. 승구는 주자의 '봄날 우연히 지음'에서 '급하게…… 보내'를 點化하였다.

주자는 절을 노래하였는데 이자는 절이 있는 산을 노래했다. 후반부의 전구에서 주자의 '고사중래감古寺重來感'을 따라서 '벽상제시감壁上題詩感'이라 점화했다. 전반부는 주자의 시를 읽고 주자의 입장에서 시를 읊은 것이다. 후반부는 당시 조선의 도학자가 적음과 자신의 외로운 처지를 읊었다. 주자의 찬 이불(寒衾)에 對하여 외로운 이불(孤衾)은 매우 감각적인 조응이다.

화운시는 원운시의 사상·지취·의취 등에 대한 감정을 시로써 상응·화운하여 상호간의 정의情誼를 돈독히 하며 시적 표현력을 향상시키는 역할을 하였다.

李子는 시에 대해 깊은 이론을 밝히거나 남의 시를 평하는 일은 잘하지 않았다. 아직 공사 중인 완락재에 도착하여, 절우사에 앉아 있는데 한 스님이 남명 조식曺植의 시를 보여주었다.
　남명의 시〈청학동靑鶴洞〉을 두어 차례 읊조리고 나서,
　"이 사람의 시는 의례 기험奇險한데, 이 시는 그렇지 않다."

한 마리 학은 구름 위로 솟구쳐 하늘로 날고	獨鶴穿雲歸上界
한 줄기 옥계천은 인간 세상으로 흐르네.	一溪流玉走人間
누 없는 것이 도리어 누가 된다는 것 알고	從知無累翻爲累
산하를 마음으로 느끼고 보지 않았다 말하네.	心地山河語不看

9. 청량산가
清凉山歌

白鷗ㅣ야 헌ᄉᄒ랴 못 미들슨 桃花ㅣ로다
桃花ㅣ야 ᄯ더나지 마라 漁舟子ㅣ 알가 ᄒ노라

풍기군수 이자李子는 심통원沈通源에게 계啓를 올렸다.

"풍기군수 이황李滉은 삼가 목욕재계하고 백 번 절하며 관찰사 상공합하相公閤下께 글을 올립니다. 나는 몸에 병이 있고 미련하여 맡은 바 직무도 제대로 다하지 못하오나, 그럼에도 어리석은 정성이 있어 감히 보잘것없는 소견을 올립니다.

이 고을에 백운동서원이 있는데, 전 군수 주세붕이 창건하였습니다. 죽계의 물이 소백산 아래에서 발원하여 옛날 순흥부 가운데로 지나니 안유安裕가 옛날에 살던 곳으로, 마을은 그윽하고 깊으며 구름에 덮인 골짜기가 아늑합니다. 주후周侯(주세붕)는 고을을 다스리는 데에 특히 학문을 일으키고 인재를 육성하는 것을 급선무로 삼아 향교에 정성을 쏟았습니다. (…)

나는 이 고을에 부임한 이래로 서원의 일에 마음을 다하고자 하지 않은 적이 없지만 미련하고 졸렬하며 무능하고, 게다가 파리해지는 병까지 들어 조금도 분발하고 격려하여서 많은 선비들을 권면하지 못하고 있습니다. (…)

서적을 내려주시고 편액을 내려주시며 겸하여 토지와 노비를 지급하여 재력을 넉넉하게 하시고, 또 감사와 군수로 하여금 다만 그 진흥하고 배양하는 방법과 공급해 주는 물품만 감독하게 하고, 가혹한 법령과 번거로운 조목으로 구속하지 못하게 해주실 것을 청하고자 합니다."

서원은 지방의 사림에서 설립하였으므로 지방 관료의 관심이 소홀하게 될 우려가 있다. 그러나 이자李子는 도에서 서원 운영을 지원하되 통제하지 않는 이중 구조를 생각한 것이니, 교육의 독립성을 지향한 것이다. 조정에서는 백운동서원에 소수서원紹修書院이라는 편액扁額과 서적을 내려주었다.

풍기군수 이자는 병으로 감사에게 사직서를 올렸다. 정신이 혼미하고 몸을 지탱하기 힘들어 죽음의 그림자가 밤마다 어른거렸다.

병으로 감사에게 세 번째 사직장을 제출하고, 감사의 회답도 기다리지 않고 고향으로 돌아왔다. 그러나 거처할 곳이 마땅하지 않았다.

하명동霞明洞에 집을 짓다가 끝내지 못했고, 죽동竹洞으로 옮겼으나 좁고 시냇물이 흐르지 않기 때문에 마침내 계상溪上에 한서암寒栖菴을 짓고 '정습靜習'이라 하였다. 〈퇴계退溪〉

벼슬에서 물러나니 어리석은 분수대로 편안하나,	身退安愚分
배움은 퇴보하여 늦은 나이 근심스럽네.	學退憂暮境
시냇가에 비로소 살 곳을 정하니,	溪上始定居
흐르는 물에 임하여 날로 반성함이 있으리.	臨流日有省

그러나 오래지 않아 곧 부름을 받고 출사出仕하지 않을 수 없었다. 기미년(1559) 2월에 다시 고향으로 돌아온 후 정묘년(1567) 6월에 명종의 부름을 받고 상경할 때까지, 이자李子는 도산에서 자신이 바라던 자유로운 삶을 누릴 수 있었다.

이자李子는 비교적 늦은 나이인 34세 때 벼슬길에 올랐다. 처음에는 승문원 권지부정자에 보임되었다가 곧 예문관검열 겸 춘추관기사관, 승문원 부정자가 되었다. 그 후 청화직淸華職인 홍문관·사헌부·사간원 등 삼사三司를 두루 거치고, 재상어사災傷御史가 되어 지방을 순회하며 굶주린 백성들을 구제하였고, 홍문관의 응교應敎로서 왕의 교서敎書를 작성하는 지제교知製敎와 왕세자를 가르치는 세자시강원世子侍講院의 강관講官과 예문관 응교를 겸하기도 하고, 홍문관 교리이던 41세부터 단양군수로 나가기 전까지 동호의 독서당에서 자신이 좋아하는 사가독서賜暇讀書에 선발되었다.

이자李子는 을사사화 때 이기李芑 무리들에 의해 삭탈관직당하는 불명예도 겪었지만, 단양과 풍기의 군수를 마지막으로 고향으로 돌아온 것은 자유로운 삶을 누리기 위함이었다.

조목에게 보내는 편지에서, 뜻을 굳건하게 가지고 학문에 힘을 쏟을 것을 권면勸勉한 다음, 자신은 이제까지 세로世路에 잘못 나가 수십 년 세월을 허비했으므로, 이제는 이곳 퇴계退溪에 은거하여 여생을 학문에 바치겠다는 뜻을 밝혔다.

조목이 스승의 편지를 받고 답장을 보냈다.〈答退溪先生 乙卯〉

"지난달에 고을 사람이 와서 선생님이 보낸 편지를 전해주어 새해에 기거起居가 만복萬福하심을 알게 되었으며, 멀리서 매우 축하드립니다. …… 소수서원에 속한 전답은 군수가 본래의 사사전寺社田을 뜻밖에도 성혈사聖穴寺로 쇄환刷還하였는데, 이 소식을 들은 사람들 중에서 탄식하고 한탄하지 않은 이가 없습니다."

소수서원이 위치한 자리는 원래 '숙수사宿水寺' 사찰터로, 지금도 서원 입구에 당간지주가 남아있다. 본래 숙수사의 사사전寺社田을 숙수사의 암자인 성혈사로 쇄환한 것이다.

성혈사는 초암의 동쪽 골짜기에 있는데 초암과 같은 때 창건하였다. 성혈사聖穴寺의 '혈穴'에서 수도승이 수도하던 토굴이었음을 짐작할 수 있다. 나한전은 석조 비로자나불과 좌우에 석조 16아라한을 모시고 있는데, 나한전 문살의 물고기와 개구리·두루미 그리고 동자는 법계의 16나한들의 눈에는 생명체들이 서로를 배려하면서 어울려 살아가는 아름답고 이상적인 극락세계로 보일 것이다.

한서암에 원근에서 찾아드는 제자들이 점점 늘어나, 자신이 바라던 독서와 제자들을 가르치는 즐거움을 누리고 있었다.

〈산속에서 책 읽기 獨愛林廬萬卷書〉

유독 초당의 만 권 책을 사랑하여,	獨愛林廬萬卷書
한결같은 심사로 지내온 지 십여 년.	一般心事十年餘
근래에는 근원의 시초를 깨달은 듯,	邇來似與原頭會
내 마음 전체를 태허太虛로 여기네.	道把吾心看太虛

계상서당에서 우연히 흥이 일어나 10首의 연작시 〈계당우흥십절 溪堂偶興十絶〉을 지어서, 은거하여 살아가는 자신의 삶을 읊었다. 10首 中 제6, 7絶

베개 베고 꿈속에서 신선되어 놀고 나선,	已著游仙枕
주역을 읽으려고 창문 열어 두었노라.	還開讀易窓
천종은 손으로 잡을 것이 못 되어라,	千鍾非手搏
梅·竹·菊·松·蓮·己 여섯 벗이 마음 맞춘다.	六友是心降

뻐꾹새는 뻐꾹뻐꾹 농사일을 재촉하고,	布穀催田務
사다새는 객에게 시름을 자아내네.	提壺勸客愁
더더욱 어여쁜 건 구름 밖의 학이어라,	更憐雲外鶴
소나무 꼭대기에 말도 없이 서 있구나.	無語立松頭

징검다리 건너 골짜기의 초옥에서 한가로이 앉아서 시를 짓는 선비의 풍경이 그려지고, 초옥을 둘러싼 숲에서는 뻐꾹새와 사다새 소리가 들려오는 듯하며, 소나무 꼭대기에 학이 하얀 날개를 접고 앉아 있다.

천연의 공간에 한 마리 학처럼 깃들어 살며 고요하게 마음을 다스리는 알인욕촌천리遏人慾存天理의 삶을 읊었으니, 구도적求道的 삶을 시적 감성으로 표출한 것이다.

단사丹砂 둥지를 다니며 서당을 옮겨 지을 터를 구한 끝에 도산 남쪽에 좋은 터를 구하여, 마침내 이 터를 구하게 된 기쁨을 노래하였다.

〈서당터찾기 尋改卜書堂地 得於陶山之南 有感而作二首〉

도산 언덕 남쪽 물가에 넉넉한 구름 빛나고,	陶丘南畔白雲深
한 길에 만나는 샘 견고한 언덕에서 나오네.	一道蒙泉出艮岺
저무는 해에 고운 새는 강물에 떠다니고,	晚日彩禽浮水渚
봄바람에 아름다운 풀은 언덕에 가득하네.	春風瑤草滿巖林

그윽이 거처하는 곳에 깊은 회포 절로 생기고, 마음 늙는 처지에 참으로 만족하여 서성이네. 끝없는 변화 내가 어찌 감히 궁구하여 찾을까. 장차 남기신 말들을 문서로 엮기를 원한다네.

도산서원 앞으로 낙동강이 휘돌아 나간다. 낙동강 하구로부터 약 340km 상류에 높이 83m, 길이 612m의 안동댐을 건설하면서, 도산서원 앞의 낙강이 호수로 변하였다. 도산서원을 원형原形 그대로 유지하기 위해서 댐의 최대 수위가 160m 되는 지점에 댐의 위치와 높이를 조절하였다고 하지만, 이미 400년 전에 서원의 터를 정할 때 안동댐 건설을 예견하신 듯하다.

무오년(1558) 2월, 당시 23세의 율곡 이이李珥가 계상서당을 다녀간 후 11월 25일, 〈도산정사도陶山精舍圖〉를 조목에게 보내어 용수사 승려 법련法蓮이 공사를 시작하자마자 타계하자, 이어서 정일靜一이 맡아서 공사를 진행하다가, 경신년(1560) 11월 9일, 일부 건물만 완공한 채 자력資力이 딸려서 공사를 중단하였다.

신유년(1561) 9월, 드디어 도산서당陶山書堂이 완공되었으니, 터를 잡아서 공사를 시작한 지 5년이 지나서야 완공을 하게 된 것이다.

도산서당은 서당과 그 부속 건물인 농운정사隴雲精舍로 구성되어 있다. 서당은 이자가 거처하며 강학수도講學修道하기 위해 만든 집이다. 모두 3칸으로 되어 있는데, 마루를 '암서헌巖棲軒'이라고 하고, 방을 '완락재玩樂齋'라 하였다.

'암서巖棲'란 주자의 〈雲谷二十六詠〉의 〈회암晦菴〉 詩에서, "자신감은 오랫동안 부족했으나(自信久未能), 바위에 깃들어 작은 효험이라도 바란다(巖棲冀微效)."라고 한 구에서 취한 것이고,

'완락玩樂'이란 朱子가 〈명당실기名堂室記〉에서 "즐겁게 보낼 수 있

으면(樂而玩之), 나의 인생을 끝내기에 충분하다(足以終吾身而不厭).″라고 한 데서 취한 것이다.

　농운정사隴雲精舍는 도산서당의 부속 건물로, 제자들의 숙소로 쓰기 위해 지은 집이다. '隴雲'이란 梁나라 때의 도홍경陶弘景의 詩에서 "언덕 위에 흰 구름이 많다(隴上多白雲)."라고 한 말에서 취한 것으로, 은사의 거처를 뜻하는 말이다. 농운정사隴雲精舍는 모두 8칸으로 되어 있는데, 동쪽 마루를 '시습제時習齋'라 하였고, 서쪽 마루를 '관란헌觀瀾軒'이라 하였으며, 방을 지숙료 '止宿寮'라 하였다.

　'시습時習'은 《論語》〈學而〉편의 "학이시습지學而時習之 불역열호不亦說乎."(배우고 때때로 익히면 기쁘지 아니한가)에서 취한 말이고, '관란觀瀾'은 《孟子》〈微子〉의 자로子路와 하조장인荷篠丈人의 고사故事에 기원을 둔 말인데, 주희의 무이정사武夷精舍의 인지당仁智堂 오른편 방 지숙료止宿寮에서 따온 것이다.

　이자李子는 도산서당 각 건물의 당재堂齋 명호名號를 손수 예서隸書로 써서 현판에 새겨서 걸었다.

　제자들이 힘을 합쳐 농운정사 아래쪽에 서재書齋를 짓고 그 이름을 《論語》〈學而〉편의 "유붕자원방래有朋自遠方來, 불역열호不亦說乎.(벗이 먼 곳에서 왔으니, 이 또한 즐겁지 않겠는가.)"에서 취하여 '역락서재亦樂書齋'라 하였는데, 이 글씨도 이자李子가 손수 써서 현판에 새겨 걸었다.

도산서당 서쪽 옆으로 화단을 만들어 梅·竹·菊·松을 심고 절우사節友社라 하고 도산서당 앞에는 작은 연못을 파서 연蓮을 심고 정우당淨友塘이라고 하였으니, 梅·竹·菊·松·蓮을 심어서 자신(己)과 여섯 벗이 되었다.

도산서당의 입구에 사립문을 만들어 달고 유정문幽貞門이라 하였으며, 도산서당 앞쪽 낙동강에 임한 좌우 두 곳에 각각 臺를 쌓아 좌측의 것을 '천연대天淵臺'라 하고 우측의 것을 '천광운영대天光雲影臺'라 하였으며, 낙동강에서 도산서당으로 올라오는 입구를 '곡구암谷口巖'이라 하였다. 도산서당을 축조하고 조경 공사를 마무리한 다음, 본인의 뜻을 밝힌 詩〈陶山言志〉를 지었다.

李子는 도산서당에서 1월에서 5월 중순까지와 9~10월만 거처하고 나머지 기간에는 계상에서 살면서, 산승山僧을 시켜서 농운정사에 기거하면서 도산서원을 지키게 하였으니, 그것은 마치 주자가 도사를 시켜 운곡雲谷을 지키게 한 뜻과 같은 것이다.

그해 11월 6일(동지)에〈도산기陶山記〉를 완고하였는데,〈도산잡영〉처럼 오래전에 지어 두고서 퇴고에 퇴고를 거듭한 끝에 완고한 것이다. 이 글에서 도산서당의 각 건물과 조경, 그곳에서의 자신의 생활 등을 상세히 기술하였다. 특히 자신이 도산에 은거한 것은 현허玄虛를 사모하고 고상高尙을 일삼는 것과는 달리, 심성을 수양하기 위해서라고 노장류老莊類의 은사隱士들과 자신과의 차이를 분명하게 밝힌 다음, 자신은 이곳에서 성현聖賢의 불가전지묘不可傳之妙를 그들이 남긴 경전을 통해 탐구하겠다고 하였다.

1561년 8월, 맏손자 안도安道가 생원시 회시會試에 합격하였다. 회시會試는 초시初試 후 실시되는 제2차 시험으로, 생원시에 합격하면 성균관 입학 자격을 얻게 되고, 장차 문과 급제를 준비해야 한다.
　　안도가 문과에 급제하기를 바라는 뜻에서 《朱子語類》의 고사故事를 끌어다가, '학문은 느리지만 꼼꼼하고 성실하게 해나갈 것'을 가르치는 내용의 詩 〈제중우서齋中偶書示諸君及安道孫〉를 지어서 제자들과 맏손자 안도에게 보여주었다.

네 사람이 김을 매는데 한 사람이 더디니,	四兵耘草一兵遲
손이 빠른 세 사람이 깔깔대며 비웃었네.	捷手三兵共咥咿
빨리 맨 이 뿌리 남아 다시 또 뽑아야 하니,	捷者留根煩再拔
애당초 말끔히 뽑았던 더딘 이만 못하구나.	不如遲者盡初時

　　그리고는 "저 사람이 비록 느린 것 같지만, 그래도 한 차례의 공부는 마친 것이다."라고 하였다.

　　맏아들 준寯은 과거시험을 거치지 않고 문음門蔭으로 천거되었다. 아들 준寯에게 보낸 530여 통의 편지 중에 영주의 거접居接(학원)을 권하고 별시別試를 독려하였으니, 도학자 李子도 자식에 대해서는 여느 학부모와 같았다. 아들 준은 아버지가 출사出仕하는 동안 처가살이를 하면서 도산·영주·의령의 토지와 노비들을 혼자서 직접 관리하였으니, 과거 공부에 전념할 수 없었을 것이다.

아들 준儁이 30세가 넘어서도 급제하지 못하자, 음직蔭職을 천거하여 채용감 직장이 되었다. 삼반三班 중에 문음을 남반南班이라 하였는데, 대궐의 조회 때 좌석 배치는 북좌남향北坐南向한 국왕에 대하여 동쪽은 문반, 서쪽은 무반, 남반은 남쪽에 서는 반열이었다.

남반을 남행南行이라고도 일컬었는데, 남행을 세 등급으로 나누어서 세마洗馬의 네 자리, 사회司誨의 두 자리, 동몽교관童蒙教官의 여섯 자리 등 열두 자리가 1등이고, 6부의 교관教官 열두 자리가 2등이 되며, 돈령부 참봉 두 자리, 선공감역 두 자리, 전묘 참봉 두 자리, 전유 참봉 두 자리, 수릉 참봉 두 자리, 상의원 참봉 두 자리 등 열두 자리를 3등으로 한다.

1등으로 선발하는 것은 경서에 밝고 행실을 닦은 산림山林에 유일遺逸된 선비, 2등은 과시科試 공부[游藝]를 한 사람으로서 다스림에 슬기 있는 자, 3등은 종척宗戚 또는 훈신勳臣·현신賢臣 집사람으로서 총애를 받고 음직蔭職을 받은 사람을 대우했다.

식년마다 문·무과를 방방放榜한 다음에 정부·추부·6조·3사三司의 신하가 도당都堂에 모여서 각자 아홉 사람을 추천하도록 하는데, 이것은 곧 치선治選이라는 명목이다. 이에, 정부·추부·6조의 대부가 여러 사람이 추천한 것을 합쳐서 서른여섯 사람을 뽑고, 상주한 다음 이조에 회부해서 서른여섯 자리에 보임한다. 만약 계방桂坊이 없는 때이면 사회司誨 네 자리를 더 차임해서 세마洗馬 네 자리를 대신 충당한다. 남행南行은 아무리 큰 공을 세워도 賞은 주지만, 7품 이상의 관직은 주지 않았다.

계해년(1563) 봄, 63세의 李子는 풍산에 있는 선영과 용궁 대죽리의 외조부 산소에 성묘하고, 돌아오는 길에 예천 고자평에 살고 있는 누님(신담辛聃의 처)을 만나기 위해 길을 떠났다. 구담을 지나 대죽리로 들어갔다. 대죽리에서 외손봉사하던 셋째 형 의瀗가 별세한 지 서른 해가 지났다.

이때 황준량의 행차가 용궁 가까이에 이르렀다는 소식을 듣고 황준량에게 편지를 보냈다. 황준량은 다른 사람에게 대신 쓰게 하여 답장〈퇴계 선생께 答退溪先生書〉를 보내왔다.

「병든 가운데 세 차례 서찰을 받았으니, 얼굴을 뵙고 비결秘訣을 받은 듯합니다. 저는 원기元氣가 이미 약해져 질병과 대적對敵할 수가 없을 듯합니다. 산두山斗께서는 당당하니, 달리 걱정할 것이 없겠습니다. 다만, 집안에 노모老母가 계시는데, 마음이 어지럽지 않을 수가 없습니다. 오른손이 장차 말라 들어가 류생柳生에게 대필代筆을 시키기 때문에 마음속의 회포를 낱낱이 말씀드리지 못합니다. 나머지는 덕음德音이 더욱 무성하여 먼 곳에서 발돋움하는 저의 뜻에 부응하시길 바랍니다.」

며칠 후, 금계錦溪 황준량黃俊良이 서거하였다. 금계錦溪는 성주목사 재직 중에 병으로 사직하고 돌아오는 도중 예천에서 별세하였는데, 그는 빈부의 격차를 줄이고 부호의 토지 겸병兼併과 백성의 유리流離를 막기 위해 토지의 한 구역을 '井' 자로 9등분하여 8호의 농가가 한 구역씩 경작하고 가운데의 한 구역은 8호가 공동으로 경작하여 그 수확물을 국가에 조세로 바치는 정전제井田制를, 이 정전제를 시행하기 어려우면, 농민에게 국가의 토지를 나누어 주되 매매하지 못하게 하는 한전제限田制를 주장하였다. 그가 죽었을 때, 수의마저 갖추지 못해서 베를 빌려서 염을 했으며, 관에 의복도 다 채우지 못할 만큼 청빈했다.

스승은 황준량을 애도하는 만사輓詞와 제문祭文〈성주목사 황중거 黃星州(仲擧)文〉을 지어 아들 준寯을 보내어 치전致奠하게 하였다.

嗟嗟錦溪	아, 슬프다 금계여!
而至此耶	이 지경에 이르렀는가.
自星抵豐	성주로부터 풍기까지
凡幾里耶	모두 몇 리이기에,
緣路扶舁	길을 따라 들것으로 부축했는데
不至家耶	집에 이르지 못했는가.
我適龍縣	내가 마침 용궁현에 갔을 때
君行不遐	그대 다녀간지 멀지 않았지만,
病難宿留	병으로 묵으며 머무르기 어려워
書以代面	서찰로 대신 안부를 전하고
歸臥故山	고향에 돌아와 누워서
指期相見	기일을 지정하여 서로 만나려 했네.
何意訣言	어찌 생각했으랴, 영결하는 말이
與訃偕至	부고와 함께 이를 줄을.

失聲長號	실성하여 길게 부르짖으니,
傾水老淚	물을 기울이듯 늙은 눈물 흘렸다네.
天奪斯人	하늘이 이 사람을 빼앗아감을
曷其亟耶	어찌 그리도 빨리 했는가.
眞耶夢耶	진실인가 꿈결인가,
惝怳哽塞	너무 슬퍼서 목이 메이네.
……	
一去難回	한번 가서 돌아오기 어려우니,
已矣已矣	끝났구나 끝났구나.
哀哉哀哉	슬프고 슬프도다.

한국국학진흥원 | 김상환 (역) | 2014

 황준량의 죽음은 스승 李子에게 큰 충격이었던 같다. 도산서당에 있다가 갑자기 한기寒氣가 들어 계상의 집으로 돌아와 누웠다. 고열과 심한 갈증이 나고 거품 섞인 대변을 보더니 몸살이 났다. 처음에는 서중暑症 정도로 여겼으나, 날이 갈수록 증상이 악화되어 갔다.

 온몸이 불덩이처럼 열이 나고 오한이 들어서 삼복더위에 이불을 덮고 끙끙 앓으면서, 경술년 때 풍기군수를 중단하고 귀전歸田했던 일이 생각났다.

 '나도 이제 기력이 다한가 보다. 그때 여름 감기를 견디지 못해 풍기군수를 사임하고 귀전歸田하지 않았던가.'

백방으로 약을 구하고 의원이 진맥하고 침을 놓았으나, 점차 기력이 쇠진해 갔다. 정신이 혼미하고 몸을 지탱하기 힘들어, 죽음의 그림자가 밤마다 어른거렸다. 비몽사몽非夢似夢간에 황준량이 계상에 찾아왔다. 〈퇴계 초옥退溪草屋에 황금계의 내방을 기뻐하며〉

시냇가에서 그대 만나 문제를 풀어낼 제,	溪上逢君叩所疑
즐거이 그대 위해 탁주를 가져왔네.	濁醪聊復爲君持
매화꽃 늦게 필까 하늘이 걱정하여,	天公卻恨梅花晚
잠깐 사이 눈 보내니 가지에 가득하네.	故遣斯須雪滿枝

　꿈속에서 황준량을 맞아서 매화나무 아래서 탁주를 마시며 매화꽃 늦게 필까 걱정하다가 꿈에서 깨어났다.
　황준량은 외직을 청하여 신녕현감이 되었을 때, 흉년을 만난 해에 백성들이 굶주리는 것을 보기를 마치 자기가 굶주리는 것처럼 여겨 합당하게 진휼賑恤하여 백성들이 그로써 소생하였다.
　옛 마을에 학사學舍를 창건하여 백학서원白鶴書院이라 편액하고, 서적을 보관하고 전답을 배치하였다. 400년 후, 李子의 14대손 이원록은 도산서원이 설립한 보문의숙寶文義塾에서 신학문을 수학하고, 영천 화북면 오동 안용락의 딸 일양과 혼인하여 백학학원에서 수학하였다. 1924년 니혼대 전문부 도쿄세이소쿠로 유학할 때까지 백학학원에서 후학을 지도하였다. 백학학원은 황준량이 설립한 백학서원의 재산으로 건립하였으며, 이원록은 이육사二六四이다.

환갑을 넘은 노인이 큰 병으로 앓게 되면 다른 장기로 쉽게 전이가 되면서 점점 병이 깊어지고 환자의 투병 의지도 약해져 가는데, 마침 퇴계를 방문한 류희범柳希范이 스승의 병이 중함을 알아차리고, 성주에 유배되어 있는 유명한 의원을 소개했다.

"이자발李子發에게 사람을 보내어 보는 게 어떨까요?"

이자발은 묵재默齋 이문건李文楗의 字이며, 조광조의 문인으로 기묘사화 때 조광조가 화를 입자 감히 조상하는 자가 없었으나, 그는 조광조의 상례喪禮를 다하였으며, 친족의 죄에 연루되어 을사사화 때 성주에 유배되었다.

당시는 허준의 《동의보감》(1610년)이 나오기 전이어서, 《丹溪纂要》, 《明醫雜著》, 《醫學正傳》 등 중국 의서醫書들만 있었는데, 의학에 관심이 많았던 이자발李子發은 마침 유배지 성주에서 부모를 봉양하는 데 필요한 의술과 약제를 기록한 《양로서養老書》를 통하여 의학 지식을 습득하면서 약재와 도구를 마련하고, 경직京職에 있을 당시 사귀던 박세거朴世擧가 내의원 정正이 되어서 김순몽金順蒙과 함께 《간이벽온방簡易辟瘟方》을 편찬하였다. 정학년鄭鶴年(중궁 산실 의원), 문세연文世楗, 채장손蔡長孫 등 당대 유명 의원들에게 자문을 구하여, 산약山藥·호도胡桃·행인杏仁·웅우전각수雄牛前脚髓·백밀白蜜을 조합하여 보정고補精膏를 만들었는데, 이것은 위기胃氣를 돕고 폐를 부드럽게 하여 허로虛勞를 치료하는 처방이다.

맏손자 안도安道를 성주로 급히 보내 이자발의 처방을 받아와, 거의 한 달 가까이 치료한 뒤로 겨우 회복되기 시작하였다.

병석에 누운 지 달포가 지나고 손자 안도가 성주에 가서 이자발이 지은 약을 받아와 복용한 후에 열이 내리고 기침도 잦아들고 있지만, 여러 날 병마에 시달린 탓으로 심신이 지쳐 있었다.

'일어설 수만 있으면, 청량산을 다녀와야 할 텐데……'

팔다리에 힘이 없어 청량산은커녕 바깥출입을 할 수 없을 정도이니, 더욱 간절하였다.

어느 날 꿈을 꾸었다. 대개 꿈은 낮 동안 경험한 정보의 기억을 강화하는 과정에서 나타나는 현상으로, 생각이 간절하면 꿈으로 나타날 수 있다고 한다.

한 아이가 산속을 뛰어가고 있었다. 한참을 뛰어가던 아이는 숨을 헐떡이며 뒤를 돌아보았다. 형님들이 지게에 책을 잔뜩 짊어지고 산비탈을 힘겹게 올라오고 있었다.

"새 형님들, 빨리 오세요."

두 손을 모아 큰소리로 부르고 나서, 다람쥐처럼 다시 산 위로 사라졌다. 숙부 송재공은 맏사위 조효연曺孝淵, 둘째 사위 오언의吳彦毅를 청량산으로 공부하러 보내면서 아들 수령壽笭과 해瀣와 조카들을 함께 보냈다.

송재공의 맏사위 조효연曺孝淵은 청백리 조치우曺致虞의 아들인데, 영천시 대창면 대재리에는 조치우의 묘재인 유후재遺厚齋와 왕에게 하사받은 옥비玉碑(어사청백리조치우옥비)가 있다.

갑자년(1504)에 조치우가 아들 효연을 데리고 와서 온계에서 초례 醮禮를 행하였다. 둘째 사위 오언의는 의령현감 오석복吳錫福의 맏아들인데, 당시 혼례 제도는 남귀여가혼男歸女家婚으로서, 조효연과 오언의는 온혜의 처가에 있으면서 청량산에 들어가 과거 공부를 하였다. 〈청량산 독서 보내며 送曺吳兩郞與瀅輩讀書淸凉山〉

공부하는 것은 산에 오르는 것이라 하지만,	讀書人道若遊山
깊고 얕고 넉넉히 익혀가고 오는 것 믿어라.	深淺優游信往還
하물며 청량산은 깊고 경치 좋은 곳이니,	況是淸凉幽絶處
나도 일찍이 십 년간 거기서 공부했느니라.	我曾螢雪十年間

조효연曺孝淵은 생원시에 합격하고, 식년 문과에 급제하여 호조와 형조의 좌랑, 형조와 예조의 정랑을 지냈으며, 함안군수가 되었다.

李子는 어려서부터 체력이 약한 데다, 침식을 잊고 주역周易 공부에 매진하면서 일시적으로 건강을 해쳤었다. 열아홉 살 때, 양반 자제들을 선발하여 의서醫書를 교육하던 영주의 제민루濟民樓에서 활인심방活人心方을 익혀서 스스로 건강을 조섭하였다.

노인들의 투병 의지는 개인의 의지력, 가족과 사회의 지원, 질병의 종류와 심각성에 따라 다양하지만, 질병으로 인한 고통과 상실감으로 인해 투병 의지를 상실하기도 한다. 당시 조선인의 평균 수명은 정확한 기록은 찾기 힘들지만, 유아 사망률이 높았고 생활환경이 열악하여 평균 수명이 30대 중반 정도였을 것으로 추정하고 있다.

환갑을 넘긴 노령이어서 혼자서 일어서거나 걷기도 힘들고, 귀는 잘 들리지 않고 눈도 침침해지고 심신이 크게 지쳐 있었다.

이자는 벼슬을 할 수 없는 다섯 가지 〈五不宜〉 중에서

'자신은 병으로 일을 못하면서 녹만 받는다.'라고 여겨서 관직에서 스스로 물러났던 것이다.

이듬해 봄, 이자는 병마에서 벗어나 기력을 점차 회복하게 되자, 청량산이 그를 부르는 것 같았다. 이번이 마지막이 될지 모른다는 생각으로 산행을 올해의 목표로 설정하고 새해 초부터 준비하였으나, 심한 가뭄으로 두어 차례 미루어졌다.

그해 3월, 명종이 전교하였다. "가물 징조가 몹시 심하니, 형벌을 늦춰주고 금법禁法을 해제하며 부역을 시키지 않는 따위의 일을 해조該曹에게 거행하게 하라." 하고, 경기 관찰사 심전과 황해도 관찰사 윤현 등 지방관에게 전교하여 "한재旱災가 날이 갈수록 심한데 요사이 비 올 징조가 계속 있으니, 파종하도록 독려하여 때를 잃지 않게 하라."라고 하였다.

세 차례나 기우祈雨를 하였으나 비가 올 징조가 없으니, 4월 12일 명종은 다시 전교하였다.

"오는 16일에 풍운뇌우風雲雷雨·우사雩祀·북교北郊에 중신重臣을 보내고, 한강·삼각산·목멱산木覓山에 내신內臣을 보내어 따로 기도하라."

갑자년(1564) 봄, 병석을 털고 일어났으나 아직 후들거리는 다리에 지팡이를 짚고도 걷기가 불편하였다. 도산서당에 나갔더니 절우단의 매화가 지난겨울의 심한 추위에 꽃봉오리가 상해서 늦봄이 되어서야 겨우 몇 송이 피었으니, 병석病席의 주인을 걱정하여 매화 또한 동병상련同病相憐을 앓았기 때문일 것이다. 〈도산방매陶山訪梅〉

오랜 인연의 세 그루 매화에 거듭 탄식하니,　重嗟宿契三梅樹
얼마 남지 않은 늦은 봄에 몇 송이만 피었네.　只向殘春數萼開
맑은 바람 들어오니 공연히 쇄락하여,　入手淸風空灑落
처마 곁 밝은 달이 홀로 배회하네.　傍簷明月自徘徊

그해 봄이 한참 지나서 뻐꾸기가 울고 두견화는 이미 지고 철쭉이 흐드러지게 피기 시작하는 4월, 64세의 李子는 청량산으로 향했다.

노인들이 낙상으로 엉덩방아를 찧으면 고관절에 금이 가거나 염증이 생기면 회복하기가 어렵다. 말을 타고 험준한 산을 오른다는 것은 낙상을 입을 위험이 있으니 가족 친지들이 극구 말렸지만, 손자 안도를 앞세우고 계상을 나섰으니, 자신의 건강 상태도 문제가 있지만, 조정에서 자신을 언제 부를지 모른다는 위기감이 있었기 때문이다.

'이번이 마지막 기회다. 언제 또 조정에서 부를지……'

청량산에 오르는 것은 맏손자 안도安道를 위해서 꼭 가야만 했다.

모름지기 군자君子는 자연을 소요하며 물아일체의 호연지기浩然之氣를 길러야 하기 때문이다.

| 알기만 하면 좋아하는 사람만 못하고, | 知之者不如好之者 |
| 좋아하는 사람은 즐기는 사람만 못하다. | 好之者不如樂之者 |

산에 오르는 것은 단지 등산이 아니라, 책 읽는 것과 같이 깨달음을 준다.(遊山如讀書) 손자 안도와 그의 친구들, 그리고 제자들과 동행하는 산행이어서 오고 가는 길에서 시를 짓고 가르침을 주어야 한다.

백거이白居易(백낙천)의 〈늙고 병들어 홀로 생각한 바를 우연히 읊다 老病幽獨 偶吟所懷〉라는 詩는 어쩐지 늙어가는 자신의 처지를 노래한 것 같았다.

눈은 점점 흐릿하고 귀는 점점 들리지 않고,	眼漸昏昏耳漸聾
머리는 백발이요 반신은 풍병에 걸렸도다.	滿頭霜雪半身風
몸은 이미 덧없는 세상사를 벗어나기 원하는데,	已將身出浮雲外
오히려 몸은 여관에 임시로 기대어 살구나.	猶寄形於逆旅中

백거이의 시를 화운하여 〈백거이의 시를 화운하다 和白樂天眼漸昏昏耳漸聾 甲子年〉를 지었다.

눈은 침침해지고 귀도 점점 먹어가니,	眼漸昏昏耳漸聾
힘든 일 게으르고 바람 맞기도 겁나네.	懶當勞事怯當風
평소에 뜻과 꿈을 잘못 품었고,	謬懷志願平生裏
한바탕 꿈속에서 세월 그르쳤다네.	蹉過光陰一夢中

청량산 가는 길은 계상에서 하계, 원천, 내살미[川沙], 단사, 백운지, 면천, 맹개, 월명담月明潭을 우측으로 끼고 가사리(가송리), 소두들을 지나 청량산 입구의 나루터 나분들[廣石]에서 청량산으로 들어가게 되는데, 오늘날 이 길을 '퇴계 녀던길'이라 한다.

청량산에서 온 사람들의 말에 따르면, "극심한 가뭄으로 낙강의 강물이 말라서 강 가장자리로 흐를 뿐, 강바닥의 자갈과 모래는 말을 타고 지나다닐 수 있었고, 나분들에서 나룻배를 타지 않아도 낙강을 건너갈 수 있다."고 하였다.

李子는 청량산에 들어갈 때마다 소풍 가는 아이처럼 새벽부터 서둘러 길을 나섰다. 오랜 병고를 겪었지만, 아침 일찍 출발하였다.

이번 산행에는 이문량·금보·금난수·김부의·김부륜·권경룡·김사원·류중엄·류운룡·이덕홍·남치리·조카 교翹·맏손자 안도安道 등 모두 13인이 李子와 동행하였다. 당시 예안현감이던 곽황郭趪과 조목, 금응협도 동행하기로 했으나, 다른 사정 때문에 참여하지 못하였다.

곽황과 조목의 불참不參은 아마도 얼마 전에 두 사람이 서로 다투었던 것이 아직 화해되지 않은 탓인 듯했다. 조목이 예안현감 곽황과 술자리에서 실언을 하였다. 스승은 조목에게 편지를 보내어,

"여러 사람이 함께 술을 마시면서 실언을 하였는데도 그대에게 허물이 돌아간 것은 그대의 성격이 너무 강剛해서 사소한 일로도 상대에게 화를 내거나 심한 말을 하게 되는데, 이런 버릇이 술을 마시게 되면 나타나기 때문이니, 부디 반성하여 고치라."라고 당부하였다.

이문량李文樑은 이현보의 둘째 아들로서, 젊은 시절부터 청량산·요성산으로 함께 공부하러 다녔으며, 금계 황준량의 장인丈人이다.

도산서당 앞을 지나는 강변길에는 이문량과 조목의 모습이 나타나지 않아서, 한참을 기다리다가 먼저 출발했다. 하계에서 당재를 넘어서 원천 마을을 지나 단천 마을 뒤 언덕길을 내려가서 강변길을 쉬엄쉬엄 걸으며 정담을 나누었고, 이때 덕홍이 詩를 읊었다.

> 선생님 모셔 참으로 다행이니,   奉杖眞多幸
> 늙은이 젊은이 서로 따라가네.   老少行相遞

이날 이문량은 약속 시간보다 늦었다. 일행은 천사 마을 건너 하계에서 낙강이 돌아 흐르는 부내[汾川]쪽을 바라보고 기다렸으나 오지 않자, 〈이대성을 기다리며 읊다 到川沙待李大成未至〉를 읊었다.

> 안개 낀 산들은 뾰죽뾰죽 강물은 출렁출렁,   煙巒簇簇水溶溶
> 새벽빛 밝아오자 붉은 해가 떠오르고 있네.   曙色初分日欲紅
> 시냇가에서 기다려도 그대 아직 오지 않아.   溪上待君君不至
> 나 먼저 고삐 잡고 그림 속으로 들어가노라.   擧鞭先入畵圖中

원천에서 단사 절벽이 바라보이는 솔숲을 지나 낙강변으로 내려갔다. 멀리 청량산 장인봉이 바라보이는 청량산 조망대에 올랐다. 건지산과 건너편 왕모산 사이의 단사협에는 아홉 마리 용이 여의주를 서로 쟁취한다는 구룡쟁주九龍爭珠를 돌아 나오는 낙강물이 푸른 소沼를 이루며 왕모산 발아래를 흐른다. 청량산 조망대에서 미천 마을을 바라보고 시 〈도미천망산渡彌川望山〉을 지었다.

굽이굽이 맑은 여울 여러 번 건너니,	曲折屢渡淸淸灘
우뚝 솟은 높은 산이 비로소 보이네.	突兀始見高高山
맑은 여울 높은 산 숨었다 다시 나타나니,	淸淸高高隱復見
끝없이 바뀌는 모습 시상을 북돋우네.	無窮變態供吟鞍

조망대에서 내려와 낙강변을 지나 경암으로 말을 몰았다. 오랜 가뭄으로 강물은 강 가장자리로 흐를 뿐, 평소에 깊은 소沼를 이루었던 커다란 경암이 메마른 강바닥에 드러나 있었다. 이때 이문량이 땀을 닦으며 언덕을 급하게 올라왔다. 이자는 〈말 위에서 읊다 約與諸人遊淸凉山馬上作〉라는 시를 보여주었다. 이문량은 왔으나, 조목 일행은 오지 않았다.

〈경암담 가에서 조목·김부륜·권경룡을 기다렸으나 오지 않아 먼저 가다 憩景巖潭上 待士敬 惇敍 施伯〉

소나무와 바위 맑고 그윽하여 경암이네,	松石淸幽號景巖
서늘한 그늘 빙 두르고 맑은 못 굽어보네.	涼陰匝匝俯澄潭
나중에 오는 이들 우리가 먼저 온 뜻 안다면,	後來若識先來意
묘하고 귀의함 어찌 두셋뿐이겠는가.	妙處同歸豈二三

단사 마을에는 단사丹沙·항곡·백운지·면천綿川 등이 있는데, 단사는 마을 앞 왕모산 단애와 강가의 자갈이 연분홍빛이고, 면천은 목화를 재배했던 곳이다.

낙강은 단사 마을 앞을 지나 원천리 내살미 마을을 돌아서 도산서원 앞을 지나 월천 언덕까지 W형으로 구불구불 흘러간다. 단사 마을의 강변은 청량산으로 들어가는 초입으로, 지금은 도산면 온혜리에서 청량산까지 길이 나 있지만, 선인들은 이곳을 통해 산행을 시작했다고 한다. 이 길은 천사와 단사를 거쳐 매내, 올미재, 가사리, 너분들을 따라 청량산으로 이어진다.

공민왕의 전설이 얽혀 있는 왕모산성王母山城과 그 중턱에 갈선대葛仙臺가 있고, 경치가 빼어난 삼송정三松亭과 물고기가 뛰어노는 것이 보이는 관어대觀魚臺, 그리고 부챗살 모양으로 펼쳐진 백운산 자락의 풍광이 빼어난 백운지白雲池는 낙강이 돌아 나오는 구룡소九龍沼 한가운데서 흰 물줄기가 솟아올랐는데, 아홉 마리의 용이 여의주를 쟁취하기 위하여 이룬 물줄기라 하여 백운지라 하였다고 한다.

청량산 일대의 주민들은 공민왕의 몽진 때 청량사 유리보전 현판 제작과 산성 축조 등으로 연고가 있었으며, 출산 중에 죽은 노국공주, 환관들에게 시해당한 공민왕의 억울한 죽음에 대한 역사적 사건을 그들의 삶의 일부로 받아들였다.

왕모산은 청량산 축융봉에서 도산서원 건너편까지 뻗어있는 산으로, 원천리에 왕모산성은 공민왕이 홍건적의 난을 피해 안동으로 몽진했을 때 어머니 명덕태후를 모시고 머물렀다는 전설이 전해진다.

산성은 흙과 돌을 섞어 쌓은 것인데, 산의 서쪽은 자연석으로 된 석성이다. 성의 전체 길이는 360m가 넘는 것으로 보이는데, 석축이 잘 남아 있는 곳은 약 50m가량 확인할 수 있으며, 성은 대략 산의 능선을 따라 산 전체를 둘러싸고 있는 것으로 추정된다. 성의 가장 높은 부분은 2.5m가량 되는데, 자연 암벽 위에 축조되어 있어 암벽의 높이를 빼면 1.7m에서 1.8m밖에 되지 않는다. 성의 북서쪽은 절벽으로 이루어져 있으며, 절벽 밑으로는 낙동강이 흐르고 있다.

왕이 지나갈 때 강 건너편 삼송정三松亭에서 천지를 진동시킬 만큼 말 울음소리가 크게 들리더니, 난데없이 백마가 장수를 태우고 "쿵" 소리를 내자마자 왕의 행차 앞에 멈추고, 몸집이 보통 장수보다 크고 백발이 성성한 노장수가 말에서 성큼 내려서 문안 올리며, "소인이 성왕을 도우러 왔으니 싸움에 한몫을 담당하도록 윤허하여 주신다면 동행이 될 것이며, 소인에 대하여서는 아무런 말씀이라도 일체 묻지 마옵소서." 하는 것이었다.

공민왕을 중심으로 한 가족 관계 사당祠堂은 향촌 사회의 가계家系 계승 의식에서 비롯된 것으로서, 청량산 권역과 왕모산성 주변의 마을에 밀집되어 있다. 축륭봉에 공민왕 사당, 문명산 아래 뒤실과 윗뒤실에 부인당, 풍락산 아래 고감리는 장구에 맞춰서 노래를 부르고 춤을 추는 곳이라는 뜻에서 '고가무鼓歌舞'라 하고 왕대부인당을 모셨다. 풍호리 역개 공민왕의 부인당, 재산 남면 동다리 아들당, 동자다리 딸당, 새터 사위당, 낙동강 임강대 고개 아들당, 도산면 가송리 딸당, 단천리 돌 부부 서낭당, 이육사의 고향 원천리 강 건너편 내살미 왕모산성의 왕모당 등 사당을 모시고 제사와 가무歌舞를 통해서 신령과 소통하였다. 징을 치고 노래를 부르며 춤을 춰서 神이 내리면, 신탁神託을 전하는 공수 절차가 있었는데, 마을 간의 神끼리 혈연관계를 의식하여 가송리 딸당에서는 정월 초하루에 공민왕신을 모시는 축륭봉 산성마을로 서낭대[신간神竿]로 세배를 보내면서, "친정 간다."라고 하며, 서낭대는 공민왕 위패에 세배를 하고 음식과 세뱃돈을 얻어 다시 가송리로 돌아오는 독특한 의례를 치른다.

마을끼리의 혈연관계 행사를 통해서 농사일의 품앗이와 세 벌 논매기 후 '풋구' 놀이의 연대가 이루어졌었다. 공민왕을 신으로 모시는 풍조는 청량산 일대와 안동 지역의 민간신앙으로 발전하였으며, 조선의 종묘에도 공민왕의 신위를 모시고 있다. 단사협을 지나면서
〈말 위에서 차운하다 將遊淸凉 馬上作次退溪先生過丹砂峽韻〉

왕모산성 앞에서 갈선대를 물어서 찾아가니,	王母城前問葛仙
단애청벽이 깎은 듯하고 옥호천이 펼쳐있네.	丹崖靑壁玉壺天
옥호천에서 먹고 삶은 응당 연화에 의지하니,	天應口腹資烟火
그곳 사람에게 세전이 있는지 묻지 말게.	莫占人間有稅田

※ 단애청벽丹崖靑壁: '낭떠러지와 푸른빛의 바위 절벽'이라는 뜻으로, '인품이 고상함'을 비유하거나 '쉽사리 보기 어려운 사람을 만남'을 의미하는 표현으로 쓰인다. 단사벽丹沙壁 아래 푸른 강이 마을을 안고 돌며, 절벽 남쪽은 왕모성이다. 산에는 대臺가

둘 있는데, 갈선葛仙과 고세高世가 그것이다. 대의 형상과 같이 뚝 끊어진 절벽이 일곱 개 있는데, 초은招隱·월란月瀾·응사凝思·낭영朗詠·어풍御風·능운凌雲·고반考槃이 그것이다.

옥호천玉壺天: 비장방費長房이 한 노인을 따라 병 속에 들어가니 별천지가 있었다는 고사를 인용한 것으로, 옥호玉壺는 '깨끗한 마음'의 비유로 쓰인다.

구복口腹: 음식물을 섭취하는 입과 배, 먹고사는 일.

연화烟火: '인가人家에서 불을 때어 나는 연기'라는 뜻으로, '사람이 사는 기척' 또는 인가人家를 이르는 말이다.

경암담을 지나서 구룡연을 돌아드니 고산이다. 고산孤山은 낙강 물이 청량산을 돌아 내려와서 고산의 두산 사이를 흐른다. 고산은 마치 신선이 사는 선계仙界 청량산으로 들어가는 선문仙門과 같다.

마침 그해(1564)에 금란수는 고산정孤山亭을 지었다. 고산정에 들러서 잠시 쉬면서 〈고산, 금란수를 만나다 孤山 見琴聞遠〉라는 시를 지어주었다.

험한 곳 넘고 깊은 곳 몸 던져 하늘 얻으니,	越險投深得一天
구슬 같은 대 옥 같은 물가 영지밭 비추이네.	瓊臺瑤浦映芝田
지난날 와서 보지 못한 것 지금 와서 보니,	舊來不見今來見
동굴 속 신선 직접 만난 듯하네.	疑是親逢洞裏仙

고산을 지나면 만리산과 청량산 사이의 골짜기로 낙강물이 흐른다. 시냇가 바위에 쉬면서 〈시내의 바위에서 쉬다 入洞憩磵石〉를 지어 읊었다.

푸른 숲 우거져 온갖 나무 그늘 드리우고,	翠密蕭森萬木陰
깊은 웅덩이 거울같이 맑게 가라 앉았네.	一泓如鏡湛凝沈
장난삼아 시냇가의 돌들에 이름 붙여서,	戲題名字溪邊石
시내에 다다라 종일 읊은 시 기념해 보네.	記取臨溪盡日吟

청량산 앞 나븐들[廣石]에 도착하였는데, 강물이 말라서 나룻배를 타지 않고 청량산에 들어갈 수 있었다. 〈산에 들다 入山〉

골짜기 깊숙하고 숲 깊어도 홀로 헤매임 없이,
하늘 두르는 나는 길 몇 번이나 기어올랐던가?
여산 가로로 보고 곁에서 본 모습 예전에 알았으나,
오늘 옥 같은 우물에 이르는 사다리 따라 오를 수 있다네.
실로 부끄럽네, 여러 중들 골짝에서 부지런히 인사함이.
더욱 어여쁘네, 내 무리들 조용히 구름 속에 깃들어 있음이.
십 년 만에 다시 오니 쇠약하고 늙음 더해졌지만,
아직도 느껴지네, 가파른 기개 아직도 낮아지지 않았음.

壑邃林深不自迷 盤空飛路幾攀躋 舊知橫側廬山面 今得夤緣玉井梯
良愧諸僧勤洞候 更憐吾黨靜雲栖 重來十載增衰老 尚覺崢嶸氣未低

이때, 연대사에 묵으면서 시 〈연대사蓮臺寺〉를 지었다.

연대사는 연화봉 아래 33개의 부속건물이 있었으나, 그 자리에 '유리보전'과 외청량사가 남아 있다.

연대사 맑고도 깨끗한 경계,	蓮臺淸淨界
산 하나 앞에 선 형세라네.	一山當面勢
단청 빛나고 더욱 새로운데,	金碧煥增新
불교는 어찌 그리 화려[詭麗]한지!	象敎何詭麗
사는 스님 아는지 모르는지,	居僧知不知
맞으며 마중하여 번갈아 드나드네.	迎勞來更遞
누대 위에서 바람 피해 일어나고,	臺上起避風
대청 앞에서 소매 맞대고 앉았네.	堂前坐接袂
함께 노니는 벗 모두 재주 빼어나[英英],	同遊盡英英
일찍이 온 이 또한 당당[濟濟]했다네.	曾到亦濟濟
술병을 기울여 자주 따라 권하고,	傾壺細爵傳
흉금을 열어 박식한 이론 펼치네.	開抱宏論揭
들쭉날쭉해도 번거로움[參差] 싫지 않고,	參差不厭煩
우연히 만나도 정의가 깊었다네.	邂逅或深契
어찌 없으리오, 노래하고 화답하는 일,	那無唱與酬
본래 선현의 전례가 예 있었다네.	前賢固有例
늙은 이몸 감히 먼저 흥을 돋우니,	老我敢先挑
여러 풍성한 작품 볼 수 있겠네.	佇看諸盛製

※ 상교象教: 부처 또는 불교. 궤려詭麗: 기이하고 화려함.
　영영英英: 걸출함. 제제濟濟: 장중하고 존경스러움.
　참차參差: 많아서 번잡함. 길고 짧고 들쭉날쭉하여 가지런하지 아니함.

이때 영천이씨 이문량, 봉화금씨 금보 및 금란수, 광산김씨 김부의와 김부륜, 안동권씨 권경룡과 안동김씨 김사원, 풍산류씨 류중엄과 류운룡, 영천이씨 이덕홍, 영양남씨 남치리와 함께하였다.
조카 교와 손자 안도가 따라왔으며, 예안현감 포산곽씨 곽황 및 횡성조씨 조목 봉화금씨 금응협은 기약을 하였으나 오지 않았다.
여럿이 외산에서 노니는데, 나는 험한 길이 두려워 중도에서 내려와 보현암에 앉아서 시를 지었다.

〈보현암에서 諸人遊外山 滉畏險中返 坐普賢庵作〉

내산 여러 빼어난 경치 갖추었고,	內山諸勝具
외산은 더욱 가파르고 빼어나네.	外山更巉絶
아래로 만 길 골짜기 굽어보고,	下臨萬丈壑
가운데는 서너 개 절 걸리어 있네.	中懸四五刹
병든 다리 아찔한 곳 오르기 어려워,	病脚澁登危
용감한 이에게 양보하고 스스로 달게 여기네.	讓勇甘自劣
혼자 와서 이 방에 앉으니,	獨來坐一室
초연함 절로 깨닫고 기뻐하네.	超然自悟悅

보현암의 벽에 금란수가 전후로 산을 노니는 것에 대하여 자술한 말을 보고 느낌이 일다. 〈普賢壁上 見聞遠自敍前後遊山之語 有感〉

젊을 때는 공부하느라 애썼었지, 이 산속에서.	少年攻苦此山中
늙어서는 이룬 것 없는 병든 늙은이 되었다네.	老作無成一病翁
벽 위에 적힌 그대 감탄 일으킨 말 보니,	壁上看君興歎語
이 마음 어찌 그대와 같을 뿐이겠는가.	此心何啻與君同

이때 류중엄은 마침 보현암에 우거하고 있었는데, 류중엄이 '꽃 화' 자를 각운자로 하여 쓴 시에 차운次韻하였다. 〈次景文花字韻〉

훌륭한 그대는 성정이 고요하며 뜨고 화려함 버렸는데,
내 학문은 참으로 발 달린 뱀[著足蛇]과 같다네.
산방에서 얼굴 대하고 이야기 나눌 수만 있다면,
창밖에 이미 꽃 지고 없음 개의치 않겠네.

嘉君性靜去浮華 我學眞同著足蛇 得向山房開晤語。
不嫌窓外已無花 窓外薔薇 時已落盡

※ 착족사著足蛇: 화사첨족畵蛇忝足, 즉 뱀의 발을 그릴 필요가 없는데 그리는 것. 하지 않아도 될 쓸데없는 일을 하다가 일을 그르치는 것을 비유하는 말이다.

김부륜이 풍혈대와 김생이 글씨 공부하던 김생굴 시를 차운하여 지었다. 〈次韻惇敍風穴臺, 金生窟 二絶〉

중국에서 떨친 명성 백 세대나 치달았고, 中夏盛名馳百代
동국에서 만년에 절개 지켜 높은 회포 풀었네. 海東晚節放高懷
한 바위 구멍 사람들 아직도 공경하니, 一床巖穴人猶敬
쇄아쇄아 신선 바람 지팡이나 신에 스미네. 灑灑仙風襲杖鞋
창힐과 종유와 왕희지 옛사람 늘어놓지 말게나, 蒼籒鍾王古莫陳
우리 동국 천년에 몸 빼어났다네. 吾東千載挺生身
괴상하고 기이한 필법 바위 폭포에 남았는데, 怪奇筆法留巖瀑
끌끌하며 남 뛰어넘었다 탄복할 사람 없으리. 咄咄應無歎逼人

그날 밤, 드디어 동쪽 축륭봉 위로 달이 떠오르자, 모두 환호하며, 〈연대사의 달밤 蓮臺月夜〉을 지어서 노래하였다.

동쪽 산꼭대기에서 얼음 수레 토해내는 것 보자니, 坐看東嶺吐冰輪
만 골짝의 금빛 물결 눈앞에 새로이 솟아나네. 萬壑金波潑眼新
사물의 형상 황홀하게 되어 막고야처럼 희니, 物象怳爲姑射白
범궁 광한루와 이웃하고 있는 듯, 梵宮疑與廣寒隣
주씨 늙은이의 천지개벽이란 말 생각나고, 因思周老鴻濛語
최 신선 학의 등에 탄 몸 볼 수 있겠네. 庶見崔仙鶴背身
상계의 진인께서 아래 땅 맡았으니, 上界眞人司下土
어찌 은하수 이 백성 불쌍히 여기지 않겠는가. 豈無雲漢憫斯民

"사람 말은 글 읽기가 산놀이 같다는데, 지금 보니 산놀이가 글 읽기와 꼭 같은걸. 공과 힘을 다할 때는 아래에서 시작해야 하니, 깊건 얕건 얻은 곳은 모두 저로 말미암네.(讀書人說遊山似, 今見遊山似讀書. 工力盡時元自下, 淺深得處摠由渠.)"라고 하였는데, 이 뜻을 시로 읊으니 〈글 읽기는 산 놀이와 같다 讀書如遊山〉이다.

글 읽는 것 사람들 산놀이와 비슷하다고 하는데,	讀書人說遊山似
지금 보니 산놀이가 글 읽기와 비슷하다네.	今見遊山似讀書
공과 힘 다할 때는 원래 아래서부터 시작하고,	工力盡時元自下
얕고 깊음 얻는 곳 언제나 그곳에서 말미암네.	淺深得處摠由渠
앉아서 구름 이는 것 보자니 묘함 잊겠고,	坐看雲起因知妙
걸어서 물의 권원 이르니 비로소 시원을 깨닫네.	行到源頭始覺初
산꼭대기 높이 찾음 그대들 힘쓰게나,	絕頂高尋勉公等
늙고 쇠하여 중도에 그만둠 내 심히 부끄럽네.	老衰中輟愧深余

청나라 문장가 장조張潮의 잠언집 《유몽영幽夢影》에, "소년 시절의 독서는 틈 사이로 달을 엿보는 듯하고, 중년의 독서는 뜰 가운데서 달을 바라보는 것과 같으며, 노년의 독서는 누각 위에서 달을 감상하는 것과 같다. 인생 경험의 얕고 깊음에 따라 느끼는 것도 얕고 깊게 되는 것이다."

少年讀書 如隙中窺月 中年讀書 如庭中望月 老年讀書 如臺上玩月皆以閱歷之淺深 爲所得之淺深耳

산에서 나오려 하니, 산에 남아서 공부를 계속하는 사람과 스님들이 장암까지 따라와서 전송하였다. 〈將出山 留山諸君 送至場巖〉

비구름 까마득하게 짙어졌다가는 옅어지고,	雨雲浩浩濃還淡
선비와 중은 많으니 떠나기도 하고 남기도 하네.	儒釋莘莘去或留
세 번 웃음 냇가를 건널 것까지는 없고,	三笑不須溪上過
한 잔 술로 오로지 그림 속 놀이 기억하세나.	一杯聊記畫中遊

김부륜이 지은 시를 차운하여 산에서 나온 후 산속에 남은 여러 벗을 그리워하여 시를 지었다. 〈次韻惇敍. 出山後有懷山中諸友〉

신선 사는 산에 내 부끄러우니,	仙岳我堪愧
10년 만에 이제사 비로소 갔다네.	十年今始行
뜻밖에 훌륭한 친구들 모여,	卻因佳友集
빼어난 놀이 맑음 이룰 수 있었네.	能遂勝遊清
깃들어 쉴 때 그윽하고 곧은 마음 맞았으나,	栖息幽貞愜
돌아오니 탄식만 생겨나네.	歸來悵望生
시 한 수 써서 놀 위로 보내니,	寫詩霞上去
이때의 정 알게 되리라.	應會此時情

이때 김부의 등 여럿이 김생굴에 있었는데, 김부의의 시에 차운하였다.

〈次韻愼仲〉

> 폭포 바위와 절에서 중들과 함께하며,
> 아침으로 구름 병풍 대하고 저녁으로는 달을 등불 삼겠지.
> 우스꽝스러워라, 어제 놀이에서 내 다리 후들거려
> 고개 쳐들고서 공연히 층진 낭떠러지 부러워하였음을.

瀑巖蕭寺伴禪僧　朝對雲屛夜月燈
堪笑昨遊吾脚劣　昂頭空羨絶崖層

청량산에서 내려왔을 때, 그날 밤 한밤중에 천둥번개가 치고 비가 쏟아지더니, 잠시 후 달빛이 휘영청하였다.

〈陶山中夜雷 雨俄頃 月色朗然〉

> 번개 끌고 천둥 내달으며 모든 나무 울부짖다가,
> 잠깐만에 모두 걷히고 바퀴 같은 둥근 달 밝네.
> 알 수 없네, 모든 변화 하느님의 뜻인 줄을.
> 다만 느끼네, 빈 서재에서 온갖 근심 맑아짐을.

掣電奔雷萬木鳴　須臾捲盡月輪明
不知變化天公意　唯覺虛齋百慮淸

가물던 끝에 큰비가 내려 시내에 물이 불었는데, 물이 다 빠진 뒤에 나가보니 샘과 바위는 깨끗이 씻기고 구멍과 웅덩이는 싹 바뀌어 고기들은 강물 따라 멀리 떠나갔으니, 그 즐거움을 알만하다.

〈가뭄 후 큰비에 계곡물 넘치다 旱餘 大雨溪漲〉

큰비에 물 넘쳐흘러 찧고 간 듯 격렬히 씻어낸 터라,
바위 깨끗하고 모래는 희며 모래섬은 옥과 같네.
여태까지 얕은 물에서 벌름벌름 하던 고기떼들,
어디로 갔는고, 아 강호 만 리로 떠난 고기들이여.

漲潦舂磨激洗餘　石淸沙白渚瓊如
向來斗水喁喁族　何去江湖萬里歟

　　산 전체가 사암寺庵이라 할 정도로, 청량산은 많은 암자가 골짜기마다 들어서 있었다. 청량산에서는 승려·속인·남녀노소가 평등하고 귀천의 차별이 없었다. 일반 대중을 대상으로 잔치를 베풀고 물품을 골고루 나누어주는 법회인 무차대회無遮大會를 열었을 때, 33곳의 암자에서 바람을 따라 들려오는 범패梵唄 소리가 마치 천둥소리처럼 울려 퍼졌다.

"누구나 깨달은 자는 '붓다(부처, 佛)'가 될 수 있다."

싯다르타Siddhartha가 가르침을 베푼 녹야원鹿野苑처럼 산 전체가 하나의 불국토를 이루었으니, 붓다의 당체當體를 본 원효가 금탑봉金塔峰 아래 암자에서 바리때[발우鉢盂] 하나만으로 좌선坐禪할 때, 봉우리마다 불심을 담아 보살봉·원효봉·의상봉·반야봉이라 이름하였다.

청량산 연화봉蓮花峰 아래의 '유리보전琉璃寶殿'에 약사유리광여래藥師琉璃光如來를 봉안하고, 공민왕이 쓴 현판을 걸었다.

약사불藥師佛은 중생의 질병을 치료하고 우환을 없애주는 부처로서, 지옥에서 중생을 구제하는 목조 지장보살地藏菩薩, 반야般若의 지혜를 품은 삼베에 옻칠한 건칠불 문수보살文殊菩薩을 좌우측에 둔 삼존협시불[三尊佛]이다.

金生은 청량산 너머 재산에서 물의재를 넘나들며 청량산의 바위굴에서 서예를 닦았다. 경주 남산 기슭의 창림사에 두 마리의 거북이 등 위의 비신碑身에 김생이 쓴 창림사쌍귀부비문이 있었다.

조맹부趙孟頫는 이 〈창림사비 발문昌林寺碑跋文〉에,

"…… 신라의 승려 김생이 쓴 신라국의 창림사비인데 자획이 매우 법도가 있으니, 비록 당나라 사람의 유명한 각본刻本이라도 이보다 크게 낫지 못할 것이다."라고 썼다고 한다.

김생의 필법이 고금에 뛰어난 것임을 짐작할 수 있으나, 창림사쌍귀부昌林寺址雙龜趺는 물론 비문의 탁본도 전하지 않는다.

이덕홍이 스승께 원천 마을에서 신라로 넘어가는 고개에서 흘러내리는 '신암 폭포'가 아름답다고 말씀드렸는데, 이자李子는 이덕홍의 〈산 북쪽에서 새로 폭포를 찾자 山北新得瀑布〉라는 시의 각운자를 써서 시 두 수를 차운하였다.

〈次韻宏仲山北新得瀑布 二絶〉

　구름 속 천고에 걸린 물줄기 몰래 숨겼는데,
　일 벌이기 좋아하는 그대 아니면 누가 처음 놀았겠는가?
　병든 다리 마침 가을비 내린 것 틈타,
　높이 장엄한 경관 찾음 그만둘 수 없다네.

　　　　　雲中千古秘懸流　好事非君孰創遊
　　　　　病脚會乘秋雨後　高尋壯觀不能休

　나는 폭포 직접 듣자니 내 마음 걸리어,
　앉아서 은하수 구천으로 떨어짐 읊조리네.
　씩씩하고 기이함 흔쾌히 보게 될 날 언제런가.
　산신령도 허락하리라, 이 정성 오로지함을.

　　　　　自聞飛瀑我心懸　坐詠銀河落九天
　　　　　快覩雄奇定何日　山靈應許此誠專

청량산에 다녀온 3년 후, 정묘년(1567, 명종 22) 3월 8일에 선생은 병석에서 일어나, 용두산 고개를 넘어서 원천으로 갔다.

덕홍이 말한 그 '신암의 폭포'를 찾아가서 절구 여섯 수를 남기셨다.

산꽃에 햇빛 비쳐 눈앞에 찬란한데,	日照山花絢眼明
시내 빛은 아득하고 버들 빛은 푸르네.	溪光漠漠柳青青
저는 나귀에 병든 몸 싣고 어디로 가는고,	蹇驢馱病向何處
천석이 나를 불러 흥이 멈추지 않는다네.	泉石招人興未停

험한 산 깊이 들어가니 물이 휘돌고,	亂山深入水洄洄
들 살구 시내 복숭아 곳곳마다 피었네.	野杏溪桃處處開
늙은 농부 만나 아름다운 곳 물으니,	逢著田翁問泉石
구름 자욱한 곳으로 머리 돌려 가리키네.	回頭指點白雲堆

희디흰 빼어난 바위 두 층으로 우뚝하고,	白白奇巖矗兩層
소리치며 떨어지는 폭포 맑은 소를 이루었네.	雲泉吼落湛成泓
내가 찾아온 철이 그 좋다는 춘삼월이라,	我來正值春三月
붉은 꽃 푸른 잎 피어 새떼들이 조잘거리네.	紅綠紛披鳥喚鷹

진달래 활짝 피고 찬란한 노을 분명한데,	杜鵑花發爛霞明
푸른 벼랑 가운데 펼쳐져 비단 병풍 되었네.	翠壁中開作錦屏
귀에 가득 물소리 들으며 한참을 앉아서,	滿耳泉聲仍坐久

세속의 생각 씻고 나니 마냥 시원하구나.	洗來塵慮十分淸

이 군이 아름다운 경치 찾아 자랑하고 나서,	搜勝誇傳自李君
몇 해 동안 꿈에도 산 구름에 맴돌았네.	幾年魂夢繞山雲
오고 갈 때 벗이 없다 한스러워했는데,	竭來却恨無幽伴
그대 산 너머 있어 미처 듣지를 못했으리.	君在山西不及聞

조물주가 호방하여 이 경치를 마련하고,	造物雄豪辦此奇
천 년토록 바야흐로 내 올 때를 기다렸네.	千秋方得我來時
이름자를 벼랑에다 새기지는 말게나,	莫將名字題崖石
구름 속 원숭이와 학 처음 보고 의아해하리.	猿鶴雲間創見疑

※ 君在山西不及聞 그대 산 너머 있어 미처 듣지를 못했으리: 덕홍 德弘이 미처 가서 모시지 못했기 때문에 하신 말씀이다.

신암폭포는 안동시 녹전면 매정리 간재 이덕홍의 묘소를 지나 신암교를 건너서 신라로 오르는 고갯길에 서면 내려다보인다.

청량산은 산의 높이나 웅장하기는 태백산이나 일월산에 비할 바 못 되지만, 가파른 암벽 봉우리가 중첩되어 주변의 수목과 산 아래의 낙동강과 어우러진 곳에 안개와 구름이 산봉우리를 감돌고 오르면 별유천지가 되니, 청량산에 머물면서 신선이 산다는 무릉도원처럼 느껴졌다.

　　청량산 육육봉六六峰을 아ᄂ니 나와 백구白鷗,
　　白鷗ㅣ야, 헌ᄉᄒ랴. 못 미들 손 도화桃花ㅣ로다.
　　桃花ㅣ야, ᄯ나지 마라. 어주자漁舟子ㅣ 알가 ᄒ노라.

갈매기는 청량산 육륙봉을 소문내지 않겠지만, 복사꽃이 물에 떠 흘러가면 바깥세상에 비경이 알려질 것이니 미덥지 않다는 것이다. 여기에서는 산의 아름다움을 자신만이 간직하고 싶은 욕심을 읊었지만, 그윽하게 살고자 하는 소망이 담겨 있다.

이 〈청량산가〉의 지은이를 李子, 주세붕 그리고 또 다른 사람의 작품이라는 견해도 있다. 그 이유는 《퇴계의 문집》에 실려있지 않은 데다, 〈도산십이곡〉의 판각이 도산서원에 보관되어 있는데 이 시의 판각은 없으며, 《청구영언》 무명씨 부에 수록된 104수 중에 들어있기 때문이다. 한편 조식曺植의 작품으로 보는 이도 있으나, 남명 조식이 지은 〈두류산〉이 따로 있다.

두류산頭流山 양단수兩端水를 녜 듣고 이제 보니,
도화桃花 뜬 맑은 물에 산영山影 조차 잠겼에라.
아희야, 무릉武陵이 어디오, 나난 옌가 하노라.

조식의 〈두류산〉이 지리산을 무릉이라 하였듯이, 청량산은 이자와 관련이 있으니 선학들은 李子의 작품으로 당연시하였던 것이다.

李子는 젊은 시절에 청량산에서 공부하였으며, 64세 되는 해 4월에 마지막으로 청량산에 다녀 온 후 주자의 무이산처럼 신령한 산으로 여겨서, 〈청량산가〉를 지었다. 주자의 〈무이구곡가武夷九曲歌〉

뱃사공은 다시금 무릉도원 가는 길을 찾지만,　漁郞更覓桃源路
이곳이 바로 인간 세계의 별천지라네.　　　　　除是人間別有天

10. 매화
梅花

한 해 봄꽃을 보고 꽃에 관해 가벼이 논하지 말라.

一春花事未暇論

율곡 이이李珥가 계상서당을 방문하고 시를 읊었다. 시냇물은 수사洙泗(공자가 살던 곳의 물 이름)의 갈래를 나누었고, 봉우리는 빼어난 무이산武夷山(주자가 거처하던 산의 이름)이라면서,

살아가는 계책은 천 권의 경전이요,	活計經千卷
생애는 두어 칸의 초옥草屋이었다.	生涯屋數間
가슴속은 개인 달[霽月] 같이 열려 있고,	襟懷開霽月
담소하는 가운데 미친 물결을 막는도다.	談笑止狂瀾
소자小子는 도道 듣기를 원함이요,	小子求聞道
반일半日의 한가한 틈을 취함이 아닙니다.	非偸半日間

월천이 시를 칭찬하니 스승은, "시가 그 사람만 못하다." 하였다.

선생이 강릉에 있는 이숙헌에게 편지를 보내기를,

"성인은 멀고 말조차 막혀 이단異端이 진眞을 혼란케 하니, 정자程子·장재張載·주희朱熹 여러 선생도 그 처음에는 이단 출입이 없지 않은 듯하였으나 곧 그릇됨을 아셨으니, 천하의 대지大智와 대용大勇이 아니면 그 누가 능히 큰 물결 속에서 벗어나 참된 근원으로 돌아오리오.

지난날 들으니 그대가 불가의 글을 읽고 자못 중독되었다고 하여 애석하게 여긴 지 오래였는데, 일전에 와서 나를 볼 때에 그 사실을 숨기지 않고 그 그릇된 점을 말하니, 그대가 도道에 갈만함을 내가 알았다.

두려운 점은 새 맛은 달지 않고 맛 들인 것은 잊기 어려워서, 오곡의 열매가 성숙하기 전에 가라지와 피의 추수가 갑자기 미치는 것이다."

율곡이 계상서당을 다년간 뒤, 경신년(1560)에 배삼익裵三益이 입문하여 《心經》과 《詩傳》에 대해서 가르침을 받았으며, 영주에 살고 있는 김사문金士文의 아들 김륵金玏이 입문하여 가르침을 받았다.

서울에 있을 때 김우현金宇顯이 가르침을 받았으며, 윤구尹衢가 찾아왔을 때 호남의 후진에 대해 물으니 문위세를 추천하여, 그에게 가르침을 받도록 권하였다.

호남에서 문위세文緯世, 윤강중尹剛中, 흠중欽中, 단중端中 형제들, 영월의 신내옥辛乃沃이 계상서당에서 가르침을 받았다. 해남의 윤강중尹剛中은 충청 관찰사 윤복의 아들이며, 장흥의 문위세와 이종사촌이다. 신내옥辛乃沃은 영월에서 안동 낙양촌洛陽村으로 이거하였는데, 이들이 봉정사 명옥대에 이름을 암각한 흔적이 지금도 남아있다.

배우러 오는 선비가 날로 많아졌다. 영남 지역뿐 아니라 서울 호남 등 경향 각지에서 찾아오는 제자들이 점차 그 수가 늘어나 계당溪堂이 서당으로서 미흡하고 허술해지자, 근처를 둘러보다가 자하봉 기슭에 서당 터를 잡고 자신이 직접 설계하여 서당을 짓기 시작하였다.

무오년(1558) 6월, 소명을 받아 상경하여 10월에 대사성大司成 명을 받고 11월에 사직하려 했으나, 12월에 어필로 직접 쓴 공조참판 임명장을 받아서 할 수 없이 서울에 머물렀으나, 도산서당 건축에 신경이 쓰였다.

그해, 11월 25일, 〈도산정사도陶山精舍圖〉를 다시 그려서 이문량과 조목에게 보냈다. 그 두 사람에게 각각 편지를 보내, 공사를 담당하던 승려 법련法蓮에게 자세히 설명해 주어, 공사가 차질 없이 진행되도록 도와달라고 부탁하였다.

특히 이문량에게 보낸 편지에는 〈도산정사도陶山精舍圖〉 하나하나에 대한 구체적인 설명을 해두었다.

서당이 반이나 이루어져 기쁘나니,	自喜山堂半已成
산속에서 살면서도 몸소 밭 갈일 면했다오.	山居猶得免躬耕
서책 점차 옮겨 오니 책상자가 다 비었고,	移書稍稍舊龕盡
대를 심어 바라보니 죽순 새로 나는구나.	植竹看看新筍生
샘물 소리 고요한 밤 방해함도 못 느끼고,	未覺泉聲妨夜靜
산빛이 좋은 갠 아침 더욱 사랑하노라.	更憐山色好朝晴
예부터 산림 선비 만사를 온통 잊고,	方知自古中林士
이름 숨긴 그 뜻을 이제야 알겠구나.	萬事渾忘欲晦名

이보다 앞서 〈도산정사도陶山精舍圖〉 2種을 그려서 편지와 함께 맏아들 준寯에게 보낸 적이 있었으나, 그 그림이 만족스럽지 않을 뿐만 아니라, 맏아들 寯이 그 그림을 받아 보기도 전에 둘째 아들 채寀의 천장遷葬 문제로 의령으로 가버렸고, 또 의령에서 돌아와서는 문소전 참봉으로 복직되었기 때문에 서울로 바로 올라가야 하는 형편

이라서, 수정한 것을 이 두 사람에게 부쳐 공사의 감독을 부탁하게 된 것이다.

　이듬해, 공사를 시작하자마자 공사를 맡았던 용수사의 법련이 타계하자 그의 뒤를 이어서 정일靜一이 맡아서, 터를 잡은 지 5년 만인 李子가 61세(1561년) 되던 해에 암서헌巖棲軒과 완락재玩樂齋 등을 지어 비로소 도산서당이 완성되었다.

　정사년(1557)에 도산서당 건축공사에 착수하면서, 〈도산잡영陶山雜詠〉이라는 詩를 지어 노래하였다. 〈도산잡영〉은 도산서당을 중심으로 펼쳐나갈 자신의 인생에 대한 정신적 설계도이기도 하지만, 장차 세워질 도산서원의 기본 설계도가 되었다.

　「영지산靈芝山 한 줄기가 동쪽으로 나와 도산陶山이 되었다. 어떤 이는 '이 산이 두 번 이루어졌기 때문에 도산이라 이름하였다.' 하고, 또 어떤 이는 옛날에 이 산중에 질그릇을 굽던 곳이 있었으므로 그 사실을 따라 陶山이라 하였다고 한다. 이 산은 그리 높거나 크지 않으며 그 골짜기가 넓고 형세가 뛰어나며 치우침이 없이 높이 솟아, 사방의 산봉우리와 계곡들이 모두 손잡고 절하면서 이 산을 빙 둘러싼 것 같다.

　왼쪽에 있는 산을 동취병東翠屛, 오른쪽에 있는 산을 서취병西翠屛이라 하는데, 동취병은 청량산에서 나와 이 산 동쪽에 이르러 벌려 선 품이 아련히 트였고, 서취병은 영지산에서 나와 이 산 서쪽에 이르러 봉우리들이 우뚝우뚝 높이 솟았다.

동취병과 서취병이 마주 바라보면서 남쪽으로 구불구불 휘감아 8, 9리쯤 내려가다가, 동쪽에서 온 것은 서쪽으로 들고 서쪽에서 온 것은 동쪽으로 들어, 남쪽의 넓고 넓은 들판 아득한 밖에서 합세하였다. 산 뒤에 있는 물을 퇴계라 하고, 산 남쪽에 있는 것을 낙천洛川이라 한다.

　산 북쪽을 돌아 산 동쪽에서 낙천으로 들고, 낙천은 동취병에서 나와 서쪽으로 산기슭 아래 이르러 넓어지고 깊어진다. 여기서 몇 리를 거슬러 올라가면 물이 깊어 배가 다닐 만한데, 금 같은 모래와 옥 같은 조약돌이 맑게 빛나며 검푸르고 차디차니, 여기가 이른바 탁영담濯纓潭이다.

　서쪽으로 서취병의 벼랑을 지나서 그 아래의 물까지 합하고, 남쪽으로 큰 들을 지나 부용봉芙蓉峰 밑으로 들어가는데, 그 봉이 바로 서취병이 동취병으로 와서 합세한 곳이다.

　처음에는 시내 위 퇴계에 자리를 잡고 시내를 굽어 두어 칸 집을 얽어서 책을 간직하고 옹졸한 성품을 기르는 처소로 삼으려 하였는데, 벌써 세 번이나 그 자리를 옮겼으나 번번이 비바람에 허물어졌다. 그리고 그 시내 위는 너무 한적하여 가슴을 넓히기에 적당하지 않기 때문에 다시 옮기기로 작정하고 산 남쪽에 땅을 얻었던 것이다.

　거기에는 조그마한 골이 있는데, 앞으로는 강과 들이 내려다보이고 깊숙하고 아늑하면서도 멀리 트였으며, 산기슭과 바위들은 선명하고, 돌우물은 물맛이 달고 차서 참으로 수양할 곳으로 적당하였다. 어떤 농부가 그 안에 밭을 일구고 사는 것을 내가 값을 치르고 샀다.

거기에 집 짓는 일을 법련法蓮이 맡았다가 갑자기 죽었으므로, 정일淨一이란 중이 그 일을 계승하였다. 정사년(1557)에서 신유년(1561)까지 5년 만에 당堂과 사舍 두 채가 그런대로 이루어져 거처할 만하였다.

당堂은 모두 세 칸인데, 중간 한 칸은 '완락재玩樂齋'라 하였으니, 그것은 주 선생朱先生의 〈名堂室記〉에 "완상하여 즐기니, 족히 여기서 평생토록 지내도 싫지 않겠다."라고 한 말에서 따온 것이다.

동쪽 한 칸은 '암서헌巖棲軒'이라 하였으니, 그것은 운곡의 시에서 "자신을 오래도록 가지지 못했으니, 바위에 깃들여 작은 효험 바라노라."에서 따온 것이다. 이 둘을 합해서 '도산서당陶山書堂'이라고 현판을 달았다.

사舍는 모두 여덟 칸이니, 시습재時習齋·지숙료止宿寮·관란헌觀瀾軒이라고 하였는데, 모두 합해서 '농운정사隴雲精舍'라고 현판을 달았다.

서당 동쪽 구석에 조그만 못을 파고 거기에 연蓮을 심어 '정우당淨友塘'이라 하고, 또 그 동쪽에 '몽천蒙泉'이란 샘을 만들었으며, 샘 위의 산기슭을 파서 암서헌과 마주 보도록 평평하게 단을 쌓고 그 위에 매화·대나무·소나무·국화를 심어 '절우사節友社'라 불렀는데, 절우단節友壇에 매화가 3월에야 비로소 피었다. 망호당望湖堂에서 시 두 수를 읊은 지 어느덧 열아홉 해가 되었다.

옛일을 추억하고 오늘날의 감회를 써서 함께 머무는 벗들에게 보이다.〈因復和成一篇 道余追舊感今之意〉

靑春欲暮嶠南村	교남의 촌락에 푸른 봄이 지려 하니,
處處桃李迷人魂	지천의 복사 오얏 사람의 넋 빼놓누나.
眼明天地立孤樹	천지가 화안할 제 외론 나무 서 있으니,
一白可洗群芳昏	하이얀 꽃 한 송이 뭇꽃 어둠 씻는구나.
風流不管臘雪天	풍류는 섣달 눈을 아랑곳하지 않고,
格韻更絶韶華園	운치는 더욱이 봄 동산이 제일이라.
道山疇昔幾仙賞	그 옛날 도산에는 몇 신선이 관상했나,
廿載重逢欣色溫	스무 해 만에 다시 보니 기쁜 빛이 따사롭네.
臨風宛若西湖伴	바람은 완연해라, 서호의 짝이로다.
對月不覺東方暾	달빛을 대했더니 어느새 해가 뜨네.
問我緣何太瘦生	내게 묻되 어이하여 이리 몹시 여위어서,
白首長屛雲巖門	운암 문을 닫아걸고 흰머리로 길이 숨나.
向來自有烟霞疾	옛날부터 스스로 연하고질 있었으니,
今者何須蘭臭言	이제 와서 난초 향기 말을 하여 무엇하리.
天涯故人不可見	하늘 끝에 옛 친구들 만나볼 수 없나니,
與爾日飮無何罇	너와 함께 매일같이 하염없이 술 마시리.

※ 연하질煙霞疾: 고질병 환자처럼 산수山水에 중독되다.

　당堂 앞 출입하는 곳을 막아 사립문을 만들고 이름을 '유정문幽貞門'이라 하였는데, 문밖의 오솔길은 시내를 따라 내려가 동구에 이르면 양쪽 산기슭이 마주하고 있다. 그 동쪽 기슭 옆에 바위를 부수고

터를 닦으니 조그만 정자를 지을 만한데, 힘이 모자라 만들지 못하고 다만 그 자리만 남겨두었다. 그 모양이 마치 산문山門과 같아 이름을 '곡구암谷口巖'이라 하였다.

    여기서 동으로 몇 걸음 나가면 산기슭이 끊어지고 바로 탁영담에 이르는데, 그 위에 커다란 바위가 마치 깎아 세운 듯 서서 여러 층으로 포개진 것이 10여 길은 될 것이다. 그 위를 쌓아 대臺를 만들었더니, 우거진 소나무는 해를 가리며, 위에는 하늘 아래에는 물이어서, 새는 날고 고기는 뛰며 물에 비친 좌우 취병산의 그림자가 흔들거려 강산의 훌륭한 경치를 한눈에 다 볼 수 있으니, 이름을 '천연대天淵臺'라 하였다.
    그 서쪽 기슭 역시 이것을 본떠서 대를 쌓고 이름을 '천광운영天光雲影'이라 하였으니, 그 훌륭한 경치는 천연대에 못지않다.
    반타석은 탁영담 가운데 있다. 그 모양이 넓적하여 배를 매어두고 술잔을 돌릴 만한데, 큰 홍수를 만날 때면 물속에 잠겨 들어갔다가 물이 빠지고 물결이 맑아진 뒤에야 비로소 그 모습이 드러난다.
    나는 늘 고질병을 달고 다녀 괴로웠기 때문에, 비록 산에서 살더라도 마음껏 책을 읽지 못한다. 남몰래 걱정하다가 조식調息한 뒤 때로 몸이 가뿐하고 마음이 상쾌하여, 우주를 굽어보고 우러러보다 감개感概가 생기면 책을 덮고 지팡이를 짚고 나가 관란헌에 임해 정우당을 구경하기도 하고, 단에 올라 절우사를 찾기도 하며, 밭을 돌면서 약초를 심기도 하고, 숲을 헤치며 꽃을 따기도 한다.
    〈늦봄에 도산정사에 돌아와 본 바를 기록하다 暮春 歸寓陶山精舍記所見〉

이른 매화 한창인데 늦 매화는 처음 피고,	早梅方盛晚初開
살구 접동 분분하게 내 올 때에 미쳐 피네.	鵑杏紛紛趁我來
꽃다움이 열흘을 못 간다고 말을 말라,	莫道芳菲無十日
오래도록 머무르면 다른 봄을 얻게 되리.	長留應得別春回

   혹은 바위에 앉아 샘물 구경도 하고 대에 올라 구름을 바라보거나 낚시터에서 고기를 구경하고, 배에서 갈매기와 가까이하면서 마음대로 이리저리 노닐다가, 좋은 경치 만나면 흥취가 절로 일어 한껏 즐기다가 집으로 돌아오면, 고요한 방 안에 쌓인 책이 가득하다. 책상을 마주하여 잠자코 앉아 삼가 마음을 잡고 이치를 궁구할 때, 간간이 마음에 얻는 것이 있으면 흐뭇하여 밥 먹는 것도 잊어버린다.

   생각하다가 통하지 못한 것이 있을 때에는 좋은 벗을 찾아 물어보며, 그래도 알지 못할 때에는 혼자서 분발해 보지만, 억지로 통하려 하지 않는다. 우선 한쪽에 밀쳐 두었다가, 가끔 다시 그 문제를 끄집어내어 마음에 어떤 사념도 없애고 곰곰이 생각하면서 스스로 깨달아지기를 기다리며, 오늘도 그렇게 하고 내일도 그렇게 할 것이다. 또, 산새가 울고 초목이 무성하며 바람과 서리가 차갑고 눈과 달빛이 어리는 등 사철의 경치가 다 다르니, 흥취 또한 끝이 없다. 그래서 너무 춥거나 덥거나 큰바람이 불거나 큰비가 올 때가 아니면, 어느 날이나 어느 때나 나가지 않는 날이 없고, 나갈 때나 돌아올 때나 이같이 하였다.

   이것은 곧 한가히 지내면서 병을 조섭하기 위한 쓸모없는 일이라서, 비록 옛사람의 문정門庭을 엿보지는 못했지만, 스스로 마음속에 즐거움을 얻음이 얕지 않으니, 아무리 말이 없고자 하나 말하지 않고는 배길 수가 없었다. 이에, 이르는 곳마다 칠언시 한 수로 그 일을 적어보았더니, 모두 18절이 되었다.

몽천蒙泉·열정洌井·정초庭草·간류澗柳·채포菜圃·화체花砌·서록西麓·남반南泮·취미翠微·요랑廖朗·조기釣磯·월정月艇·학정鶴汀·구저鷗渚·어량魚梁·어촌漁村·연림烟林·설경雪徑·역천櫟遷·칠원漆園·강사江寺·관정官亭·장교長郊·원수遠岫·토성土城·교동校洞 등 오언五言으로 사물이나 계절 따라 잡다하게 읊은 시 26수가 있으니, 이것은 앞의 시에서 다하지 못한 뜻을 말한 것이다.

아, 나는 불행히도 뒤늦게 구석진 나라에서 태어나 투박하고 고루하여 들은 것이 없으면서도, 산림山林에 즐거움이 있다는 것은 일찍이 알았었다. 그러나 중년中年에 들어 망령되이 세상길에 나아가, 바람과 티끌이 뒤엎는 속에서 여러 해를 보내면서 돌아오지도 못하고 거의 죽을 뻔하였다.

그 뒤에 나이는 더욱 들고 병은 더욱 깊어지며 처세는 더욱 곤란하여지고 보니, 세상이 나를 버리지 않더라도 내 스스로가 세상에서 버려지지 않을 수 없게 되었다. 이에, 비로소 굴레에서 벗어나 전원田園에 몸을 던지니, 앞에서 말한 산림의 즐거움이 뜻밖에 내 앞으로 닥쳤던 것이다. 그렇다면, 내가 지금 오랜 병을 고치고 깊은 시름을 풀면서 늘그막을 편히 보낼 곳을 여기 말고 또 어디를 가서 구할 것인가.

옛날에 산림을 즐기는 사람들을 보면 거기에는 두 종류가 있으니, 첫째는 현허玄虛를 사모하여 고상高尙을 일삼아 즐기는 사람이요,

둘째는 도의道義를 즐겨 심성心性 기르기를 즐기는 사람이다.

어떤 이가 묻기를, "옛날에 산을 사랑하는 사람은 반드시 명산名山을 얻어 의탁하였거늘, 그대는 왜 청량산에 살지 않고 여기 사는가?"

"청량산은 만 길이나 높이 솟아서 까마득하게 깊은 골짜기를 내려다보고 있어서, 늙고 병든 사람이 편안히 살 곳이 못 된다. 또, 산을 즐기고 물을 즐기려면 어느 하나가 없어도 안 되는데, 지금 낙천洛川이 청량산을 지나기는 하지만, 산에서는 그물이 보이지 않는다.

나도 청량산에서 살기를 진실로 원한다. 그런데도 그 산을 뒤로 하고 이곳을 우선으로 하는 것은, 여기는 산과 물을 겸하고 또 늙고 병든 이에게 편하기 때문이다." ……

공자·맹자도 일찍이 산수를 자주 일컬으면서 깊이 인식하였던 것이다. 만일 그대 말대로 한다면, '점點을 허여한다'는 탄식이 왜 하필 기수沂水 가에서 나왔으며, '해를 마치겠다'는 바람을 왜 하필 노봉蘆峰 꼭대기에서 읊조렸겠는가. 거기엔 반드시 이유가 있을 것이다."」

신유년辛酉年(1561) 5월 7일, 조목趙穆이 양식이 떨어졌다는 말을 듣고, 거친 벼 열 말을 실어 보내면서 편지를 보냈다.

이 편지에서 먼저 보내는 거친 벼 열 말은 양식에 보태라고 한 다음, 이어서 도산에 서재를 짓는 일을 중지할 것을 지시하였다. 이보다 앞서 조카 교㝮와 제자 조목·금보·김부의·금응협·금응훈·김부윤·금난수 등이 농운정사隴雲精舍 곁에 두어 칸짜리 서재書齋를 지어서 글을 읽고 학업을 닦는 장소로 삼기로 하고, 스승에게 이 계획을 말하자, 스승은 처음에는 그 뜻을 가상하게 생각하여 허락하였다. 그러나 조카 교喬가 일을 너무 크게 벌여 두 차례나 회문回文을 돌려, 그 일에 참여할 사람이 20여 인이나 되었다. 이 소식을 듣고서 조목에게 편지를 보내 그 일을 중단하도록 지시한 것이다.

이로부터 4년이 경과한 갑자년(1564)에 처음 계획에 참여했던 사람들과 정사성鄭士誠 등이 힘을 합쳐 처음 서재書齋를 지으려던 농운정사 곁에 지은 건물이 역락서재亦樂書齋이다. 이때 와룡면 말암리 정사성의 아버지가 경비를 부담하였다.

신유년(61세) 가을에 드디어 도산서당陶山書堂이 완공되었으니, 정사년(1557)에 터를 잡아서 공사를 시작한 지 5년이 되어서야 완공을 하게 된 것이다.

도산서당은 서당과 농운정사로 구성되어 있다. 도산서당은 선생이 거처하며 강학수도講學修道하기 위해 만든 집이다. 모두 3칸으로 되어 있는데, 마루를 암서헌이라 하고, 방을 완락재라 하였다.

농운정사는 제자들의 숙소인데, '농운隴雲'이란 도홍경陶弘景의 詩에서 "山中何所有 산속에 무엇이 있냐고요? 隴上多白雲 산마루에 흰 구름이 많이 있지요."에서 취한 것으로, 은사의 거처를 지칭하는 말이다. 농운정사는 모두 여덟 칸인데, 동쪽 마루를 '시습재時習齋', 서쪽 마루를 '관란헌觀瀾軒', 방을 '지숙요止宿寮'라 하였다.

도산서당 각 건물의 당재堂齋 명호名號를 손수 예서隷書로 써서 현판에 새겨 걸었다. 제자들이 힘을 합쳐 농운정사 아래쪽에 서재를 지어, 그 이름을 《논어》〈학이〉편의 "유붕자원방래, 불역열호有朋自遠

方來 不亦說乎?"에서 취하여 '역락서재亦樂書齋'라 하고, 이 글씨도 손수 써서 현판에 새겨 걸었다.

도산서당 서쪽 옆으로 화단을 만들어 梅·竹·菊·松을 심고 '절우사節友社'라 하고, 도산서당 앞에는 작은 연못을 파서 연蓮을 심고 '정우당淨友塘'이라 이름하였으며, 도산서당의 입구에 사립문을 만들어 달고 '유정문幽貞門'이라 하였다.

도산서당 앞쪽 낙동강에 임한 천연대天淵臺는 자연의 완상에 그치지 않고 심안心眼까지 열어주었다.

정성으로 말미암아 밝아짐을 본성이라 하고,	自誠明謂之性
밝음으로 말미암아 정성됨을 가르침이라 하니,	自明誠謂之教
정성은 밝음이요 밝음은 정성이다.	誠則明矣 明則誠矣

마음을 정성되이 함으로써 천도의 묘함을 터득하겠다는 생각으로 이 부분을 세 번 거듭 외우겠다고 시흥을 북돋우고 있다.

이〈천연대〉시에서 그는 '하늘에 솔개 날고, 못에서 물고기가 뛰는 鳶飛於天 魚躍于淵'의 자연 본성을 노래하였다.

솔개 날고 고기 뜀을 뉘라서 시켰던고,	縱翼揚鱗孰使然
활발한 그 움직임 못과 하늘 묘하도다.	流行活潑妙天淵
강대에 해 지도록 맘과 눈이 열렸으니,	江臺盡日開心眼
중용 명성장을 세 번 거듭 외우련다.	三復明誠一巨編

을축년(1565) 3월 16일, 도산陶山에 은거하여 사는 자신의 지취志趣를 노래한 '언지言志'인 前六曲과 학문과 수양修養을 통한 성정의 순정醇正을 노래한 '언학言學'인 後六曲의 두 부분으로 구성된 시조〈도산십이곡陶山十二曲〉을 지어서 손수 쓰고, 이 작품을 짓게 된 취지를 설명한 발문跋文을 지어서 그 뒤에 붙였다.

　이 발문에서 한림별곡류翰林別曲類는 지나치게 향락적이고, 이별李鼈의〈육가六歌〉는 한림별곡류보다는 낫지만 완세불공玩世不恭하는 뜻이 있고 온유돈후溫柔敦厚의 實이 적다고 하여 기존에 크게 유행하던 시가詩歌들을 비판한 다음, 사람의 성정 순화性情醇化에 기여할 수 있는 작품으로〈도산십이곡〉을 짓는다고 하였다.
　한시漢詩는 읊조릴 수는 있어도 노래 부를 수 없기 때문에, 흥취를 크게 일으켜 성정의 순화에 도움을 주기 위해 한글로 시조를 지었다고 하였으니, 곧 국문 시가인 시조에 대한 인식을 새롭게 한 것이다.

　이〈도산십이곡〉을 도산서당에서 공부하는 제자들이나 자질子姪들에게 익히게 하여, 노래 부르는 사람이나 그 노래를 듣는 사람 모두의 성정 순화性情醇化에 큰 도움이 되도록 하였다.
　도산陶山에 은거하여 사는 자신의 지취志趣를 노래한 '언지言志'인 前六曲,

이런들 엇더ᄒ며 뎌런들 엇다ᄒ료.
초야 우생草野愚生이 이러타 엇더ᄒ료.
ᄒ믈려 천석고황泉石膏肓을 고텨 므슴 ᄒ료.

연하煙霞로 지블 삼고 풍월風月로 버들 사마
태평성대太平聖代예 병病으로 늘거 가뇌.
이 듕에 바라는 이른 허믈이나 업고쟈.

순풍淳風이 죽다 ᄒ니 진실眞實로 거즈마리,
인성人性이 어디다 ᄒ니 진실眞實로 올ᄒ 마리,
천하天下에 허다영재許多英才를 소겨 말솜ᄒ가.

유란幽蘭이 재곡在谷ᄒ니 자연自然이 듣디 됴해,
백운白雲이 재산在山ᄒ니 자연自然이 보디 됴해,
이 듕에 피미일인彼美一人을 더옥 닛디 몯ᄒ얘.

산전山前에 유대有臺ᄒ고 대하臺下에 유수有水ㅣ로다.
떼 만ᄒ 굴며기는 오명가명 ᄒ거든,
엇디다 교교백구皎皎白鷗는 머리 므슴 ᄒ는고.

춘풍春風에 화만산花滿山ᄒ고 추야秋夜에 월만대月滿臺라.
사시가흥四時佳興ㅣ 사롬과 ᄒ가지라.
ᄒ믈며 어약연비魚躍鳶飛 운영천광雲影天光이사 어늬 그지 이슬고.

학문과 수양修養을 통한 성정의 순정醇正을 노래한 '언학言學'인 後
六曲,

천운대天雲臺 도라드러 완락재玩樂齋 소쇄蕭洒ᄒᆞᆫ 듸,
만권생애萬卷生涯로 낙사樂事ㅣ 무궁無窮ᄒᆞ얘라.
이 듕에 왕래풍류往來風流롤 닐어 무슴 ᄒᆞᆯ고.

뇌정雷霆이 파산破山ᄒᆞ야도 농자聾者ᄂᆞᆫ 몯 듣ᄂᆞ니,
백일白日이 중천中天ᄒᆞ야도 고자瞽者ᄂᆞᆫ 몯 보ᄂᆞ니,
우리는 이목총명남자耳目聰明男子로 농고聾瞽 ᄀᆞᆮ디 마로리.

고인古人도 날 몯 보고 나도 고인古人 몯 뵈.
고인古人을 몯 뵈도 녀던 길 알ᄑᆡ 잇ᄂᆡ.
녀던 길 알ᄑᆡ 잇거든 아니 녀고 엇뎔고.

당시當時예 녀던 길흘 몃 ᄒᆡ를 ᄇᆞ려두고,
어듸 가 ᄃᆞ니다가 이제사 도라온고.
이제나 도라오나니 녀듸 ᄆᆞᄉᆞᆷ 마로리.

청산靑山ᄂᆞᆫ 엇뎨ᄒᆞ야 만고萬古애 프르르며,
유수流水ᄂᆞᆫ 엇뎨ᄒᆞ야 주야晝夜애 긋디 아니ᄂᆞᆫ고.
우리도 그치디 마라 만고상청萬古常靑호리라.

우부愚夫도 알며 ᄒᆞ거니 긔 아니 쉬운가.
성인聖人도 몯다 ᄒᆞ시니 긔 아니 어려운가.
쉽거나 어렵거낫 듕에 늙는 주를 몰래라.

   도산서원은 李子가 타계한 후 그의 제자들에 의해 갑술년(1574)에 도산서당 뒤편에 창건되었고, 그 이듬해인 1575년에 서원 건물이 낙성되면서 '陶山'이라는 사액을 받았으며, 한석봉이 어전에서 '院書山陶' 현판을 썼다고 한다.
   도산서당은 도산서원 안에 있는 3칸 기와집인데, 도산서당이 도산서원이 되기까지는 지산와사芝山蝸舍를 시작으로 양진암, 한서암, 계상서당, 도산서당으로 발전한 것이다.
   시는 생활의 가장 진실한 느낌을 형상화形象化하는 것이다. 따라서 시적 대상은 사람·사물·자연 등 무엇이든 그 대상이 될 수 있으며, 주제와 메시지를 전달하는 데 중요한 역할을 한다.
   한용운韓龍雲은 경술국치로 상실한 조국을 '님'이라 하였다.
   "님은 갔습니다. 아아 사랑하는 나의 님은 갔습니다."
   정철鄭澈은 귀양살이에서, 임금을 사모하는 정을 한 여인이 그 남편을 생이별하고 연모하는 마음에 기탁하여, 〈사미인곡〉을 읊었다.
   "이 몸 삼기실 제 님을 조차 삼기시니, ᄒᆞᆫ싱 연분緣分이며 하늘 모를 일이런가."

당시의 선비들은 대개 임금을 임이라 하였으며, 매란국죽梅蘭菊竹을 '사군자四君子'라 하여 '사우가四友歌'를 노래했다.

이신의李愼儀는 솔[松]·국菊·매梅·죽竹의 〈사우가〉를 읊었다.

"바위에 섰는 솔이 늠연凜然한 줄 반가온더 …… 동리東籬에 심은 국화 귀한 줄을 뉘 아나니 …… 꽃이 무한호되 매화를 심은 뜻은 …… 백설이 잦은 날에 대를 보려 창을 여니 …… 청풍淸風을 반겨 흔덕흔덕 하나니"

윤선도尹善道는 〈산중신곡山中新曲〉에서 물[水]·돌[石]·솔[松]·대[竹]·달[月] 다섯 친구를 노래했다.

"내 버디 몃치나 ᄒ니 슈水석石과 숑松듁竹이라, 동東산山의 ᄃᆞᆯ 오르니 그 더옥 반갑고야……"

오석복의 시 〈삼우대〉에서는 달[月]과 자신의 그림자[影]와 자신[己]을 세 친구라 하였다.

"잔을 들어 밝은 달을 맞고, 그림자 마주하니 세 사람이 되었네."

李子는 만물 가운데 자신[己]과 소나무·대나무·매화·국화·연蓮을 여섯 친구(六友)라 하였다. 〈계당에서 우연히 溪堂偶興 十節〉에서

| 천 섬이나 많은 녹을 맨손으로 취할 건가, | 千鐘比手搏 |
| 여섯 벗 있으니 내 마음이 내려지네. | 六友是心降 |

'사군자四君子' 중의 '난蘭'을 '오우五友'에서 제외하고 자기 자신을 넣은 것은 난의 은은한 유향을 자신[己]이 대신하기 위함이 아니었을까?

육우를 소재로 한 시 중에 《매화시첩》을 만들 만큼 매화시가 가장 많았는데, 오늘날 이른 봄 매화를 보면, 누구나 李子를 떠올릴 만큼 李子의 매화시는 널리 알려져 있다.

매화가 피면 아내를 맞이하듯 반기고, 매화가 지고 나면 분매를 기르고 분매를 인격화하여 분매와 대화하면서 아내를 대하듯 정신적인 교감을 이루었다.

69세의 李子는 계춘季春에 도산에 이르러 도산 매화와 문답하였는데, 나는 매화와의 약속을 지켜 이제 고향으로 돌아왔으니 허물하지 말라고 한 데에서 작가와 매화가 서로가 얼마나 좋아했는지 느낄 수 있다.

〈분매에게 盆梅贈〉

다행히 매선이 나의 쓸쓸함을 짝해주니,	頓荷梅仙伴我凉
객창은 소쇄하고 꿈마저 향기롭네.	客窓瀟灑夢魂香
고향으로 돌아갈 제, 그대와 함께 못하니,	東歸恨未携君去
서울의 먼지 속에서 아름다움 간직해다오.	京洛塵中好艶藏

〈분매가 답하다 盆梅答〉

듣자 하니 도산 신선께서 우리를 푸대접한다 하니,	聞說陶仙我輩凉
공이 돌아간 뒤에 천향을 피우리라.	待公歸去發天香
바라건대 임이시여 마주하든지 그리워하든지	願公相對相思處
옥설의 맑고 참됨을 모두 고이 간직하시오.	玉雪淸眞共善藏

李子는 허씨 부인과 신혼일 때 소백산 달밭골로 답청을 나갔다. 봄이 벌써 반을 지나서 만물이 때를 얻어 꽃과 새가 흥이 한창인데, 오솔길을 걸어서 달밭골에 이르니 철쭉과 산죽이 군락을 이루고 산새 소리에 산벚꽃이 하얗게 눈이 부셨다.

신랑은 깎아지른 절벽 위 바위틈 사이에 뿌리를 내리고 어렵게 버티고 서 있는 소나무의 기상에 감흥을 받아 〈영송詠松〉을 지었다.

푸른 비늘 겹겹이 날아오르는 용의 기세로다.
외진 골짜기 절벽 위에 우뚝 자라난 소나무
기상은 높은 하늘로 떨쳐 험준한 산봉을 찍어 누를 듯.
본래 울긋불긋 사치를 좋아하지 않으니,
복사꽃 오얏꽃 따라 예쁜 얼굴에 아첨하는 것이니.
깊은 뿌리는 거북이나 뱀같이 복령을 길러서,
한겨울 눈서리에도 까딱없이 지내노라.

蒼鱗蟄蟄勢騰龍　生當絶壑臨無底　氣拂層霄壓峻峯
不願靑紅狀本性　肯隨桃李媚芳容　深根養得龜蛇骨
霜雪終敎貫大冬

종질의 부탁으로 지은 동산 가운데 화훼를 읊은 八首 中 〈대나무(竹)〉

대나무 곧은 절개 추위에도 푸르나,	竹君高節歲寒靑
이곳은 너무 추워 자주 생장이 꺾인다네.	此地寒多屢挫生
추위에 보호하려 깊이깊이 계책 세워,	儘把護寒深作計
해마다 자란 죽순 다툰 모습 보리라.	年年看取籜龍爭

풍기군수가 되어 군청에 대나무를 옮겨 심었다. 〈郡齋移竹〉

그대는 보지 못했나,	君不見
왕자유는 평생 대를 지독히 사랑해	子猷平生酷愛竹
소쇄한 풍류로 속세를 끊고	蕭灑風流眞絶俗
하루도 대 없고는 못 견디어	一日不可無此君
온갖 화훼들로 하여금 굽신거리게 했음을.	坐令百卉來匍匐
또 보지 못했나,	又不見
백락천의 재주가 본래는 부화했었는데	樂天才調本浮華
관상국의 정자에서 옛 버릇 바꾸었고	相國亭中變初服
앵두 입술, 양류 곡조 다 더럽히지 않고	櫻桃楊柳摠莫汚
만년에도 표연히 팔절탄을 열었음을.	晚歲飄然八灘曲
나는 승명려를 한번 휘돌아 나와서	我從承明一麾出
고향의 사슴들과 삼 년 동안 하직했네,	故山三載辭麋鹿
고을 동헌에 일천 그루 대나무 있지 않다면,	鈴齋不有竹千挺

〈郡齋移竹〉는 총 48구의 장편 고시인데, 왕휘지와 백거이의 고사를 원용하여 영탄조로 표현하였다.

차군此君: 왕휘지王徽之가 머무는 곳마다 대나무를 심었고, 사람들이 그 까닭을 물으면 대나무를 가리키면서 말하기를,

"어찌 하루인들 차군此君이 없이 지낼 수가 있겠는가.(徽之但指竹曰, 何可一日無此君耶.)"라고 하였다.《晉書》卷80〈王徽之列傳〉

낙천樂天: 백거이白居易의 자. 그의 〈양죽기養竹記〉에

"정원 19년 봄 나는 발췌과에 뽑히어 교서랑을 제수받아 장안에서 거처할 곳을 빌리는데, 전임 재상 관파關播 정승의 사저 동쪽 정자를 얻었다. 그곳의 대나무 숲을 깨끗이 정리하고 흙을 돋우어 하루가 다하지 않게 정리하였던바, 초복은 벼슬하기 전에 입던 옷을 말하며, 벼슬길에 나아가니 관복으로 바뀌었다."라는 말이다.

앵도양류櫻桃楊柳: 백거이白居易의 무기舞妓이름, 그의 시에

"앵도는 번소의 입이고(櫻桃樊素口), 양류는 소만의 허리이네(楊柳小蠻腰)."라고 하였다.

팔탄곡八灘曲: 팔절탄八節灘, 하남성 낙양 부근에 있는 여울, 용문龍門에 있는 팔절석탄, 이곳에 암초가 많아 배나 뗏목들이 지날 때는 으레 많이 파손되었고 뱃사공들의 고생 또한 막심하였는데, 백거이가 향산香山에 석루石樓를 짓고 그 지방 사람들의 협조를 얻어 이 팔절탄을 개착開鑿하여 배가 순조롭게 다닐 수 있도록 하였다.

승명承明:《한서漢書》〈엄조전嚴助傳〉에 나오는 말로, 한漢나라 때 시종신의 입직소였던 '승명려承明廬'의 준말이다.

영재鈴齋: 지방의 수령이 집무하는 곳으로, 영각鈴閣·영당鈴堂·영재鈴齋·영헌鈴軒이라고도 한다.

종질이 요청하여 지어 준 八首 중 〈국화 菊〉

가을 되니 뭇 꽃들 물어볼 곳 없는데,	秋來無處問羣芳
홀로 서리 낀 정원에서 색과 향기 자랑하네.	獨向霜園擅色香
다만 진실로 알아준 이 도연명 이후 없으니,	只爲眞知陶後鮮
아무도 국화 잡고 중양절 즐기지 않네.	何人不把作重陽

천색향擅色香: '멋대로 하다'라는 뜻의 '천擅'과 '빛깔'이나 '얼굴빛'을 뜻하는 '색色'과 향香이 합쳐진 단어로, 자기 마음대로 또는 고집대로 행동하는 것을 의미한다. 다른 사람의 의견이나 상황을 고려하지 않고 제멋대로 행동한다는 뜻이다.

'천색향擅色香'에 집중하여 시적 형상을 기본 구조로 하여, 모든 꽃들이 시들었는데 오직 국화가 홀로 피어있음을 강조했다.

국화를 소재로 하여 문답 형식으로 지은 詩도 있는데, 〈우경선이 국화와 문답한 시에 차운하여 화답한 시〉로, 다북쑥처럼 늙고 병든 국화에게 그 변한 모습에 대해 묻는 내용으로 되어 있다.

타고난 누른 빛 내 어찌 변하겠소.	坤黃天賦我何移
초췌함을 지니면서 이슬비에 자랐다오.	憔悴猶承雨露滋
땅 가득한 풍상의 세 길 속에서	滿地風霜三徑裏
도연명 기다리며 지탱하고 있으리라.	陶翁相待好樽支

송나라 시인 임포는 세상의 명리에 영합하지 않고 고고하게 살았다. 고산에서 은둔 생활을 하며 매화나무를 심고 학을 기르며 살았는데, 후세 사람들은 이를 '매처학자梅妻鶴子'라 하였다.

그의 〈산원소매山園小梅〉

온갖 꽃 떨어진 뒤 홀로 고운 자태로
작은 동산의 풍광을 모두 차지했구나.
성긴 그림자 비스듬히 맑은 물에 잠기니,
그윽한 향기 어렴풋한 달빛에 풍기네.
하얀 학 앉으려다 먼저 슬며시 살펴보고,
나비 미리 알았다면 심히 부끄러웠으리.
다행히 시 읊조리며 친해질 수 있으니,
노래하고 술 마시며 흥 돋울 일 없어라.

李子의 가슴속에 깊이 새겨 잊지 못함은 정확히 알 수 없지만, 아내와 사별한 후 고독과 상실감이 컸으나, 계사년 남행 때 의령 처가에서 매화를 아내로 연상하면서부터 매화를 심고 매화시를 짓고 분매와 화답하는 시를 지으면서 李子도 매처학자로 살았다.

경오년(1570) 12월 3일, 李子는 이질로 설사를 하였다. 마침, 매화 화분이 곁에 있었는데, 그것을 다른 곳으로 옮겨놓으라고 하였다.

"매화에 불결하면 내 마음이 편치 않아서 그렇다."

12월 8일, 그날은 유난히 화창한 날씨였다. 부축을 받아 자리에서 일어났다.

"화분의 매화에 물을 주어라."

조카 교寯를 불러서 물었다.

"머리 위로 비바람 소리가 나는데, 너도 들리느냐?"

조카가 무슨 소리를 들으려고 했으나 들리지 않았다. 그러나 李子는 분명히 대숲에서 이는 바람 소리를 들었다고 했다. 잠시 후 서가에 꽂혀 있는 책 한 권을 뽑아오게 했다. 그 책은 그의 손때가 묻은 《근사록近思錄》이었다.

《근사록》은 주자朱子가 그의 친구 여조겸呂祖謙과 함께 송나라 성리학자들의 말 가운데서 요긴한 것만 뽑아서 만든 책이다. 장인 묵재가 사위에게 준 《근사록》은 1370년 고려 말기에 간행된 것인데, 뒷장에 '嘉靖十二年癸巳仲春旣望許壽翁贈李季浩'라고 열여덟 자의 글자가 적혀 있으니, 그 뜻인 즉, "가정 12(1533)년 음력 2월 16일에, 허수옹(허찬의 자)은 이계호(계호는 李子의 자)에게 준다."이다. '경호景浩'를 '갱호, 계호'라고도 했다. 그리고 '가정 12년 계사嘉靖十二年癸巳'는 李子가 남행했던 계사년(1533년)이다.

그 당시에 허찬許瓚은 딸이 죽은 후 고향 의령 가례嘉禮에 살고 있었다. 그는 진사에 급제한 뒤 더 이상 벼슬을 하려고 하지 않고, 시골에서 조용히 독서하며 지내는 선비였는데,《근사록近思錄》을 사위에게 선물하면서, 그가 장차 벼슬길에 오를 것을 예견하고 신하의 도리를 깨우쳐주려고 했던 것이다.

"임금에게 사랑받기보다 임금에게 존경받는 신하가 되어야 하고, 임금이 좋아하는 신하가 되기보다 임금의 신임받는 사람이 되어야 하네."

임금의 비위를 잘 맞추는 신하는 임금이 사랑할지언정 존경하지 않으며 임금의 사랑을 받는다는 것은 다른 사람이 시기하게 되므로, 군신 관계는 오직 존경과 신뢰로 맺어져야 한다는 것을 강조했다.

허찬은 계사년(1533) 남행 때 李子가 다녀간 2년 후 병으로 세상을 떴다. 그는 영주 초곡의 문전文田을 아들 허사렴에게 맡긴 후 고향에서 여생을 마친 것인데, 그 당시 영주 초곡에는 허사렴의 사위 박록朴漉이 살고 있었으니, 그는 李子의 제자 반남인 소고嘯皐 박승임朴承任의 맏아들이다.

李子는 장인의 손때가 묻은《근사록》을 얼굴 가까이 대어 장인의 그윽한 사랑을 흠향한 후, 궤짝 안의 상자를 가져오게 했는데, 그 상자 안에는《남행록》이 들어 있었다.《남행록》은 서른세 살이던 계사년에, 관포 어득강의 초청을 받고 곤양까지 여행하면서 지은 시를 묶은 시첩이다. 그리고 그 시첩과는 별도로 따로 봉투에 넣어서 보관해 오던 시 한 편이 상자 안에 들어 있었는데, 이자는 그 시를 천천히 음미하면서 읽어 내려갔다.

  風吹齊發玉齒粲 바람 불어 고운 이빨 가지런히 빛나고,
  雨洗渾添銀海渙 흐렸던 눈은 비에 씻겨 빛나네.

아내 허씨의 젊은 날의 단아한 모습을 떠올렸다. 아내를 대하듯이 그 시지詩紙를 고이 접어서 다시 봉투에 넣었는데, 겉봉에 〈梅花〉라고 적혀 있었다.

```
宜城別占好乾坤    白岩村裏多林園    一春花事未暇論    品題先識梅花尊
高情豈獨臘天開    孤韻不待陽和催    一枝斜倚翠竹塲    天樹照映黃金罍
臨池脉脉貯芳意    近簷盈盈增絶致    節士不作風塵容    靜女那須脂粉媚
風吹齊發玉齒粲    雨洗渾添銀海澳    烟濃有時取簾幕    月落偏宜半斜漢
翠羽刺嘈感師雄    綠衣倒掛來仙翁    點成粧額壽陽嬌    折寄相思驛吏逢
氷魂雪骨擅造化    暗香疎影絶蕭灑    笛中吹落意不盡    畫裏傳神眞苟且
荒橋水淺不自病    古院笞深還得性    鶯兒自分斷消息    蟻使不敢窺衰盛
已付廣平說素心    更與西湖作知音    風流千古尙如昨    客裏相逢意不任
一般眞趣杳無辨    旅思依依鄕思淺    歌珠不用鬧檀板    且置淸樽供婉孌
永托深盟同皎潔    嘯咏徘徊共淸絶    調羹金鼎是餘事    莫使一片吹香雪
```

유시酉時 초에 갑자기 흰 구름이 지붕 위로 모여들고 눈이 한 치쯤 내렸다. 잠시 뒤에 와석臥席을 정돈하라 하셨는데, 부축하여 몸을 일으켜드리자 앉아서 돌아가셨다. 구름은 흩어지고 눈이 개었다.

그리고 그 詩 〈梅花〉는 그의 죽음과 함께 잊혀졌고, 李子의 사후 500여 년 동안 아무도 이를 발견하지 못하였으니, 그것은 언제나 남몰래 혼자서 보고 와유臥遊한 후, 아무도 모르는 곳에 간직하였기 때문이다.

계사년(1533)에 어관포의 초청으로 남행을 시작하여 드디어 의령 가례 백암촌의 처가에 도착하였는데, 그날은 마침 장인 묵재 허찬의 생일이었다. 남들은 헌수獻壽도 하고 풍악도 울리고 잔치를 즐기지만, 죽은 아내 허씨 생각에 몇 잔 술을 사양하지 않았더니, 술기운에 흥취가 일었다. 李子는 자리에서 일어나 혼자 대청에 나와 앉았다. 오랜만에 처가에 와있으니, 문득 아내와 함께했던 젊은 날의 생각이 하나하나 스쳐 지나간다.

20세 때, 창계 문경동文敬仝의 서재書齋를 방문하였는데, 그 무렵에 숙부의 서가書架에서《성리대전性理大典》을 만난 후, 이자는 성리性理의 바다에서 원두처를 찾아 헤매고 있던 중이었다.

영주 푸실 문전文田 마을은 문경동文敬仝의 전장田庄이다. 창계의 사위 허찬이 나와서 사랑舍廊으로 안내하였다.

서가에는 서적과 문방文房이 가득하고, 그윽한 묵향은 사부詞賦에 능하여 후생들이 다투어 익혔다는 소문이 허명이 아님을 짐작케 하였다. 증고조 3대가 정과正科를 거친 명문 집안이다.

문경동은 을묘년(1495, 연산 2년) 급제하여 성균관에 보임을 시작으로 예천군수 임기를 마치고 귀전하여 한가하게 지내고 있었다.

"왕대부인께서 평강하시고?"

송재공이 47세의 나이로 갑자기 타계한 것을 안타까워했는데, 정자관을 쓰고 장죽長竹을 물고 앉은 그의 자태가 근엄하면서도 친근감이 느껴졌다. 헌함軒檻 밖에서는 가을 햇빛에 정원의 꽃과 나무가 윤택하면서도 안정된 집안 분위기를 느낄 수 있게 하였다.

그는 부유하였으나, 슬하에 딸만 둘 두고 있었는데, 창계의 딸 둘 중에 맏이는 진사 허찬許瓚에게, 둘째 딸은 생원 장응신張應臣에게 각각 출가하였다. 맏사위 허찬의 두 아들은 허사렴許士廉과 허사언許士彦이며, 장응신의 세 아들은 장윤희·장순희·장수희이다.

문경동은 李子의 숙부 송재공과는 조정에서부터 친분이 두터웠고, 그의 맏사위 허찬 또한 송재공이 진주목사 때부터 교분이 있었는데, 당시에 묵재 허찬은 의령에서 영주 초곡 문전으로 옮겨와 처부모를 봉양하고 있었다.

그는 이자李耔·권벌權橃과는 의義로 맺은 관형제瓘兄弟로서, 을해년(1515) 4월에 용궁 대죽리에서 그 두 사람과 만났었다.

그때 이자李耔가 송재의 조카 '황滉'을 허찬의 사위로 추천했으며, 이보다 앞서 계유년(1513)에 대죽리에서 송재가 이자李耔를 만났을 때, 예천군수 문경동이 함께 있었다. 그날, 李子는 숙부 송재공이 생전에 자신의 혼사를 이미 정해 놓은 것을 알게 되었다.

허찬은 李子를 자신의 사랑으로 안내하였다.

"내 여식을 그다지 잘 가르치진 못했으나, 남의 눈에 벗어나는 일은 없을 걸세."

허찬의 부인 문씨는 사랑에서 당주와 환담하는 젊은 선비의 거동을 은밀히 살피고 있었는데, 선비는 겸손함이 몸에 배어 교만하거나 인색함이 없어 보였다.

李子가 돌아간 후, 허찬은 문씨 부인의 뜻을 물었다. 선비가 가난한 점이 썩 내키지는 않았지만, 그녀는 속내를 드러내지 않는 성품이다. 허찬은 그의 딸 허소저와 아들 허사렴을 불러 앉혔다.

"송재공도 덕망이 높지만, 젊은 선비도 허명이 아니더군."

선비의 식견과 도량이 맑고 높아 범상하지 않음을 간파했던 것이다. 혼인 당사자인 허소저는 말없이 고개를 숙이고 듣고 있었다.

"송재공의 탈상脫喪이 지났으니, 초례를 서두르자."

그 순간, 허소저는 단전丹田에 따끔한 통증을 느꼈으나 곧 진정되었기에, 악령의 저주詛呪임을 당시에는 미처 깨닫지 못했다. 사주단자四柱單子가 오가고 혼례 절차가 순조롭게 진행되었다. 신사년(1521) 봄, 영주 초곡(文田 마을)에 혼인잔치가 있었다. 하얀 차일이 출렁이는 초례청에는 십장생 병풍이 쳐지고 사모관대하고 자색 단령을 입은 신랑이 이미 초례청에 들어서 있었는데, 이목구비가 귀골인데다가 몸가짐이 의젓하였다.

잠시 후 다홍 비단 바탕에 온갖 꽃들로 수놓은 활옷에 한삼으로 얼굴을 가린 신부가 수모의 부축을 받으며 초례청에 나와 신랑과 마주 섰다.

신부는 다홍치마를 풍선처럼 부풀리며 재배하고 일어섰다. 신부의 허리를 곧추세우자 신부의 큰 키가 더욱 훤칠하였고, 곤지가 선명한 하얀 얼굴이 드러나자 입술이 파르라니 떨린다. 스물한 살 수줍은 신부는 속눈썹을 아래로 살포시 내렸다.

"부우재배婦又再拜"

신부가 다시 두 번 절하고 신랑이 답으로 일 배를 한 후, 두 사람이 무릎을 꿇고 대례상 앞에 마주 앉았다. 신랑 상床에는 밤이 괴어져 있고 신부상에는 대추가 소복하였다. 홀기笏記에 따라서 초례가 순조롭게 진행되었다.

"예필철상禮畢撤床"

홀기 소리가 낭랑하게 울리면서 보자기에 싸여있던 대례상 위의 암탉과 장닭을 날렸다. 닭들이 푸드득 활개를 치며 날아올랐다.

"각종기소各從其所"

마지막 순서의 홀기에 웃음소리와 꽹과리 소리가 섞여서 차일 틈을 빠져나와 문전文田에서 소백산 비로봉으로 울려 퍼졌다.

그날 밤, 화촉을 밝힌 신방新房에서 간단히 차려진 주안상 앞에 신랑과 신부는 처음으로 마주 앉았다. 신부는 현란한 각종 장식의 화관을 머리에 이고 큰비녀와 비녀를 감아 내린 댕기, 그리고 부풀어 보이는 활옷이 무척이나 거북해 보였다.

"첫날밤에 신부의 화관을 벗기고 머리를 풀어주어야 한다."

어머니의 당부가 생각이 났다. 신랑은 신부의 머리에 얹힌 화관을 조심스럽게 벗기고 검자주색 머리댕기를 풀고, 거북해 보이는 활옷의 대대를 끌러주고 저고리 옷고름을 풀어주었다. 신랑의 손길이 닿을 때마다 신부는 움츠려지고 떨렸다.

부자연스런 차림이 한 겹 한 겹 벗겨지자, 신부는 조심스럽게 숨을 내쉬면서 점차 편안해지기 시작했다. 신랑은 마지막으로 신부의 버선발을 조금 잡아당겨 주었다. 새하얀 발이 촛불에 빛났다. 신부는 부끄러워 발을 치마 속으로 당겨 감추었다.

신부가 술잔을 신랑에게 조심스럽게 건넸다. 신랑이 술잔을 비우고 신부에게 권하자, 얼굴을 돌려서 술잔을 입술에 대었다 내려놓았다.

"촛불에 비친 신부 얼굴의 아취가 한 송이 향설香雪을 연상케 했다. 내 그대를 꽃으로 대하리라."

사주단자를 받던 날, 문씨 부인은 딸에게 가르쳤다.

"아내는 남편을 일생 동안 손님처럼 공경해야 하느니라."

신행하던 날, 시어머니 춘천박씨를 뵈올 때, 며느리의 복스럽고 수려한 미모와 행동거지가 예禮에 맞았고, 위로 시조모로부터 제부(諸父, 백·숙부), 제모(諸母, 백·숙모)를 비롯해 일가친척은 물론 이웃들에 이르기까지 칭찬하기를, "역시, 보고 배운 데가 있구나." 하였으니, 부잣집에서 자라나서 거만하고 천박할 것이라는 짐작과는 달랐다.

물건을 건넬 때는 소반에 담아 공손히 올리고, 거처도 달리하여 가인家人들은 친애하는 모습을 보지 못하여 부부간의 금슬이 좋지 않은 것으로 여겼으나, 정이 깊고 온유한 것을 나중에야 알았다고 한다.

어느 봄날, 신혼부부는 꽃을 찾는 나비가 되어 답청을 나갔는데, 李子는 부인의 가마를 앞세우고 말 위에 앉아 뒤따랐다. 죽계를 따라 10여 리를 올라가자, 골짜기가 아늑하고 깊숙하며, 일행을 반기듯 새소리와 꽃과 방초들로 어우러진 낙원이었다. 바위에 부딪히는 물소리를 뒤로 흘려보내며 위로 올라갔다. 안간교安干橋를 건너 초암에 이르렀는데, 초암은 원적봉 동쪽 월명봉 서쪽에 있었고, 양쪽 봉우리에서 뻗은 두 산줄기가 암자 앞에서 서로 포옹하듯이 마주쳐 산의 어귀를 이루었다.

초암에서 요기를 하고 두 사람만 비로사 가는 달밭골로 들어갔다. 봄이 벌써 반을 지나서 만물이 때를 얻어 꽃과 새가 흥이 한창인데,

한 시간 정도 오솔길을 걸어서 달밭골에 이르니, 철쭉과 산죽이 군락을 이루고 산새 소리에 산벚꽃이 하얗게 눈이 부셨다.

신랑은 깎아지른 절벽 위 바위틈 사이에 뿌리를 내리고 어렵게 버티고 서있는 소나무의 기상에 감흥을 받아 〈영송詠松〉을 지었다. 신랑이 소나무에 집중하는 동안 신부는 지천으로 핀 야생화와 새소리에 취해서 나비처럼 산속을 헤매고 다녔다.

신랑은 시 짓기를 마치고, 신부를 찾아 숲속 나무들 사이를 두리번거렸다. 신부의 모습은 보이지 않고 산죽山竹 뒤로 산벚꽃이 바람에 하늘거렸다. 바람에 서걱거리는 대숲으로 다가갔더니, 하얀 저고리에 남색 치마를 입은 신부가 하얀 도라지꽃을 머리에 꽂고 산죽 잎 사이로 미소 짓고 서있었다. 신랑의 눈에 비친 신부는 한 송이 향설香雪이었다.

계미년(1523) 봄, 의령의 처가에도 함께 가서 처가 권속들과 자굴산 보리사를 다녀오면서 연꽃이 가득 핀 서암지池 못둑을 걸었다. 이때, 이원李源과 처음으로 만났다. 이원의 처가가 의령이어서, 서로 처가가 같은 마을이었다.

그해 10월 18일, 李子의 맏아들 준㠾이 출생하였다. 아들을 얻은 李子 내외는 더없이 행복한 나날이었다.

23세의 李子는 자유분방한 젊음을 보내고 있었다. 현숙한 아내와 귀여운 아들, 그리고 부족함이 없는 전장을 갖게 되자, 사서오경의 경서 공부보다는 〈국풍〉에 심취해 있었다.

그해 겨울, 성균관에 유학하였다. 현실에 안주하여 인생을 즐기는 자식을 걱정하여 어머니가 권유하고 형들이 질책하여 집을 나서

지 않을 수 없었다. 젊고 속 깊은 아내가 세심하게 챙겨주는 괴나리 봇짐을 받아들고 동행하는 이 없이 여윈 종이 끄는 지친 말을 타고 서울로 갔다.

문과에 급제하려면 성균관에 유학하는 것이 빠른 길인데, 성균관은 성成과 균均, 그리고 관館의 뜻이 합쳐진 것으로, 동량지재棟梁之材를 다듬는 반궁泮宮이기도 하다.

성균관의 교육은 유학 이념에 입각한 인재 양성이 목표였고, 교육 내용은 유교 경전인 사서(논어·맹자·중용·대학)와 오경이었으며, 제술은 사서의四書疑·오경의五經義·시·부賦·송頌·책策 등이었다. 그중에 사서의와 오경의(시경·서경·예기·주역·춘추)는 경서의 본문을 보고 논설을 전개하는 것이며, 부·송·시는 문장을 아름답게 짓는 문학에 속하고, 책策은 국가의 정책이나 시폐의 시정을 주장하는 논문 형식이다.

이러한 성균관의 교육 내용은 과거의 과목과 대체로 비슷하니, 성균관의 교육이 과거시험 과목의 영향을 많이 받은 까닭이다.

李子는 문음승보의 하제생下齋生으로 서재西齋에 있었는데, 기묘사화의 충격으로 선비들의 마음이 경박하였다. 성균관은 노장老莊·불경·잡류·백가자집百家子集은 이단의 금서로 하여, 조정을 비방하는 말이나 주색·재물에 관한 고담준론을 금하여 풍화의 근원으로 동량을 기르는 데 엄격하였지만, 이미 훈신의 아들을 위한 입신출세의 요람으로 전락했으니, 후광이 면학보다 앞서고 고담준론의 입방아는 들풀처럼 무성했다. 그러나 성균관이 피폐해진 것은 단지 그때만이 아니었다. 자신의 생각을 한 마디 말하면, 비방하기를 그치지 않았으며, 학문을 통해 자유의지와 통찰력을 도야하려던 꿈이 좌절되자 李子는 두 달을 머물다가 돌아왔다.

성균관에서 단양 사람 황상사黃上舍의 《심경부주心經附註》를 보고 너무 마음에 들어서, 종이를 주고 한 부를 구득하였다. 다른 사람들은 문리文理를 잘 해득하지 못하였는데, 李子는 문을 닫고 들어앉아 연구하여 깨닫지 못한 곳이 없었다. 이 책을 통하여 심학의 연원과 심법의 정미함을 알게 되었다.

갑신년(1524), 24세의 李子는 과거에 낙방하였다. 이번까지 과거에 세 번 낙방하기는 했으나, 상심하지 않았다. 서둘지 않아도 되는 젊은 날이 남아있고, 성리性理의 오름길에 과거科擧는 오히려 걸림돌이었다.

'선비로서 과거科擧의 얽매임에서 벗어나지 못하고 도를 강명講明하는 방법을 아직 깨닫지 못하였다 하더라도, 도의를 소중히 여기고 예의를 숭상할 줄은 알아서 학행을 겸비하여 사군자士君子의 풍도를 익히는 것이다.'

하루는 고향집에 있는데 누군가 와서, "이 서방, 이 서방……" 하고 부르는 소리가 있기에 자신을 부르는 줄 알고 열린 방문 틈으로 살펴보니, 이웃에 사는 젊은 총각이 늙은 종을 찾는 것이었다. 자신을 지칭하는 이름 뒤에 붙는 '이 생원', '이 진사', '이 대감' 등의 호칭은 독립된 나[我]가 아니라, 관습의 굴레에 예속된 나의 존재이다.

'사군자士君子의 풍도는 단지 이상일 뿐인가?'

이상과 현실의 괴리乖離의 딜레마에서 고민하지 않을 수 없었다.

찌는 듯한 더위를 참고 앉아서 책장을 넘기니, 글자가 눈에 어른거리고 잡념이 그치지 않는다. 점차 자신이 왜소해지고 매미 소리 짜증나는 여름이었다. 마음이 혼란스러워 책을 덮으니, 장마가 걷힌 하늘가에 수수알이 영글어 고개를 숙인 수숫대가 바람에 일렁이었다.

'넉넉한 가을을 넓은 가슴으로 받아들이자.'

병술년(1526) 봄, 아들 준을 안고 허씨 부인과 의령 가례의 처가에 갔다. 삼짇날 처가 권속들과 자굴산 답청을 다녀와서, 돌아오는 길에 단성현 배양리 이원李源의 재齋를 방문하였다.

정해년(1527) 10월, 허씨 부인은 둘째 아들 채를 출산하였는데, 아내 허씨 부인은 출산을 위해 영주 초곡 친정에 있었다.

허씨 부인은 둘째 아들 출산 후 산후병에 시달렸다. 그때 경상도 향시가 있었지만, 향시에 나갈 수 없었다.

아내는 병통에 시달리면서도 향시에 나갈 것을 극구極口 권했다. 아내의 권유를 뿌리치지 못하고 집을 나섰지만 불안했다.

과장에 나갔다. 기침 소리 하나 없이 침묵이 흘렀다. 집을 떠나올 때 당부하던 아내의 퀭한 눈과 메마른 입술이 눈앞에 어른거렸다. 향시 결과, 李子는 진사시에 1등, 생원시에 2등을 하였다.

'아들 출생, 향시 합격이 호사다마好事多魔인가?'

그는 양손에 행운을 거머쥔 것이 도리어 불안했다. 해가 소백산 너머로 자취를 감추고, 심술부리듯 먹구름 잔뜩 낀 밤하늘은 별 하나 없었다. 어둠 속에서 하얀 길을 더듬어 불안한 생각으로 초곡 마을 입구에 들어섰을 때, 서천강 건너 처가 대문에 사람들이 우왕좌왕하며 들락거렸다.

'아, 이럴 수가…….'

희미한 조등弔燈이 바람에 흔들리고 있었고, 악령이 조등 위에서 저주詛呪의 굿판을 벌이고 있었다. 李子는 그 자리에 쓰러져 땅에 눈물을 뿌렸다.

'태어나 일곱 달 만에 아버지를 여의고, 학문의 길을 몰라 헤맬 때 길을 터주시던 숙부님도 떠나셨으며, 이제 아들 둘과 네 식구를 건사하며 어머님 평안히 모시려고 했는데…….'

하늘이 자신에게 고통을 주는 뜻을 헤아릴 수 없었다.

'해 아래서 미처 몰랐더니, 어둠 속에 달이 더 밝구나. 그대 보름달처럼 맑은 얼굴로 내 가슴으로 잠겨드는구려. 원추리꽃처럼 웃던 봄, 벽오동 잎보다 싱그런 여름, 대추 영그는 가을보다 향설香雪 날리는 겨울 먼저 왔구려. 산도라지꽃 꺾어 머리에 꽂으니 나비 앞서 날고, 오호통재라! 일곱 해 답청놀이 호접몽이었구나. 절개 있는 선비는 속된 얼굴 꾸미지 않고, 정절 곧고 고요한 여인 교태부리지 않나니, 내 정녕 임포처럼 매처학자梅妻鶴子 삼으리라.'

진사·생원 양과 합격 소식도 듣지 못한 채, 출산 한 달 후, 허씨 부인이 세상을 떴다. 이산현 신암리 석봉 동쪽 기슭, 외조부의 품에 안기듯 창계 문경동의 산소 뒤 언덕에 장사지냈다. 속사俗祀하기 편하도록 한 창계 문경동의 배려가 있었지만, 도산에서 서울로 오가는 길에 묘소가 있어서, 부인의 산소에 들러서 마치 산 사람 대하듯 화답하였다.

계사년(1533) 2월 5일, 李子는 장인의 생일잔치에서 몇 잔 술을 마시고, 아내와 함께했던 젊은 날의 추억에 잠겨 있었다.

정해년(1527)에 아내를 사별死別하고, 꿈에라도 한번 그 모습을 보고 싶었는데, 처가에 와있으니 아내 생각이 더욱 간절하였다.

대청마루 헌함軒檻 너머로 대나무·매화·난 등이 어우러진 정원과 연못이 눈에 들어왔다. 대숲에 이는 바람에 서걱거리는 소리를 들으며 무심코 시선이 정원으로 향하던 중, 거기에 소복한 여인의 모습이 흐릿하게 눈에 들어왔다. 곧추앉아서 정신을 집중하였다. 여인의 자태가 점차 또렷해지면서, 대숲 뒤로 하얀 저고리에 남색 치마를 차려입은 아내가 하얀 도라지꽃을 머리에 꽂고 산죽 잎 사이로 미소 짓고 서있었다.

'아, 그대가……'

그의 눈에 비친 아내는 한 송이 향설香雪이었다. 혼인하던 그해 봄, 소백산 죽계의 초암사 달밭골에서 본 그대로의 모습이었다. 아내와 서로 화답하며 정원을 거닐었다.

> 의령에 좋은 세상이 따로 있나니,
> 백암촌 안의 처가 정원 숲에 여러 가지 나무가 있구나.
> 한 해 봄꽃을 보고 꽃에 관해 가벼이 논하지 말라,
> 꽃의 품격을 논할 땐 매화가 존귀하다 먼저 적나니.
> 고상한 정취를 가진 매화가 어찌 섣달에만 피리,
> 고고한 운치를 지닌 매화는 화창한 봄날 오기를 기다리지 않나니,
> 매화 한 가지 푸른 대나무밭에 비스듬히 기대 있구나.

〈매화梅花〉

백암촌 처가 정원 숲에 여러 가지 나무가 있구나.	白岩村裏多林園
한 해 봄꽃을 보고 꽃에 관해 가벼이 논하지 말라.	一春花事未暇論
꽃의 품격을 논할 땐 매화가 존귀하다 먼저 적나니.	品題先識梅花尊
고상한 정취를 가진 매화가 어찌 섣달에만 피리,	高情豈獨臘天開
고고한 운치 매화는 화창한 봄날 기다리지 않나니,	孤韻不待陽和催
매화 한 가지 푸른 대나무밭에 비스듬히 있구나.	一枝斜倚翠竹場

풍란風蘭은 황금색 술잔에 비치고,
못에 드리운 식물의 줄기마다 화창한 봄날의 정취를 머금어,
가까운 처가의 처마엔 절경이 철철 넘치는구나.
절개 있는 선비는 속된 얼굴로 꾸미지 않으니,
정절 곧고 고요한 여인이 어찌 화장한 얼굴로 교태를 부리리.
바람 불어 고운 이빨 가지런히 빛나고,
흐렸던 눈은 비에 씻겨 빛나네.
연기가 짙어져 발과 장막으로 가려야 할 때 있었지,
달이 지면 은하수도 반쯤 기울어지리라.
잘 나는 수물총새에 어울려 암물총새 날갯짓하며 시끄럽게 울고,
연두색 저고리 거꾸로 걸치고 신선 같은 노인이 나오는구나.
알뜰히 화장한 여인 그 노인에게 헌수獻壽하는 모습 맑고 아름답네.
그리운 역리驛吏 만나려 매화 한 가지 꺾어 보냈으나,
고결한 매화 멋대로 조화를 부렸구나.
매화나무 성긴 가지 맑고 깨끗한 기운이 빼어나고,
흥을 돋우는 피리 소리 그쳤으나 더 놀고 싶어라.
그림처럼 아름다운 잔치 마당에 속마음 드러냄 참으로 구차해.
낡은 다리 얕은 물을 아내와의 추억을 되새기며 거니노라.
오래된 정원이 마음을 아프게 해 도리어 정신을 차리게 되고
꾀꼬리 새끼 울음소리 시끄러워 아내 소식을 들을 수 없으니,
개미 반걸음만큼도 못 움직이겠네.
매화에게 나의 편안한 말과 본디의 마음을 충분히 전했으니,

매화와 더불어 더 이상 회포를 풀어 무엇하랴.
천 년 전 임포의 매처학자梅妻鶴子 풍류가 오히려 어제 일 같으나,
객지 같은 처가에서 아내를 만나보려 해도 뜻대로 되지 않고,
매화를 아내로 여기려는 이 조촐한 풍류조차 누릴 수 없구나.
나그네 기억 어렴풋해 처가 동네 낯설고,
노래할 때 구슬은 젓가락 장단 맞추는 반에서는 소용없구나.
맑은 술동이 내버려두고 음식을 받드는 여자 젊고 예쁘도다.
내게 음식 받드는 일일랑 그녀 뜻에 아예 맡겨 홀가분하니,
시를 읊조리고 배회하며 매화의 맑고 깨끗함을 함께하나니,
쇠솥에 국 끓이는 것은 그리 중요하지 않다네.
고깃국 끓이는 불길 한 줄기가 흰 매화를 날리지 않게 하게.

정신을 차리고 다시 한번 자세히 보았더니, 푸른 대숲에 비스듬히 서 있는 매화 한 가지가 바람에 일렁이고 있었다. 그날 처가 정원에서 잠깐 본 아내의 모습은 그 후 평생토록 뇌리에 박혀서 사라지지 않았다.

토계의 계상 서당 근처에 매화를 심었다. 매화가 피면 아내를 맞이하듯 반겼고, 분매盆梅를 인격화하여 분매와 대화하면서 아내를 대하듯 정신적인 교감을 이루었다.

李子는 이질로 설사하였을 때 마침 매화 화분이 곁에 있었는데, 그것을 다른 곳으로 옮겨놓으라고 하면서, "매화에 불결하면 내 마음이 편치 않아서 그렇다."라고 하였다. 李子는 아내와 사별 후 매처학자梅妻鶴子로 여생을 살았다.

〈梅花〉詩 풀이

장광수 張光秀

宜城別占好乾坤　白岩村裏多林園　一春花事未暇論　品題先識梅花尊
高情豈獨臘天開　孤韻不待陽和催　一枝斜倚翠竹場　天樹照映黃金罍
臨池脉脉貯芳意　近簷盈盈增絶致　節士不作風塵容　靜女那須脂粉媚
風吹齊發玉齒粲　雨洗渾添銀海渙　烟濃有時取簾幕　月落偏宜牛斜漢
翠羽刺嘈感師雄　綠衣倒掛來仙翁　點成粧額壽陽嬌　折寄相思驛吏逢
氷魂雪骨擅造化　暗香疎影絶蕭灑　笛中吹落意不盡　畵裏傳神眞苟且
荒橋水淺不自病　古院笞深還得性　鶯兒自分斷消息　蟻使不敢窺衰盛
已付廣平說素心　更與西湖作知音　風流千古尙如昨　客裏相逢意不任
一般眞趣杳無辨　旅思依依鄕思淺　歌珠不用鬧檀板　且置淸樽供婉孌
永托深盟同皎潔　嘯咏徘徊共淸絶　調羹金鼎是餘事　莫使一片吹香雪

〈遺集 卷2, 外篇, 葉 2-3〉

※ 品題先識梅花尊: 경전에선 매화가 존귀한 줄 먼저 아나니. 일반적으로 매화를 문예적으로 품제할 때에는 사군자라 하여 숭상하나, 여기에서는 죽은 아내 허씨를 상징하는 객관적 상관물이 된다.

　高情豈獨臘天開: "고상한 정취를 가진 매화가 어찌 섣달에만 피리."라는 뜻으로, 흔히 매화를 '설중매雪中梅'라고 부른다는 사실을 염두에 둔 표현이다.

孤韻不待陽和催: 고고한 운치를 지닌 매화는 화창한 봄날 오기를 기다리지 않나니. 자신이 처가에 올 때에 맞추어 매화가 피었다고 여겼다.

一枝斜倚翠竹場: 매화 한 가지 푸른 대나무밭에 비스듬히 기대 있구나. 아내와 자신의 다정했던 관계를 상징적으로 표현하였다.

天樹照映黃金罍: 풍란風蘭은 황금색 술잔에 비치고. 처가 정원의 풍란의 황금색 꽃이 황금색(놋잔)에 피었다.

節士不作風塵容: 절개 있는 선비는 속된 얼굴로 꾸미지 않으니. 선비는 대나무의 절개에 비유하여 불의에 굽히지 않는다.

靜女那須脂粉媚: 정절 곧고 고요한 여인이 어찌 화장한 얼굴로 교태를 부리리. 여인을 매화에 비유하여 고요하고 정절이 곧다고 하였다.

雨洗渾添銀海渙: 흐렸던 눈은 비에 씻겨 빛나네. '은해銀海'는 도교에서 사람의 눈을 비유한 표현이며, 생전에 아리땁던 아내의 모습을 나타낸 것이다.

烟濃有時取簾幕: (저녁 짓는) 연기가 짙어져 발과 장막으로 가려야 할 때 있었지. 아내가 저녁밥을 지어 올리던 일을 회상하는 표현이다.

月落偏宜半斜漢: 달이 지면 은하수도 반쯤 기울어지리라. 은하수는 견우와 직녀를 만나게 하는 가교이면서, 둘 사이의 장애물이다. 자신과 아내를 견우와 직녀에 견주어, 달이 지고 어두워짐으로써 이제는 아내를 만날 수 없게 되었다는 화자의 허전하고 암울한 심정을 드러낸다.

翠羽刺嘈感師雄: 잘 나는 수물총새에 어울려 암물총새 날갯짓하며 시끄럽게 울어대고. 〈황조가黃鳥歌〉의 '편편황조 자웅상의翩翩黃鳥 雌雄相依'라는 구절을 연상하여, 아내 허씨와 정답게 살던 때를 떠올려

본 표현이다.

　綠衣倒掛來仙翁: 연두색 저고리 거꾸로 걸치고 신선 같은 노인이 나오는구나. 이날, 52세 생신잔치의 주인공인, 장인 묵재默齋 허찬許瓚이 술에 약간 취한 모습을 묘사한 표현이다.

　點成粧額壽陽嬌: 알뜰히 화장한 여인이 헌수獻壽하는 모습 맑고 아름답구나. 묵재의 며느리나 딸들의 헌수를 보고, 죽지 않았더라면, 아내도 이날 당연히 헌수하였을 것이니, 李子의 심정이 어떠했을지는 충분히 짐작할 수 있다.

　折寄相思驛吏逢: "그리운 역리驛吏 만나려 매화 한 가지 꺾어 보냈으나"라는 뜻으로, 역리는 역참驛站에 속한 구실아치[아전衙前]를 뜻하는 말이나, 여기서는 처가에 와있어도 마음이 편치 않은 나그네 신세인 자신을 지칭하였다. 이때 李子는 과거에 낙방하고 처가 이외에도 남도의 여러 지역을 여행 중인 나그네 신세였다. 죽은 아내가 남편을 만나려 매화를 꺾어 보냈다는 것은 아내를 만나고 싶다는 심정을 주객전도로 표현한 것이다.

　氷魂雪骨擅造化: 고결한 매화 멋대로 조화를 부렸구나. 아내가 나를 만나러 왔으나 (매화를 꺾어 보냈으나 제대로 전달되지 않아), 내가 아내를 만나러 오지 못했구나.

　暗香疎影絶蕭灑: 매화나무 성긴 가지 맑고 깨끗한 기운이 빼어나고. 송나라 임포林逋의 시 〈산원소매山園小梅〉의 '소영횡사수청천 암향부동월황혼疏影橫斜水淸淺 暗香浮動月黃昏'을 차용借用한 것으로, '암향暗香'은 '그윽이 풍기는 향기'란 뜻이며, 흔히 매화의 향기를 이르는데, 〈사미인곡〉의 '암향'도 그러하다.

荒橋水淺不自病: (처가 정원 연못의) 낡은 다리 얕은 물을 아내와의 추억을 되새기며 거니노라. 처가 정원에 매화나무 가지가 드리웠으니, 임포林逋의 '매처학자梅妻鶴子' 고사를 떠올리고, 아내에 대한 그리움을 느꼈다.

古院笞深還得性: 오래된 정원이 내 마음을 몹시 아프게 해 도리어 정신을 차리게 되고, 처가의 정원을 거닐며 아내와의 상념에 잠겼으나, 지금은 아내가 없다는 사실을 새삼 깨닫고 현실로 돌아오기 시작하는 상황이다.

鶯兒自分斷消息: 꾀꼬리 새끼 울음소리 시끄러워 아내 소식을 들을 수 없으니, 꾀꼬리 새끼는 음력 2월 5일~2월 10일이라는 계절감과 관계있는 소재이며, 〈황조가〉의 꾀꼬리가 그러하듯, 그 울음소리는 지금은 없는 아내에 대한 애틋한 그리움을 부추기는 역할을 한다.

蟻使不敢窺衰盛: 개미 반걸음만큼도 못 움직이겠네. 남들은 흥청망청 놀고 있는 생신잔치인데, 자신은 아내가 죽고 없어 망연한 모습이며, 李子는 이렇게 멍하니 서서, 처가의 매화를 보고 아내와의 추억에 잠겼던 것을 서서히 마무리해 간다.

更與西湖作知音: 매화(죽은 아내)와 더불어 더 이상 회포를 풀어 무엇 하랴. 서호는 중국 항주 서쪽에 있는 절경의 호수로, 임포林逋의 '매처학자梅妻鶴子' 고사가 전해오는 곳이다.

歌珠不用鬧檀板: 노래할 때 쓰는 구슬은 젓가락 두드리며 장단 맞추는 반에서는 소용없구나. '가주歌珠'는 아내 생시에 부부가 함께 있는 자리에서, '판板'은 시를 읊조릴 때 썼던 도구로서, 현재 처가의 생신잔치에서 남들이 젓가락 장단으로 밥을 두드리며 노래를 하는 상황이다.

且置淸樽供婉孌: 맑은 술동이 내버려두고 (나에게) 음식을 받드는 여자 젊고 예쁘도다. 허전한 마음에 술 한잔 마시고 싶은데, 술은 주지 않고 음식을 올리는 여인이 젊고 아름답도다. 생전의 아내를 떠올림.

嘯咏徘徊共淸絶: 시를 읊조리고 배회하며 매화의 맑고 깨끗함을 함께하나니, 장인의 생신잔치에 왔으나 아내가 죽고 없어 나그네 같은 심정이어서 술이나 한잔하려는데, 음식을 받드는 여인은 나의 그런 속도 모르고 다른 음식을 주니 거기에는 별로 관심이 없고, 죽은 아내의 영혼을 상징하는 매화를 보고 그녀와의 추억을 떠올리며 시를 읊는 한편, 국 끓이는 여인에게 매화를 다치지 않게 하라고 당부하는 것이다.

莫使一片吹香雪: 국 끓이는 불길 한 줄기가 흰 매화를 날리지(태우지) 않게 하게. '향설香雪'은 '향기 있는 눈'이란 뜻으로, 흰 꽃을 말하며, 여기서는 매화를 지칭한다. 빙자옥질氷姿玉質, 빙기옥골氷肌玉骨, 아치고절雅致高節 들은 매화의 이칭들이다.

아내를 장사 지낸 며칠 후 찾은 묘소에서, 생명은 유한하고 쉼 없이 흐르니 죽음은 결코 두렵지 않으나, 혼자 살아야 하는 고독과 상실감이 죽음보다 참기 어려웠다.

사람은 누구나 살아가면서 얼마쯤은 외로움을 겪는데, 그것은 인간이 모체로부터 분리되어 세상에 내던져지는 순간 독립된 한 개체로 생명을 유지하게 되면서부터 시작된다. 그리고 어머니로부터 떨어져 나왔다는 원초적 외로움은 다시 무엇인가와 결합하고자 하는 본능을 유발하게 된다.

 李子는 자신의 존재 속에 실존적 외로움을 매화를 통해 해소하려 했다고 할 수 있을 것이다. 매화를 미인의 화신化身으로 쓴 것은 어떤 경험을 유비類比하거나 어떤 의상의 융합에 바탕한 것이다.

 靜女那須脂粉媚
 정절 곧고 고요한 여인이 어찌 화장한 얼굴로 교태를 부리리.

 매화의 모습으로부터 미인의 자태를 연상하게 됨으로써 문학적인 아름다움을 증가시킨 것이다. 부인과 사별한 후 상실감과 외로움이 자신의 절제된 도덕성 속에 잠재되어 있었는데, 계사년 남행 때 처가의 뜰의 매화에서 잠깐 보았던 죽은 아내의 영상映像은 그 후 평생토록 뇌리에서 사라지지 않게 되었다.

 李子의 도덕성에 깊숙이 잠재된 원초적 본능이 매화로 체환替換됨으로써 상실감이 채워지고 외로움이 해소된 것이다.

 그때 본 아내의 영상映像은 현실이 아닌 상상의 세계로 표상되어 머릿속에 남아 있는 현상인데, 기억이라는 경험이 신경세포 다발 속에 축적된 이미지로 마음자리에 생생하게 존재하게 한 것이다.

〈三月三日出遊〉

梅花欲發江之南　北客來遊初稅驂　旅窓空□轉光陰　不知花柳爭春酣
低頭弄筆太寂寞　出門騎馬尋溪潭　溪從閣崛落白巖　中有一洞多烟嵐
山中處處桃杏亂　正是青春三月三　行尋細路踏芳草　一壺綠酒令人擔
家家多竹門可款　追逐風光亦不堪　折花插帽蝶隨人　採蕨盈懷春滿籃
高吟側頭野鶴疑　大笑拍手村童譜　青山一色喚我去　□□百舌留人談
興濃隨意適其適　風裏散髮吹鬖鬖　詩情入眼盡收拾　造物亦不嫌其貪
村中務急走田翁　樹梢晴熏生野蚕　罋臥高低雜砂礫　平蕪掩翳藏鶉鵪
嬌英百態媚施嫱　古木千章老彭聃　雲根澒散矗磊磊　彩羽決起飛毿毿
紛紛應接苦未了　勝賞豈必歸禪龕　(是日將往菩提寺　薄晚不果往)
斷崖遙望若畫圖　其下積水青於藍　休筇拂苔坐石上　倒蘸花影相涵涵
流觴曲水亦多事　自斟螺殼任啜含　晚來追到兩三人　更與青洲從事參
忘形一見卽爾汝　我是人間一奇男

(岸下一泓澄碧　最有佳致　便坐小酌　近村姜君二人　携酒來飲)

嬉遊直爲景物役　跌蕩寧辭麴蘖耽　丈夫生世各有趣　莫將窮達心如惔
龜藏虎挾鄙夫熊　牛後墻間且不慙　豈知布衣懷至寶　荊棘旺張着梗柟
蜚英金馬是何人　困陁泥塗吾所甘　但願身健趁良辰　東海傾尊供樂湛
家山萬里在夢想　萍水他鄉好盒簪　蘭亭高會跡已陳　曲江繁華驕且婪
我幸於此獨得意　青雲白石窮幽探　同羣麋鹿我素志　欲去有言那能暗
會借于公有百錢　買斷烟霞結茅庵　春風吹臥一千日　倘有仙方傳玉函

〈遺集 卷二, 葉6~7〉

嬌英百態媚施嬙: 온갖 모습 아름다운 꽃들은 서시西施와 모장毛嬙처럼 예쁘고. 시장施嬙은 중국 춘추시대 미인 서시西施와 모장毛嬙을 가리킨다.

古木千章老彭聃: 천 그루 고목들은 팽조와 노담처럼 노숙하네. 노팽老彭은 노담老聃과 팽조彭祖을 이르는 말로, 역사적으로 모두 장수長壽한 인물로 유명하다.

雲根澳(渙)散矗磊磊: 돌들은 흩어지고 뾰족이 쌓이기도 했고. 운근雲根은 골짜기에 쌓인 구름, 또는 돌들을 말하는데, 여기서 뇌뢰磊磊는 돌이 쌓인 모습을 뜻한다.

彩羽決起飛毿毿: 채색의 날짐승은 빠르게 위로 올라 어지러이 나네. 삼삼(毿毿 毿毿)은 어지러이 나는 모양을 나타낸 의태어이다.

豈知布衣懷至寶: 베옷이 지극한 보배 품었음을 어찌 알리오. 개지포의豈知布衣는 베옷 입은 가난한 선비(유배지에 와있거나 가난하게 살고 있는 화자), 회지보懷至寶는 고결한 큰 뜻.

荊棘旺張着梗楠: 가시가 왕성하게 퍼져서 가시나무와 녹나무를 부끄럽게 하네. 형극荊棘은 위리안치圍籬安置의 상황이나 화자의 궁핍한 처지.

蚺英金馬是何人: 나는 듯이 출렁이는 꽃 장식을 단 금마를 탄 이 사람은 누구인고? 화자의 해배解配(귀양을 풀어줌) 소식을 가지고 왔거나, 화자와 반대의 처지에 있는 사람이 화자의 처소에 이른 모습.

困阨泥塗吾所甘: 몹시 딱하고 곤란한 진창길에 있는 내 처소를 (오히려) 달게 여기노라.

蘭亭高會跡已陳: 난정의 고사高士 모임 자취 이미 오래고, 왕희지 등 晉나라 선비들이 회계산 북쪽에 있던 난정蘭亭에서 우정을 돈독히 하는 모임을 가졌는데, 왕희지가 쓴 〈난정기蘭亭記〉가 유명하다.

曲江繁華驕且婪: 곡강의 번화함도 교만하고 탐냈다네. 곡강曲江은 섬서성 서안시 남쪽에 있는 명승지 곡강지曲江池인데, 진秦대에는 의춘원宜春苑, 한漢대에는 낙유원樂遊原, 수隋대에는 부용원芙蓉園이라 했고, 당唐나라 때 준설하여 명승지가 되었다.

會借于公有百錢: 마침 우공에게 빌린 백 전 있으니, 우공于公은 漢나라 동해東海지방 사람으로, 군의 결조決曹로 있으면서 옥살이 판결을 잘해 군에서 생사당生祠堂을 지었다. 동해지방의 시어머니를 잘 모신 효부가 억울함으로 목매어 죽자, 3년이나 가뭄이 들었다고 한다.

〈시의 목록〉

순	작 가	제 목	쪽	비 고
1	남이南怡	북정가北征歌	15	1. 복령사
2	박은朴誾	복령사福靈寺	25	
3	이행李荇	차복령사次福靈寺	28	
4	이행李荇	도중연구道中聯句	29	
5	박은朴誾	6월 18일 밤 六月十八夜	30	
6	연산군燕山君	자찬시	32	
7	박은朴誾	동래적사東萊謫舍에서	34	
8	박은朴誾	차석여춘부次惜餘春賦	36	
9	황정견黃庭堅	청평락淸平樂	36	
10	박은朴誾	용재생각 思容齋	37	
11	이우·이행	한강변동연漢江邊 同聯	38	
12	신위申緯	용재박은容齋朴誾	38	
13	박은朴誾	영보정永保亭	40	
14	이행李荇	택지擇之 용재의 시	46	
15	이원李沅	호숙浩叔 이원李沅의 시	47	
16	이우李堣	명중明仲이우李堣의 시	47	
17	윤동주尹東柱	서시序詩	48	
18	이행李荇	전적典籍에 제수되어	50	2. 꽃길
19	이행李荇	무극역無極驛에서	58	
20	연산군燕山君	자찬시	59	
21	이행李荇	충주에 들어서〔入忠州〕	60	
22	이행李荇	이우를 보내며 送明仲歸嶺南	60	
23	이행李荇	명중시 답 奉答明仲和示之作	60	
24	이행李荇	서의령가벽사書宜寧家壁上	61	
25	이행李荇	차장진주次將進酒	62	
26	이행李荇	소상팔경 중 관솔불〔松火〕	63	
27	이행李荇	꽃길〔花徑〕	64	
28	이행李荇	직경고기사례 謝直卿惠肉	65	
29	이행李荇	자진이 말 사다〔子眞買馬〕	65	
30	이행李荇	차음락次飮酪-당고의 시	68	

31	이행李荇	8월 18일 밤 八月十八夜	69	
32	이행李荇	운경시에 차운 次雲卿韻	70	
33	이행李荇	나그네〔客子〕	72	
34	이행李荇	명중明仲에게	73	
35	이우李堣	택지에 답함 次韻擇之	73	
36	이행李荇	人主一心 攻之者衆	76	
37	정희량鄭希良	오동梧桐	79	3. 한설寒雪
38	조위曺偉	만분가萬憤歌	82	
39	이행李荇	金世弼의 작설차 감사	83	
40	정희량鄭希良	차를 달이며 夜坐煎茶	84	
41	정희량鄭希良	매계선생께 奉呈梅溪	85	
42	정희량鄭希良	병중읊다 病中書懷	86	
43	정희량鄭希良	지팡이를 받고 謝冲庵贈杖	86	
44	이행李荇	순부를 생각하여〔思淳夫〕	87	
45	정희량鄭希良	중열편지받고 喜見仲說書贈	87	
46	정희량鄭希良	차가운 눈〔寒雪〕	88	
47	정희량鄭希良	강천모설江天暮雪	89	
48	정희량鄭希良	압록강 봄〔鴨江春望〕	90	
49	이주李胄	망해사望海寺	91	
50	정희량鄭希良	벽에 적다〔書壁上〕	92	
51	이행李荇	순부 생각〔憶淳夫〕	93	
52	이행李荇	분매盆梅	94	
53	이우李堣	주납씨가走納氏歌	102	4. 대궐문
54	강혼姜渾	궁인애사宮人哀詞	103	
55	이행李荇	사화의 집에서〔飮士華宅〕	106	
56	이우李堣	차야중허에게 寄次野仲虛	107	
57	신용개申用漑	이참판별 別李參判歸觀嶺南	108	
58	김세필金世弼	명중전송 奉別明仲出按關東	109	
59	이행李荇	명중송별 送李明仲觀察關東	110	
60	이우李堣	귀향기행 歸觀途中紀行	111	
61	이우李堣	산중문답山中問答	113	
62	이황李滉	가재〔石蟹〕	114	
63	이우李堣	매를보고 탄식〔鷹嘆〕	115	

〈시의 목록〉 393

64	이행李荇	명중송별送李明仲	116	
65	이우李堣	하과夏課	119	
66	이우李堣	청산靑山	120	
67	권호문權好文	한거차이송재閑居次李松齋	120	
68	이우李堣	삼짇날	121	
69	이우李堣	외영당畏影堂	122	
70	이우李堣	탄식歎息	123	
71	이우李堣	견비중서見棐仲書	124	
72	이우李堣	龍頭寺月夜棐仲同宿	125	
73	이우李堣	대궐문〔闥闈〕	126	
74	이행李荇	경숙의 편지〔答敬叔〕	130	
75	이우李堣	김경숙감사謝金敬叔來訪	130	
76	이우李堣	허백당감사謝虛白堂來訪	132	
77	이우李堣	자진의 시 子眞詩	133	
78	이우李堣	제귀래정題歸來亭	134	
79	이응태처	원이 아버지에게	135	
80	이우李堣	비온뒤애련정〔雨後蓮亭〕	135	
81	이우李堣	예천에서문흠지〔夜飮〕	136	
82	노기老妓	어부사漁父詞	137	
83	조지훈	승무	138	
84	이행李荇	명중에게 부치다〔寄明仲〕	138	
85	최숙생崔淑生	이우의 묘갈명 李堣墓碣銘	141	
86	이창동李滄東	아네스의 노래	143	
87	이황李滉	제비실〔燕谷〕	147	5. 완월玩月
88	이황李滉	영회詠懷	148	
89	《시경詩經》	까치집〔鵲巢〕	152	
90	이황, 친구들	달구경〔玩月〕	154	
91	주남관저	물오리〔雎鳩〕	170	
92	이황李滉	삼짇날답청踏靑	172	
93	이백李白	장상사長相思	176	
94	밥 딜런	불어오는 바람 속에	178	
95	방탄BTS	Idol	181	
96	이황李滉	예천 가는 길	189	6. 삼짇날

97	이규보李奎報	낙동강을 지나며	192	
98	이황李滉	그믐날 관수루에 올라	193	
99	길재吉再	뜻을 읊다〔述志〕	194	
100	이황李滉	기천을 건너다	194	
101	허사렴許士廉	협천남정	196	
102	이황李滉	삼가로 가는 도중	197	
103	이황李滉	의령우택동헌宜寧寓宅東軒韻	197	
104	이황李滉	탁영김공 白巖東軒濯纓金公韻	198	
105	이황李滉	붉은바위나루〔丹巖津〕	200	
106	신흠申欽	냇ㄱ에 히오라바	201	
107	이황李滉	오공죽재 前宜寧吳公竹齋	202	
108	오석복吳碩福	삼우대三友臺	203	
109	이황李滉	계당에서〔溪堂偶興〕	204	
110	이황李滉	삼짇날답청〔三月三日出遊〕	204	
111	이황李滉	청곡사지나면서〔過青谷寺〕	209	
112	이황李滉	까치섬〔鵲島〕	210	
113	이황李滉	완사계전별浣紗溪餞渡	212	
114	이황李滉	어관포님에게〔寄魚灌圃〕	213	
115	이조년李兆年	이화梨花에 월백月白하고	224	7. 영호루
116	강혼姜渾	임풍루臨風樓	225	
117	이황李滉	임풍루칠석臨風樓七夕	225	
118	이황李滉	성주마상우음星州馬上偶吟	226	
119	이황李滉	감흥感興	228	
120	이황李滉	안동애련당安東愛蓮堂	229	
121	우탁禹倬	안동영호루 題安東映湖樓	230	
122	이황李滉	영호루映湖樓	231	
123	이황李滉	신번현에서〔雨留新蕃縣〕	232	
124	이황李滉	가을느낌〔次金應霖秋懷〕	236	
125	이황李滉	정혜원달밤〔定惠院月夜偶出〕	237	
126	이황李滉	압록강 요새〔鴨綠天塹〕	240	
127	이황李滉	의주잡제〔州城地利〕	241	
128	이황李滉	압록강 도하금지〔斷渡〕	242	
129	이황李滉	연광정練光亭	244	

〈시의 목록〉 395

130	이황李滉	삭령에 이르다〔到朔寧〕	245	
131	이황李滉	전의현남쪽〔全義縣南行〕	247	
132	이황李滉	형님생각〔思兄〕	248	
133	이황李滉	천안동헌 四月初一日	249	
134	이황李滉	강진산운姜晉山韻	250	
135	이황李滉	금강정錦江亭	251	
136	이황李滉	홍천삼마현洪川三馬峴	252	
137	이황李滉	동호에서 입성〔東湖暮入城〕	254	
138	이황李滉	문경가는길에서 눈을 만나다	255	
139	이황李滉	안곡역〔安谷驛苦寒憫行旅〕	256	
140	이황李滉	함양동헌〔次咸陽東軒韻〕	259	
141	이현보李賢輔	홀부笏賦	264	8. 서림원
142	이현보李賢輔	경호 황에게 부치다	265	
143	이현보李賢輔	퇴계에게 편지〔與退溪書〕	266	
144	이황李滉	애련당 차운 次愛蓮堂	266	
145	이현보李賢輔	애일당愛日堂	268	
146	이황李滉	애일당愛日堂에 올라서	268	
147	이현보李賢輔	차애일당次愛日堂	269	
148	이황李滉	이 선생이 한서암에 왕림	270	
149	이현보李賢輔	어부사	270	
150	이현보李賢輔	퇴계의 시에 차운하다	273	
151	이황李滉	적벽부赤壁賦	274	
152	이황李滉	이현보 만사輓詞	275	
153	이황李滉	계당우흥溪堂偶興 十絶	277	
155	이황李滉	월란암〔瀾僧舍書懷二首〕	277	
156	이황李滉	월란대月瀾臺	279	
157	이황李滉	이숙헌에게〔贈李叔獻〕	282	
158	이이李珥	퇴계 선생을 찾아 뵙다	282	
159	이황李滉	숙헌의 시에 답하다	283	
160	이황李滉	희작파자시戲作破字詩	284	
161	이황李滉	조사경에게 答趙上舍士敬	285	
162	조목趙穆	선생께 보이다 先生寄示	286	

163	조목趙穆	숙조취림宿鳥趣林	287	
164	이황李滉	부기하다 附次韻 退溪先生	288	
165	이황李滉	시를 읊다〔吟詩〕	289	
166	이황李滉	서림원화운하다 和西林院詩韻	293	
167	조식曺植	청학동靑鶴洞	296	
168	이황李滉	퇴계退溪	299	9. 청량산
169	이황李滉	책 읽기〔獨愛林廬萬卷書〕	302	
170	이황李滉	계당에서 짓다 溪堂偶興十絶	302	
171	이황李滉	서당터 찾기 尋改卜書堂地	303	
172	이황李滉	제중우서齋中偶書	307	
173	이황李滉	만사〔黃星州(仲擧)文〕	310	
174	이황李滉	퇴계에 황금계의 내방	312	
175	이우李堣	청량산 보내며 送讀書淸凉山	315	
176	이황李滉	도산방매陶山訪梅	317	
177	백거이白居易	노병소회〔老病幽獨偶吟所懷〕	318	
178	이황李滉	백낙천 시 화운 和白樂天	318	
179	이황李滉	이대성 기다리며 李大成未至	320	
180	이황李滉	도미천망산渡彌川望山	321	
181	이황李滉	경암담 위 기다림 憩景巖潭上	321	
182	이황李滉	말 위에서 將遊淸涼 馬上作	324	
183	이황李滉	금란수 만남 孤山 見琴聞遠	325	
184	이황李滉	시내의 바위 入洞憩磵石	326	
185	이황李滉	산에 들다 入山	326	
186	이황李滉	연대사蓮臺寺	327	
187	이황李滉	보현암에서 坐普賢庵作	328	
188	이황李滉	보현암벽에 쓰다 普賢壁上	329	
189	이황李滉	차꽃화자운〔次景文花字韻〕	329	
190	김부륜金富倫	차운김생굴 次韻惇敍風穴臺	330	
191	이황李滉	연대달밤 蓮臺月夜	330	
192	이황李滉	독서는 유산〔讀書如遊山〕	331	
193	이황李滉	전송 지장암〔送至場巖〕	332	
194	이황李滉	김부륜 시 차운〔次韻惇敍〕	332	

195	이황李滉	김부의 시 차운〔次韻愼仲〕	333	
196	이황李滉	비개이다 雨俄頃 月色朗然	333	
197	이황李滉	계곡물 넘치다〔大雨溪漲〕	334	
198	이황李滉	새 폭포〔新得瀑布〕2수	336	
199	이황李滉	신암폭포 6수	337	
200	이황李滉	청량산가淸凉山歌	339	
201	조식曺植	두류산	340	
202	이이李珥	계상서당溪上書堂	342	10. 매화
203	이황李滉	도산정사도陶山精舍圖	344	
204	이황李滉	감회 道余追舊感今之意	348	
205	이황李滉	늦봄도산정사 暮春陶山精舍	350	
206	이황李滉	천연대天淵臺	354	
207	이황李滉	도산십이곡	356	
208	이황李滉	분매에게〔盆梅贈〕	360	
209	이황李滉	분매가 답하다〔盆梅答〕	360	
210	이황李滉	영송詠松	361	
211	이황李滉	대나무〔竹〕	362	
212	이황李滉	대 옮겨심기〔郡齋移竹〕	362	
213	이황李滉	국화 菊	364	
214	이황李滉	국화와 문답한 시	365	
215	임포林浦	산원소매山園小梅	365	
216	이황李滉	매화梅花	379	
217	장광수張光秀	〈매화梅花〉시 풀이	383	
218	장광수張光秀	〈삼짇날〉시 풀이	389	

시 윤으로서 거닐었네
⑨ 시의 비밀

초판 인쇄 2025년 11월 20일
초판 발행 2025년 11월 26일

지은이 | 박대우
발행자 | 김동구
편　집 | 이명숙
발행처 | 명문당(1923. 10. 1 창립)
주　소 | 서울시 종로구 윤보선길 61(안국동)
　　　　국민은행 006-01-0483-171
전　화 | 02)733-3039, 734-4798, 733-4748(영)
팩　스 | 02)734-9209
Homepage | www.myungmundang.net
E-mail | mmdbook1@hanmail.net
등　록 | 1977. 11. 19. 제1~148호

ISBN 979-11-94314-39-4 (13810)

20,000원

* 낙장 및 파본은 교환해 드립니다.
* 불허복제

퇴계 이황, 그는 누구인가?

① 신화의 땅

박대우 글·오용길 그림 / 150×210판형 / 372쪽 / 값 18,000원

차 례

프롤로그
1. 봄나들이 / 7
2. 샛강፲의 소리 / 63
3. 청량산에 가봐요 / 117

② 에덴의 동쪽

박대우 글·오용길 그림 / 150×210판형 / 332쪽 / 값 18,000원

{ 차례 }

오용길, 봉화를 그리다 · 2
1. 에덴의 동쪽 · 7
2. 문수방주 · 57
3. 석조반가상 · 105

젊은 날의 퇴계 이

박대우 역사인물

A5판(150mm×210m

③ 소백산 마가리

박대우 글·오용길 그림 / 150×210판형 / 424쪽 / 값 20,000원

차례
1. 칼의 노래 5
2. 선비의 길 73
3. 소백산 마가리 157
4. 푸실마을 신초방 235
5. 맑은 강 309

④ 예천 가는 길

박대우 글·오용길 그림 / 150×210판형 / 436쪽 / 값 20,000원

차례
1. 예천 가는 길 5
2. 활의 노래 49
3. 그해 여름 99
4. 겨울 학가산 145
5. 초간정 난간에서 209
6. 용궁 회룡포 267
7. 삼강나루 319

| 퇴계의 관직 생활 | ⑤ 오불의

박대우 글·오용길 그림 / 150×210판형 / 362쪽 / 값 20,000원

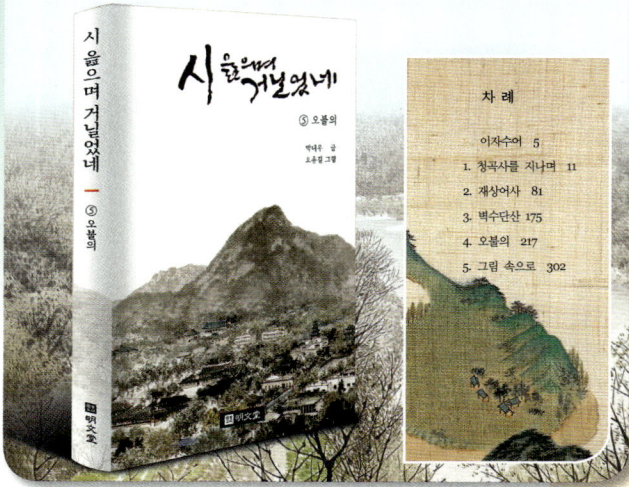

차 례

이자수어 5
1. 청곡사를 지나며 11
2. 재상어사 81
3. 벽수단산 175
4. 오불의 217
5. 그림 속으로 302

| 퇴계의 학문 연구 | ⑥ 홍도화 아래서

박대우 글·오용길 그림 / 150×210판형 / 344쪽 / 값 20,000원

차례

〈월란정사에서〉 4
1. 귀거래사 13
2. 도산의 노래 79
3. 그물에 걸린 새 135
4. 월란척촉회 197
5. 승화귀진 261

⑨ 시의 비밀

| 퇴계의 교육 | ⑦ 봄날 서당에서

박대우 글·오용길 그림 / 150×210판형 / 328쪽 / 값 20,000원

차례

〈상심방백〉 4
1. 도리문장   7
2. 성리의 강 55
3. 망신순국 133
4. 명예전당 209
5. 원행록   259

박대우 글·오용길 그림
150×210판형 / 404쪽 / 값 20,000원

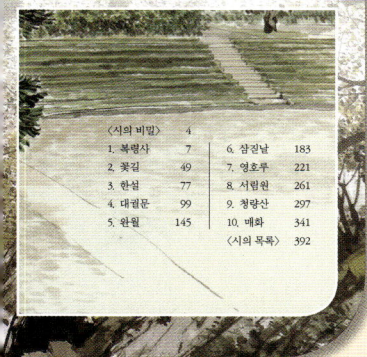

〈시의 비밀〉 4
1. 복령사   7   6. 삼짇날   183
2. 꽃길   49   7. 영호루   221
3. 한섬   77   8. 서림원   261
4. 대궐문   99   9. 청량산   297
5. 완월   145   10. 매화   341
              〈시의 목록〉 392

| 도산 별시 | ⑧ 서정천리

박대우 글·오용길 그림 / 150×210판형 / 356쪽 / 값 20,000원

차례

〈사문수간〉 4
1. 해바라기   9
2. 기사여열 87
3. 사문수간 147
4. 만인소   243
5. 서정천리 289